LIGAÇÕES DELICADAS

Da Autora:

Uma História Natural dos Sentidos

Uma História Natural do Amor

As Mais Raras Espécies

Ligações Delicadas

DIANE ACKERMAN

Ligações Delicadas

Redescobrindo a esperança em meio à crise

Tradução
Sibele Menegazzi

BERTRAND BRASIL

Título original: *A Slender Thread*

Capa: Silvana Mattievich

Editoração: DFL

2007
Impresso no Brasil
Printed in Brazil

CIP-Brasil. Catalogação na fonte
Sindicato Nacional dos Editores de Livros – RJ

A166L Ackerman, Diane, 1948-
Ligações delicadas: redescobrindo a esperança em meio à crise/ Diane Ackerman; tradução Sibele Menegazzi. – Rio de Janeiro: Bertrand Brasil, 2007.
294p.

Tradução de: A slender thread
ISBN 978-85-286-1269-1

1. Intervenção em crises (Psiquiatria). 2. Serviços de atendimento telefônico de emergência (Aconselhamento). 3. Suicídio – Prevenção. I. Título.

CDD – 362.204256
07-2329 CDU – 364.264'442.24

EDITORA BERTRAND BRASIL LTDA.
Rua Argentina, 171 – 1º andar – São Cristóvão
20921-380 – Rio de Janeiro – RJ
Tel.: (0xx21) 2585-2070 – Fax: (0xx21) 2585-2087

Atendemos pelo Reembolso Postal.

A narrativa a seguir está baseada em minhas experiências reais. No entanto, para proteger a privacidade dos usuários do serviço de atendimento telefônico de emergência, mudei seus nomes, endereços e certos detalhes circunstanciais de suas vidas; meus colegas orientadores da linha de emergência foram suficientemente gentis para revisar o manuscrito deste livro e, assim, assegurar que se respeitasse a confidencialidade. Qualquer semelhança com indivíduos reais advém da riqueza de experiências e sentimentos que todas as pessoas compartilham. Não procurei disfarçar pessoas ou eventos publicados em jornais ou em outros meios de comunicação, já que se trata de histórias conhecidas publicamente.

DIANE ACKERMAN
1º de agosto de 1996

SUMÁRIO

LIGAÇÕES DELICADAS

PREFÁCIO

Na periferia da cidade onde vivo há uma antiga estação ferroviária que foi transformada em restaurante; o nome é The Station e nos faz lembrar dos dias em que dali saíam vagões sacolejando rumo a Manhattan. O relógio do lado de fora parou às 6h22, hora em que o último monstro de ferro partiu da cidade; já o trem da vida, esse é um que nunca deixou de correr.

As cidades são como estações ferroviárias, onde, a cada minuto, centenas de vidas se entrecruzam — passa gente carregando pequenas cargas de preocupação ou de descrença, gente que percorre, apressada, os escorregadios corredores da juventude, gente arrastando com dificuldade o baú do trauma, gente recém-chegada da vila esperança, gente preocupada com o horário, gente ansiosa por chegar, gente cuja cabeça parece uma caixinha, pequena e organizada, gente cujo rosto envelhecido lembra um relógio de sol, gente solitária e desesperada que toma um trem-bala para o nada e corre, sem qualquer escrúpulo, até os confins de lugar algum. Com o tempo, todos acabam se conhecendo, seja por ouvir falar, seja pessoalmente. Quando atingem pontos críticos de medo, desespero ou solidão, às vezes telefonam para o Serviço de Prevenção ao Suicídio e de Apoio Emocional.

É um número de telefone facilmente encontrado na lista ou nos cartazes espalhados em pontos estratégicos da cidade; o local onde se presta esse serviço, ao contrário, é um segredo cuidadosamente guardado. É como se as pessoas que trabalham ali fizessem parte de uma seita misteriosa. Seus nomes nunca são pronunciados. Sua idade nunca é informada. Sua profissão nem sequer se desconfia. Visto que afetam a vida de pessoas desesperadas, assim como de pessoas normais que estão passando por momentos de desespero, não se pode revelar o endereço da central de atendimento. Os orientadores entram e saem de forma discreta, até mesmo furtiva. Ainda assim, nesse edifício o sangue e o suor da vida humana, as pequenas tristezas e as enormes catástrofes estão representados em toda a sua dimensão. Trata-se de uma paisagem emocional que ora se expande, ora diminui: num momento, é grande como a lembrança de uma guerra no Zaire; noutro, encolhe-se até se esconder num cantinho do dormitório universitário. Não posso revelar nem o rosto daqueles que telefonam nem o dos que os aconselham, mas posso falar sobre a luta que eles empreendem. O mesmo se pode dizer no que se refere à central. Não tenho a liberdade de descrever o edifício, nem de dizer onde se localiza, mas posso revelar a vida que fervilha em seu interior.

CAPÍTULO 1

Corações Emprestados

A sala de telefone fica no último andar da casa velha e desconjuntada cuja escada de madeira range a despeito de onde ou de quão cuidadosamente se pise nela. As paredes um dia foram bege e o verniz da escada, das janelas, das portas e do madeiramento adquiriu um tom amarronzado, velho e resinoso. Existe algo de confortante e histórico nos rangidos, nos corredores cheios de correntes de ar frio e nas escadarias sinuosas. No andar térreo ficam os escritórios da administração e as salas de reunião dos orientadores; no segundo andar há uma cozinha, um banheiro com chuveiro, a sala de atendimento e mais três escritórios.

Subo as escadas numa dessas noites, deixando escorregar a mochila dos ombros. As linhas telefônicas de atendimento estão numa sala com duas mesas simples de carvalho encerado dispostas em "L". As paredes são marrom-claras, artesanalmente salpicadas por um espanador de penas mergulhado em tinta verde e branca. Se você olhar por um tempo suficientemente longo, verá neve caindo sobre um gramado alto. Aquela sombra poderia ser um coelho saltando entre os talos secos. É a imagem de um espaço aberto, não de um ambiente urbano. Uma cama dobrável coberta por uma capa acolchoada verde serve de sofá para os orientadores que trabalham durante o dia e de cama para os da noite. Coloco ali minha mochila e aceno para Frieda, uma das novas orientadoras do serviço, que nesse momento fala baixinho ao telefone. É uma mulher esbelta de uns sessenta anos, professora de música, com o cabelo louro-grisalho preso num rabo-de-cavalo e uma franja que cai sobre a testa.

Em muitos aspectos, é uma sala comum. O carpete industrial felpudo de fibras mescladas de marrom e branco, já desgastado pelo uso, tem uma mancha estranha perto da porta (parece um homem de nariz de porco olhando para a esquerda). Num canto há uma pequena poltrona verde de tecido aveludado; noutro, uma banqueta amarelo-dourada, rasgada nas costuras e com o estofo saindo. Arquivos de aço negro guardam os "relatórios mensais atuais" (um resumo por escrito de cada chamada), dados de referência, números de telefones de emergência e recortes de jornal de artigos interessantes. Há dois aparelhos de telefone em cada mesa. Ao lado deles, um abajur preto em forma de pescoço de ganso fornece um pouco de iluminação extra. Atrás das mesas há mais arquivos e pastas e também uma caixa marrom-clara cheia de "Cartões de Comunicação entre Orientadores" (caso queiram comentar sobre alguma chamada recebida); além disso, um radiorrelógio digital de números vermelhos sobre fundo negro, tigelas cheias de M&Ms e de bombons Tootsie Roll, uma lanterna vermelha e prateada, um purificador de ar portátil que nunca é ligado e um exemplar do *American Heritage Dictionary* (a edição com as raízes indo-européias no final). Um livro de registros verde, bastante manuseado, espera pela próxima anotação; todas as chamadas são registradas segundo a data, a hora e o orientador que atendeu. Um fichário vermelho de espiral, conhecido como "Livro de Recursos de Emergência", oferece todo tipo de informações aos orientadores: desde procedimentos de resgate à localização das principais pontes da região. Numa prateleira de aço, que já deve ter servido para guardar ferramentas elétricas, guardam-se velhas edições da publicação *Suicide and Life-Threatening Behavior*[1] empilhadas em meio a livros e revistas de temas variados. No chão há um enorme rádio portátil negro, mudo e coberto por uma fina camada de poeira, ao lado de um aspirador de pó Dustbuster. Há um apontador de lápis modelo escolar, cor cinza, preso ao batente da porta e, ao lado dele, pendurado, um grande calendário onde os orientadores registram seus turnos de atendimento.

— Ufa, essa me deixou exausta — diz Frieda, desligando o telefone. Esfrega a testa e puxa a franja para trás, esticando a pele. — Mary Jo está num mau dia. Conversamos por cerca de uma hora. Estou de saída. — Apoiando as palmas das mãos na mesa, ela se levanta devagar. — Fiz o relatório enquanto conversávamos. — Guarda uma folha de papel numa pasta, força um sorriso no rosto e diz "tchauzinho" numa voz cansada.

— Tchau — respondo e me sento à mesa. A cadeira ainda está quente e, quando me sento, o rangido parece o guincho de um golfinho.

A noite começa a cair sobre a cidade. No teto, um lustre de vidro em forma de prato, com belos desenhos de folhas, oculta duas lâmpadas. A luz que banha a sala é suave e amarelada. Um móbile prateado está pendurado num canto do teto, suas dezessete gaivotas perfeitamente imóveis. Dou um assoprão e logo os pássaros começam a planar.

Uma das janelas altas fica sobre a entrada do prédio e a outra, atrás de uma das mesas, abre-se para o quintal da casa vizinha. Ambas estão veladas por finas cortinas de tule, tão sujas que já perderam a capacidade de esvoaçar. Murais de cortiça numa das paredes informam quem são os orientadores disponíveis para os "Plantões de Urgência", isto é, que possam ser chamados pelo bipe caso seja necessário fazer uma consulta ou em caso de emergência. Na outra parede, um cartaz branco com uma lista de locais relevantes e seus números de telefone: Serviços de Proteção às Mulheres, Pronto-Socorro, Centro de Controle de Intoxicações, Clínica Psiquiátrica, Serviços de Proteção à Família e às Crianças e assim por diante. Um dos principais fichários, colocado entre os dois jogos de telefones, contém uma relação de grupos de apoio, organizações privadas e serviços públicos da região, dados reunidos após uma cuidadosa e extenuante pesquisa. Portanto, é possível indicar às pessoas que

---

[1] *Suicide and Life-Threatening Behavior* é a publicação oficial da Associação Americana de Suicidologia. (N.T.)

nos telefonam onde podem encontrar grupos de apoio para travestis e auxílio para crianças vítimas de abuso sexual, ou uma lista de lugares que poderão ajudá-las a conseguir um emprego, uma refeição, um abrigo seguro ou mesmo um amigo em situação similar.

As linhas telefônicas comerciais têm um toque normal e conhecido, mas o toque das linhas de apoio é estridente, repentino e chega a ser bastante assustador. Pode-se dizer que é o equivalente telefônico a um alarme de incêndio.

19h45. Primeira chamada. Um pai solteiro liga para falar sobre a filha de dezesseis anos que acabou fugindo completamente a seu controle. Ela fica na rua até tarde, mesmo durante a semana, enchendo a cara com os amigos e usando drogas. Apesar de ele já ter tentado dialogar sobre esses vícios, ela não lhe dá ouvidos. Na noite passada, voltou para casa com um olho roxo e se recusou a contar o que aconteceu. Vê-la machucada, fisicamente, é mais do que o pai consegue suportar. Conversamos por aproximadamente uma hora, durante a qual ele revela uma profunda frustração, medo e, por fim, raiva e culpa. Quando se acalma o suficiente para fazer planos, discutimos a possibilidade de ele aderir a um grupo como o Al-Anon, onde poderá encontrar outras pessoas cujos entes queridos são viciados em álcool e drogas. Não posso ajudar a filha dele, pois não foi ela quem telefonou. O pai está sofrendo, meu trabalho é ajudar *a ele*.

— Você acha que isso me faria ter um relacionamento melhor com a minha filha? — ele pergunta.

— Não sei — respondo. — Mas você conheceria pessoas na mesma situação que a sua e elas poderiam sugerir coisas que funcionaram, ou não, para elas. Na pior das hipóteses, você não vai ter que enfrentar o problema sozinho.

— Qual é o telefone deles? — ele pergunta, a voz fortalecida pela primeira vez desde o início da conversa. Dou o número e, então, convido-o a nos telefonar novamente caso o grupo de apoio não dê certo ou se ele precisar desabafar. Ele me agradece e nos despedimos.

Embora eu tenha sugerido uma organização que possa ajudá-lo, falei muito pouco durante aquela chamada de cerca de uma hora. Os orientadores do Serviço de Prevenção ao Suicídio e de Apoio Emocional não são psicólogos. Nossa função não é a de investigar a psique, identificar problemas e tirar conclusões a respeito de suas origens e padrões. Não estabelecemos com a pessoa que telefona a típica conversa de perguntas e respostas e não damos conselhos. O que fazemos é ouvir. Às vezes é como um braile auditivo e posso ver o rosto das pessoas na minha mente e interpretar suas expressões. Às vezes funciona como uma ecolocalização: eu envio pequenos sinais de reconhecimento — uma pergunta, talvez — e espero para ver de que forma e de onde ecoa a resposta. Existe toda uma arte de emitir ruídos de atenção, arte essa que ainda não dominei, e, após um longo silêncio, há pessoas que me perguntam: "Você está ouvindo?" "Estou", respondo, "só estava pensando naquilo que você disse."

Não ficamos escutando de forma passiva, como se faz ao assistir a uma palestra. Não nos distraímos com pensamentos pessoais, como numa conversa normal em que, enquanto escutamos, pensamos no que dizer em seguida ou talvez em contar uma experiência parecida que tivemos. Nós, os orientadores, ouvimos com toda a atenção e isso é algo fisicamente exaustivo. É como praticar um esporte de contato.

Ao desempenhar esta modalidade atlética, que é a de escutar algo com total atenção, podemos ouvir as palavras, os suspiros e as fungadas, ouvimos o ar exalado sonoramente, a pausa milésimos de segundo mais longa que o normal antes de uma palavra-tabu ou de outra particularmente difícil, o tom titubeante da apreensão, aguçado da preocupação, cheio de ditongos da dor e pastoso da bebida, o peso da culpa, o guinchar silencioso da auto-acusação, a falta de fôlego do medo, o vulcão inquieto do pânico, os vapores da fúria contida, os espasmos em *staccato* da frustração, a raiva de ter de evadir-se com um "sim, mas...", as idéias desordenadas dos mentalmente incapazes, os dramas fantásticos dos alucinados, os pensamentos fragmentados dos psicóticos, o tom angustiado dos agredidos, a apatia dos desesperançados, o compasso dos ambivalentes, a melancolia entranhada da depressão, os esconderijos remotos da solidão e a ansiedade, visível como mãos que se apertam.

Ouvem-se também o silêncio e a pausa entre as palavras, que têm ritmo e forma próprios. E ouvem-se, ainda, muitas outras coisas inanimadas, como o gelo tilintando num copo, um cigarro sendo tragado, a televisão ligada num cômodo ao lado ou o barulho do trânsito do lado de fora da janela do interlocutor.

Pode parecer estranho adentrar outras vidas e analisar suas circunstâncias simplesmente através da audição. Porém, é assim que muitos animais fazem quando se comunicam através de longas distâncias: baleias, rãs, lobos, pássaros. Assim como os médicos auscultam, pressionando o ouvido de encontro ao peito do paciente ou através do fio de um estetoscópio, nós pressionamos o ouvido contra o telefone morno e escutamos as pulsações por trás de cada palavra. As palavras são só a superfície do oceano da dor e podem ocultar tempestades, calmarias ou furacões; o que fazemos é tentar identificar as correntes marítimas que estão nas profundezas.

20h47. Uma mulher com deficiência mental telefona; falando num *staccato* lento, ela diz estar irritada porque algumas crianças zombaram dela hoje. Conversamos durante meia hora e ela chega à conclusão que está na hora de ir para a cama.

21h15. O telefone toca e eu respondo rapidamente só para constatar que não há ninguém do outro lado. "Desligou", anoto num livro de registros sobre a mesa. Chamadas deste tipo são freqüentes; nem todos estão preparados para fazer contato, mas, ainda assim, gostam de saber que alguém estará ali no momento em que *estiverem* preparados.

Na calmaria entre as chamadas, folheio um caderno cheio de recortes de jornal e encontro o obituário de um jovem a quem chamarei de Allen, afligido pela depressão e pela solidão, que havia telefonado regularmente para o SP ao longo de um período de três anos. Com a ponta dos dedos, toco as palavras impressas, subitamente estranhas como hieróglifos, frias como um túmulo. Não pudemos salvá-lo. Talvez o tivéssemos mantido a salvo por algum tempo, durante aqueles três anos em que fomos sua corda de segurança. Faz com que me lembre de uma ocasião em que dirigia de volta para casa, depois de um turno de atendimento, cerca das oito da manhã de um domingo. As ruas que percorria estavam vazias, mas, em uma delas, perto de uma ponte, vi um grupo de ambulâncias. De fato, alguém havia pulado. Então pensei: por que essa pessoa não nos telefonou? Estivemos lá a noite toda! Por que ele não ligou? A triste verdade é que as pessoas irremediavelmente decididas a se suicidar, em geral, não telefonam. Nós servimos às pessoas que ainda mantêm alguma ligação, por mais precária e tênue que seja, com a vida. É isso que lhes dizemos quando nos telefonam. Não lhes dizemos que não se matem. O suicídio é, com certeza, uma opção que elas têm, e nós respeitamos seu direito de escolher quando viver e quando morrer; porém, não é a única opção. O suicídio é uma solução definitiva para um problema temporário, como costumamos dizer. É aquela pequena parte que ainda se apega à vida que nos telefona e, portanto, tratamos de explorar todas as opções que restam.

21h22. Uma mulher de meia-idade telefona. Está inquieta e irritada, sua fala parece um tanto desarticulada, talvez por causa da bebida. Ela já telefonou outras vezes e reconheço a voz.

— Aqui é a Melissa... já falei com você antes? — ela pergunta.

— Sim, Melissa. Como você está se sentindo hoje?

— Nada bem.

A última vez que falei com Melissa, há duas semanas, era de manhã bem cedo e ela estava terrivelmente deprimida. Já faz algum tempo que estou preocupada com ela, porque ela parece extremamente frágil e tenho medo de perdê-la. Melissa tem quarenta e poucos anos, é inteligente e fala bem. Tem dois filhos jovens e está no segundo casamento, desta vez com um marido alcoólatra que às vezes é violento. Ela não tem um bom relacionamento com os pais. Está voltando a estudar para terminar a faculdade. É absurdamente sensível, muito autocrítica, vive massacrada pela insegurança e, freqüentemente, sente-se solitária. Sua vida é cheia de estresse e só telefona quando alguma coisa atinge proporções insuportáveis. Afinal, somos um serviço para momentos de crise. Porém, "crise" é uma palavra relativa, pois o termostato emocional de cada pessoa está ajustado de forma diferente.

Por definição, crise é algo que impede o fluxo normal da vida de uma pessoa: pode ser público como um divórcio, físico como uma overdose ou sutil como uma preocupação constante. Pensamos que crise é quando alguma coisa dá errado, quando há uma falha das circunstâncias ou do destino. Porém, se observarmos os animais selvagens, veremos vidas repletas de crises. Para eles, a crise é uma parte do desenrolar natural da vida. Não é nada raro nem especial. Embora procurem evitar as crises, é certo que, no futuro, muitas outras surgirão. As crises são normais, ainda que sejam causa de dor e ruptura. Nesse sentido, um serviço de atendimento para momentos de crise não constitui algo natural. Assim como não é natural viver numa casa com aquecimento durante o inverno e querer ajudar os demais a se manterem também aquecidos.

Quando as pessoas telefonam, em seus momentos de crise, quero ajudálas a recuperar o equilíbrio. Houve um tempo em que essa função era cumprida pelas pessoas que nos cercavam: parentes, vizinhos, colegas e pessoas mais velhas que nos proporcionavam consolo e compreensão nos momentos de dor. Com tantas gerações de parentes e afins à disposição, sempre se podia encontrar um confidente ou um defensor. As famílias já esperavam que surgissem crises de tempos em tempos, posto que fazem parte da vida humana e não podem ser completamente apagadas ou remediadas. Em termos evolutivos, a crise é o que proporciona momentos decisivos, possibilitando mudanças necessárias. Quando afirmamos, melancolicamente, sermos *criaturas de hábitos*, raramente paramos para considerar a verdade biológica por trás dessa afirmativa. O hábito é o maior dos agentes anestésicos; porém, é também o que garante a um organismo que tudo que funcionou antes funcionará novamente. É a melhor técnica de sobrevivência. *Coma as frutas daquela árvore,* ele diz; *no passado elas não te envenenaram.* No entanto, o hábito pode conduzir ao tédio e à frustração, aos quais também nos podemos adaptar. Criaturas satisfeitas não se sentem motivadas a fazer grandes mudanças, como é geralmente necessário quando se tem que sobreviver em ambientes em constante processo de transformação. Também nos acostumamos a odiar a crise e a procurar tranqüilidade sempre que alguém esteja sob ameaça e as crianças possam crescer em segurança. Logo, pode ser que as crises sejam normais e até mesmo benéficas, mas, ainda assim, são dolorosas, assustadoras, e sentimos compaixão por aqueles que as enfrentam.

Não tenho como deter a crise em que Melissa está envolvida no momento de sua chamada. Tudo que posso oferecer-lhe é um descanso, uma zona de segurança temporária onde explorar seus sentimentos e rever seus recursos e opções. Posso fazer-lhe companhia nos longos corredores da noite, nos quais os problemas podem adquirir proporções monstruosas. Posso fazer-lhe companhia de manhã, quando ela telefona de uma cama da qual não consegue se levantar porque seu dia é uma avalanche esperando para cair. Posso fazer-lhe companhia ao meio-dia, numa cabine telefônica, logo depois de ela ter sido despedida do emprego, no meio do inverno, sem qualquer perspectiva de trabalho e com uma família que tem de ajudar a sustentar. Posso fazer-lhe companhia quando seu marido sai batendo a porta e vai beber, enquanto ela treme em conseqüência da fúria selvagem demonstrada por ele. Posso fazer-lhe companhia quando ela tira nota zero num exame e chega à conclusão de que é preferível a morte ao seu decepcionante futuro. Tudo o que posso fazer é oferecer-lhe companhia, pelo telefone. E escutar. Houve vezes em que insisti para que ela telefonasse para uma das organizações locais que contam com grupos de apoio, aconselhamento jurídico e ajuda contínua. Em raras ocasiões, ao acreditar que ela estivesse em perigo, fosse causado por si mesma ou por outra pessoa, cheguei a intervir e enviei ajuda. Mas meu objetivo não é intervir. Meu objetivo é fazer com que a intervenção não seja necessária porque a ajudei a se sentir em segurança, mental ou fisicamente. Meu objetivo é que ela consiga manter o máximo de controle possível sobre sua vida. Não dou conselhos e, às vezes, chego a dizer isso com todas as palavras.

— Não sei o que fazer — Melissa soluça. O marido chegou em casa bêbado e a espancou na frente das crianças. Ela morre de medo de continuar com ele e morre de medo de que ele a encontre se ela sair de casa. De qualquer modo, ela não tem dinheiro próprio, não tem um emprego de tempo integral e não tem como sustentar os filhos. Teme que ele consiga a guarda das crianças, se ela fugir de casa e continuar desempregada. — O que devo fazer? — Com todo o coração, tenho vontade de responder-lhe: *Abandone-o! Pegue as crianças e vá embora imediatamente! Vá agora, antes que ele volte para casa. Saia daí o mais rápido possível!* Mas, em todo caso, eu não seria a primeira pessoa a lhe dar esse conselho.

— Não posso te dizer o que fazer — eu digo —, mas, juntas, podemos pensar em alguma coisa. Vamos analisar quais são suas opções neste momento. — Então, revemos vários planos que passaram pela cabeça dela e alguns que passaram pela minha. Depois de um tempo, ainda com medo, mas um pouco mais centrada, ela decide, ao menos, conversar com alguém do Serviço de Proteção às Mulheres; eles têm um abrigo onde ela e os filhos podem ficar enquanto a ajudarem a colocar a vida novamente em ordem.

22h15. — Serviço de Prevenção ao Suicídio — eu digo. — Posso ajudar?

— Não. — Uma voz masculina.

— Em que você está pensando?

Explosão de raiva: — Sociedade hipócrita. Sociedade depravada, podre, desalmada, que só dá valor às armas. Vocês não prestam! Quem não me ama não ama a Deus. Foi o que Louis Armstrong disse. Se eu fosse uma má pessoa, eu entenderia, mas não sou. Uma pessoa que me odeie não pode ter o amor de Jesus no coração. Vocês são hipócritas! — E desliga.

22h17. A mesma pessoa: — Ah, e outra coisa. As mulheres são os membros mais depravados desta sociedade.

— Você teve experiências com mulheres que eram depravadas? — pergunto em tom neutro.

— Não. É só uma observação genérica. Elas não merecem sequer serem chamadas de seres humanos.

— O que elas fazem de tão depravado?

Desliga.

22h19. Mesma pessoa: — Já passei tempo demais vivendo como recipiente.

— Como o quê?

— Recipiente. — Um grito longo e agudo como o som de um raio.

22h22. Mesma pessoa: — Você é um monstro. Vocês todas são monstros! Vocês são monstros!

— Parece que você está sofrendo muito — eu digo.

— SOFRENDO? SOFRENDO? Você não está nem aí para o meu sofrimento, sua biscate. Vocês são monstros! — Desliga.

22h25. Atendo e alguém desliga. Provavelmente a mesma pessoa. Ele telefona de vez em quando, insulta o orientador do turno e, depois, passa dias, às vezes semanas, sem ligar. Alguns orientadores temem suas chamadas e ficam abalados com elas; outros as esperam ansiosamente, como se fossem desafios, e um ou dois já conseguiram manter uma conversa suficientemente longa e descobriram algumas coisas sobre sua bizarra história de vida. Aparentemente, é um veterano da Guerra do Vietnã, sofrendo as conseqüências da exposição ao Agente Laranja, que agora trabalha como guarda noturno numa fábrica e mora numa cabana numa pequena comunidade agrária. Tem quatro filhos e nós nos preocupamos com todos eles, principalmente com as duas meninas. Ele alega ter tatuagens no rosto e uma mão mecânica. Não sabemos seu nome, mas um dos orientadores se referiu a ele como "Edward Mãos de Tesoura" num dos relatórios e o nome pegou. "Edward", anoto no livro de registros e, no relatório, escrevo simplesmente "A mesma coisa de sempre".

22h30. Ouço a porta da frente se abrir e a escada começa a ranger. Logo uma mulher ruiva de cabelo curto surge na porta para dar início ao próximo turno. Nos cumprimentamos e ela vai à cozinha preparar uma xícara de café. Há setenta e cinco orientadores ativos no atendimento e nos alternamos em turnos de cinco horas, com exceção do turno da noite, que vai das 22h00 às 8h00. Não temos quase nada em comum, no que se refere à experiência de vida, escolaridade, vida familiar, criação religiosa, personalidade ou renda. Muitos de nós já passaram por grandes traumas e dificuldades, e sobrevivemos a eles e queremos ajudar os outros a fazerem o mesmo. Cada um de nós conhece a dor, o pesar, a humilhação, o choque, a fúria, o inominável. E quem não conhece? Pode-se pensar que os orientadores das linhas de apoio têm uma vida mais estável e menos conturbada que as pessoas que telefonam, mas nem sempre isso é verdade. Essa foi uma descoberta surpreendente e muito forte para mim.

Por exemplo, um rapaz da minha classe de treinamento nos contou, com um visível calafrio, do dia em que voltou da aula e encontrou o companheiro de quarto caído numa poça de sangue e um bilhete de adeus em cima do balcão. Ele queria muito bem a esse companheiro e sabia que ele estava deprimido, mas não *tão* deprimido. Como pôde não ter visto os sinais de perigo, não ter escutado os pedidos de ajuda? Em retrospectiva, pareciam tão óbvios. Levou anos para que ele conseguisse digerir todo o horror e a culpa. Uma mulher madura, na mesma classe de treinamento, descreveu como, durante toda sua vida, teve que lidar com a mãe alcoólatra, que era violenta, imprevisível e que precisava, ela mesma, de cuidados maternos na maior parte do tempo. Muito depois do fim do treinamento, uma talentosa orientadora confessou que, havia vários anos, lutava contra a depressão, que tomava medicamentos para se tratar e que, geralmente, sentia-se forte e bem-humorada. Embora seu ânimo estivesse bom na época em que se ofereceu como voluntária para trabalhar no SP, disse que, ao começar o treinamento, caíra numa perigosa depressão, uma das piores de sua vida. Durante o dia, sofria terríveis quedas de ânimo, mas era capaz de superá-las devido às intensas e dramáticas horas de treinamento. Eu estava na mesma classe que ela e nunca notei qualquer sinal de seu sofrimento particular. Nenhum de nós notou. Ela sempre pareceu animada e séria a respeito do serviço de orientação. Ao ter que encarar o sofrimento alheio, ela conseguia pôr de lado sua depressão, sair de sua prisão de angústia, mergulhar numa parte de si mesma que era generosa e maternal e oferecer ajuda. A depressão estava sempre esperando por ela em casa, mas desaparecia assim que o telefone do serviço de apoio tocava. Após alguns meses, o desânimo foi embora e o abatimento desapareceu. Ela é um exemplo extremo do quanto alguém pode estar sofrendo e, ainda assim, ter sucesso como orientador. Isso me ensinou uma lição importante, a de que não é preciso ser mais forte, estar em melhor forma, ser moralmente superior ou não ter problemas para ajudar àqueles que estão em crise. Só é preciso saber colocar os próprios problemas de lado e escutar de coração aberto, sem julgar, concentrando-se totalmente nas necessidades do outro. Na verdade, a capacidade de livrar a mente das próprias mazelas traz um alívio extremamente valioso. Há muitas pessoas, de grande coração, que se sentem atraídas por trabalhos sociais mais visíveis; o SP, por outro lado, atrai aquelas que preferem o altruísmo anônimo, que não desejam ser identificadas. E como não há ninguém por perto para aplaudir ou escutar suas conversas, você se torna seu único juiz; deve julgar, sozinho, se está fazendo um bom trabalho.

A maioria dos orientadores se oferece para o trabalho voluntário simplesmente porque faz com que se sintam bem. Em que consiste esse sentimento? Difere ligeiramente de uma pessoa para outra, mas, para mim, consiste em quantidades iguais de compaixão, de realização, da sensação de ser uma boa pessoa e também de um curioso artifício da mente: a oportunidade de reformar meu passado ajudando o outro a mudar o presente. Quando eu era pequena, tinha uma bola cromada que trazia inscrita ao seu redor a Regra de Ouro: *Faça aos outros aquilo que gostaria que fizessem a você.* Por mais egoísta que esse axioma possa parecer, ele realmente inspira boas obras. Simbolicamente, admito. Com grande freqüência buscamos modificar nossa história através da vida alheia. Uma orientadora me disse uma vez que, embora não fosse uma pessoa particularmente piedosa, quando falava ao telefone se transformava numa versão de si mesma que podia admirar.

Apesar de ter tentado ser sincera neste livro, também optei por não revelar certos detalhes da minha história pessoal por respeito a algumas pessoas na minha vida que se sentiriam magoadas. Diferentemente daqueles que telefonam para o SP e que contam com o privilégio do anonimato, eu não tenho essa possibilidade. Você vê meu rosto. Portanto, basta dizer que já passei por uma variedade enorme de sofrimentos, alguns dos quais carrego até hoje e, provavelmente, continuarei carregando até o fim da vida. Os traumas que sofremos no início da vida são escritos numa tinta impossível de apagar e os traumas sofridos mais tarde têm uma forma poderosa de permanecer na lembrança. Na minha vida também há alegria, amor, aventura, realização e descoberta. Não há nada de tedioso. Nunca houve uma dor à toa. No entanto, já vi o suficiente do lado negro para me identificar com muitos daqueles que nos telefonam. Muitas dessas pessoas estão presas em pesadelos dos quais eu consegui escapar. Suas histórias, que fluem através das linhas telefônicas desta cidade pequena, são complexas e fascinantes. São inacreditáveis as situações em que os seres humanos conseguem se colocar. Portanto, na minha opinião, o trabalho de atendimento a pessoas em crise é, ao mesmo tempo, doloroso, assustador, cansativo e profundamente gratificante. Essa gratificação não é pública, obviamente. O trabalho de orientador numa linha de apoio pode ser uma das coisas mais emocionalmente desgastantes que os seres humanos fazem uns pelos outros; porém, ao contrário dos paramédicos ou dos bombeiros, por exemplo, que recebem o reconhecimento público por seus esforços ao desafiar a morte, meus companheiros orientadores agem em segredo; o drama que vivemos é sempre particular, a cura é sempre indireta e a vitória é sempre interna.

Nem todos os orientadores tiveram sua vida tocada pelo suicídio; alguns se tornaram voluntários por outros motivos; uma parte suficiente deles, porém, já sentiu a mão pesada da morte em seus ombros e conseguem reconhecer a sensação. Se não te matar, o fato de sobreviver à própria morte ou à de alguém próximo pode funcionar como um tônico, uma droga metálica que faz com que o mundo pareça mais brilhante, que seu coração bata mais forte, e então a consciência de que você é capaz de encarar a morte passa a ser uma ferramenta formidável.

Frank Drake era um orientador típico. Casado, dois filhos, era professor e dividia seu tempo entre o ensino e a pesquisa. Confeccionava jóias, fazia mergulho e tinha outros hobbies. Alto, magro e de modos tranqüilos, era um renomado astrônomo e desempenhava um papel vital na busca por sinais de inteligência extraterrestre. Usando radiotelescópios como ouvidos gigantescos, explorava a tundra silenciosa do espaço sideral à procura de sinais de vida. Se um dia você se sentar sob o escuro domo de um planetário para assistir a uma palestra sobre a esfera celeste, há grandes chances de que o palestrante mencione a "equação Drake", usada para calcular a probabilidade de os demais planetas serem habitados.

Drake havia sido transferido de tempos em tempos para trabalhar em observatórios pelo mundo todo; eram lugares remotos que pareciam cenários perfeitos para um colapso nervoso. Ele conhecera, então, pessoas que se encontravam sozinhas, longe de casa e da família, sob condições estressantes e tendo que lidar com questões devastadoras. Alguns já haviam tentado se suicidar ou cogitavam essa possibilidade. Com os cabelos prematuramente brancos e os modos gentis, Drake parecia ser alguém com quem essas almas aflitas pudessem contar, e elas contavam. Isso havia acontecido com tamanha freqüência que ele achou que um treinamento formal poderia ser útil; portanto, aderiu ao Serviço de Prevenção ao Suicídio. Porém, assim que começou a atender as linhas de apoio, a coisa entrou em seu sangue e ele fez esse trabalho por nove anos. Preferia o turno da noite (ao qual jamais nos referíamos como *horário morto*), que ia até as 8h00 e que geralmente incluía os telefonemas das pessoas mais perigosas ou depressivas.

Os usuários da linha de apoio nunca souberam o seu nome. Nenhum de seus vizinhos ou amigos sabia que ele era voluntário. Assim como todos os orientadores, ele fez um voto de sigilo. Para que o serviço telefônico funcione, as pessoas que telefonam precisam sentir que existe segurança e discrição. Elas querem conversar com alguém a quem jamais virão a conhecer pessoalmente. (Essa é uma das razões pelas quais mudei os nomes das pessoas, assim como quaisquer detalhes que as pudessem identificar.) Embora conhecesse Drake há uma década, só fiquei sabendo de suas vigílias noturnas quando ele se mudou para outra cidade e arrumou um emprego na Universidade da Califórnia em Santa Cruz.

Num mês de agosto, aconteceu de ambos tomarmos um navio na costa de Baja para assistir a um eclipse total do sol. Com a duração de sete minutos, seria o eclipse mais longo do século. Drake estava no auge de sua carreira e, logo, ouvimos sua voz inundando os alto-falantes por todo o barco e conduzindo os quinhentos passageiros através de um dos maiores espetáculos de todos os tempos, o tipo de acontecimento que havia emocionado civilizações inteiras e mudado o rumo da História. Naquele momento, porém, a mente daquele homem estava obscurecida por uma espécie diferente de escuridão: a dos espíritos eclipsados daqueles a quem havia atendido no SP. Então, na luz que se enfraquecia, ele falou sobre seus dias como orientador.

— Algumas chamadas que recebíamos eram realmente de partir o coração — ele disse. — Às vezes, telefonava alguém que tinha ingerido uma dose letal de comprimidos; outras vezes, era alguém que ameaçava usar o rifle que carregara consigo para dentro da cabine telefônica e atirar em uma dúzia de pessoas, enquanto eu pensava desesperadamente: "Que pergunta posso fazer, que truque posso usar para obrigar esse cara a dizer *onde* ele está?"

O trabalho de detetive não é fácil quando só temos os sons para nos guiar; porém, os ruídos ao fundo podem, sim, oferecer algumas pistas. Uma vez, ao lidar com um bêbado violento, Drake ouviu as reduções de marcha dos carros que passavam e pôde deduzir de qual esquina o homem estava telefonando. E, é claro, foi exatamente ali que a polícia o encontrou e desarmou. Em outra ocasião, uma mulher a ponto de cometer suicídio telefonou. Embora sua conduta fosse ambivalente o bastante para ligar, a mulher não queria dizer onde estava. Já não havia nada que lhe interessasse na vida, ela se queixara depois de um longo tempo. Desesperado, Drake disse a primeira coisa que lhe veio à cabeça: "E a astronomia? A astronomia está cheia de coisas interessantes." Ela concordou e eles conversaram durante algum tempo sobre as estrelas e os planetas. Quando ela mencionou, de passagem, a janela em forma de lua do outro lado da rua, algo se acendeu na memória de Drake. Ele já havia passado de carro na frente daquela janela. A polícia chegou a tempo de correr com ela para o hospital. Passado um mês, quando recuperou o equilíbrio emocional, ela enviou um bilhete sincero para o SP, agradecendo à pessoa que estivera de serviço naquela noite por haver salvado sua vida.

— E o que você faz depois de um turno desgastante? — perguntei a Drake. — Como consegue ir cuidar, calmamente, da própria vida?

— Espera-se que, depois de oito ou nove anos, a pessoa acabe ficando tão calejada, tão endurecida pela tristeza dos demais que nada mais a afete. Comigo, porém, acontecia exatamente o contrário. Em casa, tentando dormir, eu me flagrava novamente angustiado por causa daquelas pessoas, o que não era nada bom. Depois de passar a noite tentando lidar com temas realmente pesados, eu simplesmente não funcionava direito no dia seguinte. De forma que, por fim, cheguei ao meu limite. — Ele fez uma pausa. — Apesar disso, eu compartilhava momentos extremamente significativos na vida das pessoas e, com freqüência, penso que essas foram as horas mais importantes de toda a minha vida.

Enquanto voltava para casa naquele dia, não pude afastar minha curiosidade a respeito desta instituição que, segundo Drake, era capaz de atos de misericórdia e de heroísmo e que, além disso, podia transformar também a vida de seus voluntários. Quem eram essas pessoas? Numa manhã de outono, telefonei para o SP para perguntar se queriam um laptop que eu não usava. Marian van Soest, que era então a diretora, declarou que minha ligação havia caído do céu e que o SP precisava urgentemente de outro computador. Cortesmente, ela aceitou minha doação, mas acrescentou, para meu espanto, que havia uma condição: eu teria que dar uma palestra na reunião anual da instituição. Que jeito estranho de aceitar uma doação, pensei; entretanto, com toda a cara-de-pau de que era capaz, concordei e me vi dando uma palestra sobre altruísmo a um alegre grupo de orientadores, funcionários e diretores do SP. Eles tinham um senso de humor bastante relaxado, embora um tanto macabro; não brincavam em serviço e *sentiam* os problemas do mundo de forma extraordinariamente direta. Gostei do jeito deles. Depois daquele dia, uma coisa levou a outra até que, finalmente, me encontrei fazendo o treinamento.

—

Há duas ou três turmas de treinamento por ano e eu participei do curso de inverno. Todas as terças e quintas, à noite, e aos sábados, pela manhã, nos encontramos num edifício municipal perto do lago, durante um total de seis semanas. Os ônibus e vans eram estacionados do lado de fora do edifício e a única parte iluminada era uma sala de conferências na qual havia quinze cadeiras dispostas em círculo. Entre meus colegas de treinamento, havia um ex-agente funerário, uma assistente social, um fotógrafo que tinha trabalhado na Guerra do Golfo, um músico, um estudante do curso preparatório para medicina, um ex-radialista estudante de psicologia, um bombeiro voluntário, um especialista em biogenética, um carpinteiro com diploma de literatura, um controlador de tráfego aéreo e um homem que tinha feito o parto de três de seus filhos. Todas as idades e raízes étnicas estavam ali representadas. O mais velho tinha cinqüenta e oito anos; o mais novo, vinte e dois. Os treinadores eram Kate, Fred (que trabalha em muitos turnos da noite) e uma equipe adicional variável, de até quatro orientadores e funcionários. Em nosso primeiro encontro, fizemos vários exercícios de escuta; num deles, formávamos dois círculos concêntricos, um dentro do outro, de modo que os integrantes do círculo interno ficassem de frente para os do círculo externo.

— Vocês terão três minutos — disse Kate. — Durante esse tempo, a pessoa do círculo interno deve falar sem parar sobre o tema que eu lhes der. A pessoa à sua frente só deve ouvir. Prontos? O.k... fale sobre sua mãe.

Balanço a cabeça, rindo, ao lembrar o desafio que foi aquele exercício, tão enganosamente simples: falar durante apenas três minutos, sem parar. Lembro que abri a boca e comecei do começo, falando de onde minha mãe tinha nascido, sob quais circunstâncias, mencionando sua provável vida emocional e como isso afetou sua escolha de marido e a forma como se relacionava com os filhos. Lembro-me de que Fred escutou atentamente, o rosto expressando interesse e incentivo. Durante o dia ele dava aula para crianças pequenas cuja vida era um amplo futuro; à noite, ouvia as desgraças do mundo e ajudava pessoas cuja vida parecia feita apenas de passado. Quando Kate disse "Chega!", todos do círculo interno deram um passo à esquerda e, então, fui incumbida de ouvir a simpática estranha à minha frente: uma mulher de uns cinqüenta anos, vestida de forma conservadora, cujo rosto gentil era um tanto rígido.

— Prontos? — Kate perguntou, o cronômetro na mão. — O.k... fale sobre masturbação.

Lembro a rapidez com que a cor se esvaiu do rosto da mulher e do tempo que pareceu demorar para que suas sobrancelhas relaxassem; apesar disso, lembro também a forma heróica com que ela conseguiu falar sobre masturbação durante três minutos inteiros. Minha tarefa era emitir ruídos e exibir expressões faciais que transmitissem incentivo, aceitação e interesse, sem qualquer demonstração de censura ou constrangimento. Nada fácil! Alguns dos temas daquele dia, segundo me lembro, foram: suicídio, solidão, depressão e homossexualidade. Entre outros objetivos, esse exercício nos ajudou a praticar a arte sutil de nos comunicar sem usar palavras e de transmitir sentimentos, tais como a confiança e o não-julgamento. Havia outros exercícios, enfatizando outras habilidades e, naquelas primeiras semanas, passamos uma grande quantidade de tempo nos explicando uns aos outros; dessa forma, a cada sessão, passávamos a ser mais que meros crachás com nomes, mais que ouvidos atentos e bocas sussurrantes. Dois dos orientadores começaram a namorar. Uma orientadora (que não era capaz de conter suas fortes opiniões durante as simulações) foi dispensada. Três outros desistiram. O resto de nós continuou praticando segundo um modelo de atendimento que consistia em seis passos: estabelecer um contato em nível emocional com a pessoa do outro lado da linha (ecoando e identificando sentimentos); explorar o problema em questão (através de perguntas abertas); resumir o problema (e chegar a um acordo quanto a essa percepção); resolver o problema, se possível; explorar os recursos existentes (tais como técnicas para lidar com o passado e orientações dadas pela instituição); e chegar a um acordo quanto a um plano de ação (ou, talvez, agendar um telefonema de *follow-up*). Em todas as sessões, recebíamos uma curta palestra. Observávamos dois orientadores experientes, sentados de costas um para o outro no meio da sala, representarem conversas telefônicas pertinentes ao tema do dia; então, praticávamos as conversas em duplas, monitorados por um orientador que nos dava *feedback*. Aprendemos a respeito das diferentes partes de uma chamada e praticamos tanto os momentos de abertura quanto os de encerramento. Treinamos como conversar com pessoas deprimidas, suicidas, homossexuais, praticantes de *cross-dressing*, viciados, masturbadores compulsivos, vítimas de espancamento, deficientes mentais, pessoas violentas ou agressivas, pessoas obsessivas e uma infinidade de outras. Falamos sobre nossos sentimentos e preconceitos pessoais e sobre a necessidade de deixá-los de lado quando em serviço, além de várias maneiras de demonstrar empatia para com a pessoa ao telefone, fortalecendo-a e ampliando seus horizontes. Aprendemos a enviar equipes de resgate e onde procurar por orientações e recursos. Aos tropeções e gaguejando a princípio, por vezes desanimados e inseguros, com o tempo descobrimos que as técnicas faziam sentido. Ainda assim, quando o treinamento chegou ao fim e nos inscrevemos para participar de turnos de aprendizado, não havia uma única pessoa dentre nós que se sentisse totalmente confiante. Como reagiríamos quando não mais se tratasse de um exercício, quando vidas reais estivessem em jogo? Estávamos todos tomados pela insegurança. Não obstante, comecei prestando quinze horas de serviço de orientação por mês, mergulhando cada vez mais fundo no espírito da organização.

Atualmente, nove mil ligações por ano são feitas ao SP e cerca de mil delas estão relacionadas ao suicídio. Esta cidade tem dezoito mil habitantes, e o condado, aproximadamente noventa e cinco mil. Nossa sucursal entrou em funcionamento no fim da década de 60, após um surto de suicídios estudantis. Abalado pela morte de um amigo que se enforcara, um estudante implorou a Jack Lewis, um ministro religioso local, para que tomasse *alguma providência*. Lewis contactou um psicólogo, George Miller, e, pouco tempo depois, havia um pequeno grupo de pessoas preocupadas que se uniram para criar uma linha de apoio. Instalaram um único aparelho de telefone num quarto do andar de cima da casa paroquial, no centro da cidade, e se alternavam no atendimento, lançando mão de quaisquer técnicas de orientação que conseguissem estabelecer, em conjunto ou de improviso. Costumavam passar o chapéu nas reuniões para conseguir dinheiro para pagar as contas e, com bastante freqüência, atendiam pessoalmente indivíduos em crise, ainda que isso significasse ter que ir a um quarto miserável de hotel às três da manhã ou se encontrar com alguém, à meia-noite, no parque da cidade.

— Naquela época, vivíamos de esperança e nada mais — Jack Lewis me explicou um dia. Agora já com oitenta anos e ainda ativo como ministro religioso, Lewis se lembra perfeitamente de seus anos de atendimento no SP. Não havia treinamento nem grupos de apoio aos orientadores (aos quais o comparecimento é obrigatório, já que o esgotamento psíquico é sempre um problema em potencial) e as contribuições financeiras eram escassas. — Mas compartilhávamos dos problemas da comunidade e isso nos unia.

Além disso, também serviu para testar sua coragem. Por exemplo, houve um domingo, em 1971, em que Lewis foi chamado a presenciar uma cena aterradora: um homem apontava uma arma carregada para sua família e ameaçava atirar neles, em si mesmo e em qualquer pessoa que tentasse impedir. Lewis entrou caminhando na casa do homem, sentou-se a seu lado e disse baixinho: "Me conta a sua história." Dez horas depois, o homem lhe entregou a arma. A verdade que existe por trás dessa situação dramática é aquilo que motiva o trabalho do Serviço de Prevenção ao Suicídio e de Apoio Emocional: cada um de nós tem uma história, cada um possui uma arma carregada que aponta para si mesmo. Depois de horas, ou anos, de conversa, a história pelo menos pode ser contada em sua totalidade e a arma pode ser deixada de lado. A história tem capítulos alegres e tristes e partes dela podem ser esquecidas. Às vezes é necessário alguém de fora para nos ajudar a lembrar certos detalhes ou esclarecê-los. Perca sua história e estará perdendo o filme da sua vida.

Lewis me contou também a respeito de um terrível incidente do qual havia sido testemunha: um jovem surdo e epiléptico, disposto a pôr fim à própria vida, estacionou o carro numa das extremidades de uma ponte e escalou as grades até se colocar, trêmulo, sobre o parapeito. Logo chegou a polícia municipal, estacionando a viatura na extremidade norte da ponte; a polícia do campus, por sua vez, posicionou o carro na outra extremidade. Toda vez que alguém tentava se aproximar, o jovem ameaçava pular. O Serviço de Prevenção ao Suicídio foi chamado e uma orientadora correu até a ponte. Jack Lewis chegou poucos minutos depois. Neste momento a noite já havia caído e o jovem estava iluminado por fachos de lanternas que se aferravam a ele como cordas de poeira cintilante. A orientadora havia se aproximado dele cuidadosamente. Como o rapaz era surdo, ela acendeu uma lanterna sob seu próprio queixo para que ele pudesse ler seus lábios quando ela lhe falasse. Deprimido e desesperado, porém, indeciso, ele se virava para saltar, percebia a preocupação da orientadora, afastava-se do parapeito apenas para rechaçar suas palavras e voltava à posição inicial. Após algum tempo, no entanto, ela conseguiu que ele aceitasse suas palavras e ele, por fim, começou a descer do parapeito. Foi precisamente naquele instante, quando ele passava uma perna por cima da grade para se colocar em segurança, que foi acometido por um ataque epiléptico... e caiu de encontro à morte no abismo. A orientadora gritou com toda a força de seus pulmões e seus gritos ecoaram pelo desfiladeiro de pedra. Depois de horas de trabalho heróico, ela o havia salvado e, então, em segundos, num instante de terrível e completo desamparo, ela o tinha perdido para sempre.

22h48. Toca o telefone. — Serviço de Prevenção ao Suicídio — digo num tom acolhedor, adquirido com o tempo. — Posso ajudar? — Durante alguns segundos obtenho apenas respostas silenciosas e olho pela janela. Uma chuva de meteoros está prevista para pouco antes do nascer do sol. Vai passar bem perto da Terra, entrar em atrito com as partículas de ar e explodir numa tempestade de estrelas cadentes. Fricção intensa — é só isso que precisa acontecer. Inconscientemente, aperto mais a orelha contra o telefone, como se me aproximasse mais da pessoa do outro lado. Acho que posso ouvir a respiração abafada de alguém chorando.

Uma mulher bastante perturbada diz: — Meu marido acabou de... — a voz hesita, procurando por palavras mais suportáveis, e então decide: — ... de me bater.

— Seu marido bateu em você? — repito calmamente. — Você pode me contar o que aconteceu?

Numa voz que é meio sussurro, meio soluço, ela conta a mim, uma desconhecida, todos os detalhes íntimos e hediondos do seu dia; conta como o marido chegou em casa bêbado e fora de si. Um comentário sarcástico fez com que ele explodisse num ataque de fúria, durante o qual havia arrancado seu roupão e a espancado. Aterrorizada, ela tinha saído de casa e correra pela rua. Agora estava numa cabine telefônica, de camisola. É uma noite límpida de inverno e ameaça gear. Ela não quer que eu envie uma ambulância, nem a polícia. Não quer que ninguém saiba. Sente-se humilhada, desesperada e se recusa a dizer onde está. Tem medo que o marido venha atrás dela. Sua voz treme de frio, de raiva e de medo.

— Que bom que você ligou — eu digo, tentando transmitir minha preocupação através da voz e do delicado fio do telefone. Quero que seja como um braço invisível que a abraça. — Você parece nervosa e assustada.

— Estou apavorada — ela sussurra e acrescenta, baixinho: — Eu não devia ter falado aquilo... foi culpa minha, eu o provoquei, como sempre.

— Ninguém merece ser espancado — eu digo. — Olha, estou preocupada com você e queria muito mandar alguém aí para te fazer companhia.

— Não, não consigo encarar ninguém... minha vida é um caos — ela diz, chorando. — Estou tão confusa. Não sei o que fazer.

— Não tem problema — eu digo. — Eu sei o quão assustada e confusa você está se sentindo. E se a gente só conversasse um pouco, o que você acha?

Vinte minutos depois, um pouco mais calma, ela concorda que alguém a leve até um lugar seguro. Quando chega ajuda, com um cobertor, encontram-na praticamente nua numa cabine telefônica, tremendo sob a luz esverdeada da iluminação pública.

CAPÍTULO 2

Os Esquilos e a Escuridão da Alma

Despertando numa manhã enevoada, preparo uma xícara de café peruano que exala um cheiro amargo de argila; o aroma me lembra as ruazinhas barulhentas de Cuzco, onde as mulheres elegantes de salto alto concorriam com os agricultores. Vasculhando a memória, vejo também as montanhas chuvosas e as plantações de café e, depois, olho ainda mais longe para as profundezas da densa e abundante Amazônia. Ou será a Amazônia brasileira que estou imaginando? Talvez a colombiana? Tenho certeza de que não é a floresta tropical da Mata Atlântica, a nordeste do Rio, por onde saltam os últimos micos-leão-dourados sobreviventes, pois essa é uma floresta da qual me lembro nos mínimos detalhes, das preguiças às orquídeas. No fundo do coração, sei que essas regiões são tão diferentes entre si quanto as pessoas; todas possuem uma natureza essencial comum, mas as culturas e personalidades são diferentes, assim como a forma pela qual estão ameaçadas. Na minha memória, no entanto, todas as florestas começaram a se fundir numa única, maravilhosamente palpitante e coberta de folhagens, e isso é algo que me entristece. A memória é um colecionador terrivelmente competente e organizado. É incrível a rapidez com que a singularidade do Um se transforma na obscuridade dos Muitos, e então os Muitos passam a ser apenas o Um impessoal.

Levo meu café para a sala envidraçada que dá para o jardim, abro uma janela e chamo os esquilos, como de costume, gorjeando uma melodia de duas notas que começa alta e se deixa escorregar: "ESQUI-los, ESQUI-los, ESQUI-los." Rapidamente, espalho uma mescla de amendoins, avelãs, castanhas-do-pará e amêndoas, formando um arco. Os frutos não são salgados e se encontram ainda com cascas, exatamente como os esquilos os encontrariam na natureza; isto é, se por acaso vivessem simultaneamente no estado de Nova York, na Geórgia e na Amazônia. As disputas começam no meio do bosque de oito mil metros quadrados, no momento em que os esquilos deixam o calor de seus ninhos de folhas e descem correndo pelos troncos das árvores, saltam moitas e pilhas de lenha e percorrem os fios elétricos e de telefone em direção à casa usando as caudas para se equilibrarem como se fossem artistas de circo na corda bamba.

Ciente de que este banquete fora de temporada será logo devorado, sento-me e contemplo o amanhecer. Não há nada como a beleza fecunda da primavera no estado de Nova York. Gotas de chuva esparsas cobrem os ramos de um galho de bordo, parecendo glóbulos esféricos e cintilantes que tremulam sem cair. Toda a luz da manhã parece capturada por esses pequenos mundos. Podem-se sentir as múltiplas fragrâncias da primavera, florescente e transbordante. No entanto, é uma época difícil para os animais. A primavera significa despertar de um longo coma invernal e se deparar com um cenário de dificuldades e de afobação. Saindo de seu estupor de inverno, encontram pouca comida e muita coisa ainda mal começando a brotar. Achar um parceiro passa a ser uma questão de emergência. Também os seres humanos sofrem nessa estação do ano. No Serviço de Prevenção ao Suicídio e de Apoio Emocional recebemos mais telefonemas na primavera que em qualquer outra época do ano. Ninguém sabe por quê. Imagino que deva ser o total contraste entre o florescimento no mundo exterior e o deserto que percebem na própria vida.

Às vezes imagino a vida dessas pessoas como complexos ecossistemas emocionais, como florestas tropicais, e suas mágoas, como enormes folhas secas caídas em meio à vegetação. Uma vez um massagista me contou que, ao deslizar as mãos subindo por minha coluna, vértebra a vértebra, ele visualizava um fluxo de força de saúde na cor verde, que fluía através dele enquanto trabalhava e penetrava o corpo do paciente, curando-o e fortalecendo-o. Gostaria de poder fazer isso com as pessoas que me telefonam, de enviar uma força verdejante através da linha, gostaria de curar com as mãos, como fazem os cirurgiões, chegando ao Armagedom que existe em seu interior e declarando a paz. Shakespeare, lindamente, conseguiu transformar esse desejo em pergunta em sua obra *Macbeth*:

> Não podes encontrar nenhum remédio para um cérebro doente,
> da memória tirar uma tristeza enraizada,
> delir da mente as dores aí escritas
> e com algum antídoto de oblívio doce e agradável
> aliviar o peito que opresso geme ao peso da matéria maldosa
> que comprime o coração?

Na última vez que soube alguma coisa a respeito dos meus colegas da Interplast — cirurgiões plásticos voluntários que operam o rosto de crianças desfiguradas —, eles seguiam viajando até algumas cidadezinhas no interior do Peru para reesculpir a vida de crianças com fenda palatina, queimaduras ou outros desastres faciais. Essa atividade se tornou excessivamente perigosa agora que as guerrilhas do Sendero Luminoso começaram a atacar os norte-americanos. Tomo nota mentalmente para telefonar à Interplast e sugerir que eles acrescentem uma assistente social à sua equipe de viagem. Reparar uma deformidade pode melhorar o rosto da criança, mas, certamente, existem outras tantas cicatrizes que são menos visíveis. Quando os acompanhei a Honduras, há alguns anos, para ajudá-los a cuidar das crianças e para escrever um artigo sobre a missão da Interplast para a *New York Times Magazine,* deparei-me com uma quantidade surpreendente de alegria e diversão em meio àquele trabalho tão desgastante. Isso também ocorre no SP. Os orientadores são pessoas de riso fácil, que costumam ser bastante sociáveis. Uma dúzia deles planejou uma viagem a uma cidade vizinha, na próxima semana, para conhecer alguns bares onde se tocam blues; outro grupo está fazendo aulas de dança. Eu me inscrevi num passeio pela floresta estadual para observar pássaros, guiado por um emérito professor que é um esplêndido naturalista.

Ouço um ruído surdo no telhado que vai aumentando e, então, pára de repente. Sentindo-me observada, olho para cima e vejo o Pidão, um robusto esquilo macho que olha de cima do telhado, examinando a mim, à manhã e ao maná caído dos céus. Agitando os bigodes, ele se debruça na beirada do telhado e me fixa seus olhinhos negros e brilhantes.

— Café-da-manhã? — pergunto.

Ele rapidamente se enrola, levanta e abaixa a cabeça, ergue o traseiro e salta os dois metros que o separam de um fino galho de castanheira, descendo pelo tronco em quatro pulos e até a janela em mais dois. Não é que as frutas secas que joguei não lhe apeteçam; o que acontece é que o Pidão prefere as nozes e, como ele já sabe, eu as guardo dentro de casa.

Seguro uma noz levemente entre o polegar e o indicador e a ofereço a ele, sentindo o mais suave dos puxões quando ele a toma. Ele se vira e assume, rapidamente, um posto de observação sobre uma pedra, girando a noz entre os dentes e as patas até encontrar o ponto exato onde abrir um buraquinho, o que faz usando seus dois incisivos, afiados como ferramentas. Então, carregando a noz como se fosse uma bola de boliche, corre até uma castanheira maior e trepa pelo tronco até alcançar o galho mais baixo. Desse posto ele pode ver a multidão de esquilos que chega, agarrando as frutas e brigando por território. Ele, por sua vez, aumenta o buraquinho na noz e ataca a polpa, cuspindo pedacinhos da pele.

— Mas que serra elétrica você é — digo em voz alta, sorrindo. Ele continua me analisando com um toque de vigilância incômoda. Quando termina de comer uma metade da noz, segura a parte restante como se fosse uma tigela de mingau, retirando com cuidado o fruto em forma de pulmão.

Eu o chamo de Pidão por causa da forma como sempre me encontra, seja em meu escritório ou na sala de estar, e me lança aquele olhar insistente e inabalável. Quando consegue atrair minha atenção, corre para a sala envidraçada do jardim, sobe na janela e me encara. Ele se apóia, então, nas patas traseiras, com as mãozinhas encolhidas no peito, e estica a cabeça para olhar lá dentro, alerta e esperançoso. Acima de tudo, o Pidão é bastante atrevido e suficientemente corajoso para não fugir quando abro a janela com um rangido. Também é arrojado o bastante para pegar a noz da minha mão e afastar os concorrentes do seu pequeno estoque de comida. Em geral, quando abro a janela, ele se aproxima e enfia a cabeça pela abertura, observando enquanto apanho as nozes de um barril pela metade. Se deixo a janela e o barril de nozes abertos, ele entra sem hesitar, apanha uma noz ele mesmo e sai como um raio para comer lá fora. Quando a janela está fechada, ele espia de fora com o olho esbugalhado e parece um dos cavalos na *Guernica*, de Picasso.

Estou na metade de um projeto de dois anos de pesquisa para a *National Geographic* (que contribui com as nozes e o fotógrafo) estudando a vida secreta dos esquilos-cinzentos, tomando notas e tentando fazer o possível para entender a fundo seu modo de vida. Portanto, seria praticamente impossível que eles não se tornassem meus amigos íntimos. Eu não cheguei exatamente a adotar os esquilos, mas me preocupo com o bem-estar deles durante os invernos mais rigorosos e fico fascinada com seus relacionamentos, seu comportamento instintivo e suas travessuras, principalmente as do Pidão. A única marca distintiva nele é uma pequena irregularidade na orelha esquerda, mas sempre o reconheço pela agilidade incomum, pela constituição musculosa dos ombros e por seu entusiasmo exploratório.

Veja bem, isso não é nada comparado à coragem e inteligência legendárias dos esquilos. *Daylight Robbery*, um filme inglês sobre os esquilos-cinzentos, revela as artimanhas de um esquilo que descobriu como entrar numa máquina de venda automática. O esquilo entra pela aba de metal da abertura inferior, sobe pelo interior e, segundos depois, retorna com uma barra de chocolate, a qual abre e come na maior calma. Já ouvi falar de pessoas que montam pistas de obstáculos para os esquilos; a mais engenhosa dessas pistas é uma que exige que subam por um pau-de-sebo, saltem uma distância enorme, passem por dentro de um cano e, finalmente, atravessem o quintal a bordo de um foguetinho vermelho, tudo isso para comer avelãs. Só levou duas semanas para que os esquilos vencessem todos os obstáculos. Eu, por exemplo, montei praticamente uma academia de ginástica para esquilos, que inclui uma roda-gigante com quatro espigas de milho, uma mesa de piquenique com uma cadeira, onde os esquilos devem sentar se quiserem comer o milho na espiga, uma "Caixa de Pandora" cheia de amendoins (a tampa é pesada demais para os passarinhos, mas pode ser facilmente aberta pelo esquilo que, então, pega só um amendoim de cada vez), uma gangorra com uma espiga de milho em cada ponta e um trapézio com uma espiga de milho no meio. Eles entenderam como cada um desses cinco elementos funciona em menos de meia hora e parecem gostar do desafio oferecido por cada um deles. E eu tenho a oportunidade de estudar seus movimentos, sua agilidade e a parte inferior de sua fisiologia.

Embora quando esteja numa selva tropical eu a aprecie com todos os sentidos e agradeça pelo privilégio de estar ali, também adoro as florestas temperadas, a vegetação rasteira, as margens de lagos, as geleiras e até mesmo os parques urbanos. Não é preciso sair de casa para se deparar com coisas exóticas. Nosso hábitat humano engloba pastos verdejantes e gramados bem cuidados, desertos remotos e a imensidão das cidades: todos eles consistindo em ecossistemas "naturais". Há uma infinidade de animais que habitam o pequeno bosque atrás da minha casa: de cervos, guaxinins, gambás, perus selvagens, cobras não venenosas e outros animais, até aranhas, mariposas e uma quantidade enorme de insetos. Passo horas muito agradáveis no meu quintal observando a natureza em seu funcionamento rotineiro. Os animais parecem estar sempre presos em alguma espécie de drama, principalmente os esquilos. Suas pequenas aflições espelham as que vejo em meus vizinhos; suas pequenas vitórias me ensinam sobre a invencibilidade da vida.

Num instante, o Pidão volta para buscar uma avelã e retorna ao alto da árvore, quase sem perturbar o grande grupo de esquilos que se reuniram. Ocupados com a comida, estão o "Sr. Rabicho", um macho cuja cauda parece um trapo sujo, "Narizinho", que tem o nariz em forma de alicate, "Queixo Preto", que me lembra um policial britânico de capacete, "Rabo Vermelho", uma fêmea com uma faixa de pêlos ruivos na cauda, "Gorducha", uma das minhas favoritas, a fêmea maior, que parece estar sempre grávida (daí o apelido), "Branca de Neve", que tem uma cicatriz branca no nariz, "Tombo", que se estica tanto para ficar em pé ao comer que, geralmente, acaba tombando para trás, e uns vinte outros mais, ainda sem nome. Admito que é um tanto antropomórfico de minha parte dar-lhes nomes quando poderia perfeitamente usar números. Porém, a maior parte dos naturalistas que conheço acaba dando nomes aos animais com que trabalham, mais cedo ou mais tarde, seja uma baleia, um chimpanzé, um leão ou uma hiena. É praticamente irresistível! Lewis Thomas uma vez afirmou, sabiamente, que nossa nomenclatura como *Homo erectus*, a criatura que fica em pé, não era totalmente correta; nós somos as criaturas que se preocupam. Parece que também somos *Homo nomenus*, a criatura que dá nomes.

No Serviço de Prevenção, por exemplo, temos apelidos para várias pessoas que telefonam com freqüência, cujos nomes reais nunca ficamos sabendo.

Não é só "Edward Mãos de Tesoura"; temos também "Prisioneiro", "Amor Sem Fim", "O Cara do Outono", "Não Minta para Mim", "Dez Anos", "Cara da Cinta-Liga" e dezenas de outros. Precisamos ter um código para individualizar as pessoas quando não sabemos seus nomes. Sem dúvida, foi assim que começou isso de dar nomes às pessoas. John, o fazedor de flechas (a palavra, no inglês antigo, era "fletcher"), virou John Fletcher. Agnes, que morava numa região cheia de azevinhos, virou Agnes de Azevedo. Isso tem a ver com a nossa necessidade de catalogar e etiquetar. Apesar de vivermos num mundo caótico e de, às vezes, nos sentirmos oprimidos, somos organizados por natureza. A tarefa de Adão era dar nome a todas as criaturas do mundo. Às vezes os apelidos que inventamos para as pessoas que nos telefonam são engraçados ou irônicos; outras vezes são tristes ou têm relação com algum fato ocorrido. De qualquer forma, esses nomes nos permitem discutir o problema ou a história daquele indivíduo nas ocasiões em que temos que fazê-lo, com a equipe de atendimento ou com os demais orientadores. Os nomes também possibilitam que formem uma comunidade em nossa mente, atravessando a confusão de vozes e dores e nos permitindo pensar neles como indivíduos com "neuras", problemas, qualidades e necessidades exclusivas e pessoais. Passam a ser ecossistemas individualizados, e não uma montagem de várias selvas tropicais juntas.

Sr. Rabicho e Gorducha se movimentam um pouco, colocando maior distância entre eles enquanto comem. Sempre espalho bem as frutas para que possam comer lado a lado sem se sentir incomodados. Eles mantêm distância entre si através de campos de força invisíveis; a separação mínima parece ser de cerca de um metro. Nessa distância, os esquilos mastigam alegremente suas pilhas de amendoins, mas ficam vigiando uns aos outros, com as caudas arqueadas bem no alto para mostrar como são grandes. Mais próximos que isso e se sentem obrigados a espantar o invasor. Só Deus sabe o que eles fariam naqueles restaurantes chiques cujas mesas ficam tão perto umas das outras que os comensais se acotovelam cada vez que erguem o garfo. Nós também nos sentimos incomodados nesses lugares onde não há espaço suficiente nos separando enquanto comemos e, por isso, nos entregamos ao famoso "papo furado", que é como os antropólogos chamam nossa versão pública de fofoca.

Às vezes, penso nesta parte do meu quintal como uma espécie de taverna para esquilos. Deveria se chamar "Cinzas". No entanto, não há mesas. Os esquilos preferem levar sua comida para cima de uma árvore, até um galho seguro, e se posicionar com as caudas erguidas formando um ponto de interrogação, vigiando o chão lá embaixo enquanto comem. Ao comer, seguram a fruta com as duas patas, sem separar os dedos, como se usassem luvas de boxe. Os esquilos têm três dedos e um polegar em cada pata, mas não os flexionam para comer. Meticulosos, eles removem cuidadosamente a casca de maçãs e a pele das uvas. Ao mastigarem, suas bochechas se movem rapidamente e os longos bigodes tremulam. São órgãos bastante sensíveis os bigodes e com eles os esquilos sentem o movimento do ar, da neve, do vento e da chuva enquanto comem, o que provavelmente torna essa atividade ainda mais prazerosa. Quando estão no solo, colocam-se contra o vento, assim sua pelagem não é despenteada, e se enrolam com a cauda, como se fossem grossos casacos de pele.

Hoje há uma dúzia de esquilos-cinzentos comendo. Machos e fêmeas têm a mesma cor e o mesmo tamanho: quatrocentos a quinhentos gramas de pêlo e apetite. Satisfeitos com cerca de um quilo de nozes por semana, também gostam de cogumelos, botões de flor, raminhos, frutas silvestres, maçãs, amentilhos, lagartas e outras guloseimas. Já vi esquilos-vermelhos enfileirarem cogumelos ao longo de um galho de árvore para secar, no verão, e esquilos-cinzentos tirarem a casca do tronco de uma árvore, no inverno, para sugar a seiva doce que havia por baixo. Nós podemos fingir que nossa alimentação é mais refinada, mas *também* gostamos de frutas secas, frutas silvestres, insetos e sementes. Comemos montanhas de camarão, que é um inseto do mar, adoramos a calda feita com a seiva do bordo e também adoramos comer carne, principalmente se estiver um pouco malpassada, ou seja, com um pouco de sangue, como uma presa recém-capturada. Pois é, não se abandonam facilmente os velhos hábitos.

Quatro esquilos-cinzentos que cruzam a fronteira com o quintal do vizinho fazem uma pausa para, em seguida, desviar do caminho. Mestres das reviravoltas, das manobras astutas e dos caminhos mais longos, os esquilos não gostam de ir diretamente a um lugar. Movem-se de forma insinuante, passando diretamente por seu objetivo e depois retornando a ele através de uma via lateral. É exatamente isso que um deles, o "Fortão", está fazendo neste momento: ele rodeia os demais esquilos para ver se há espaço suficiente para se infiltrar no grupo. Não há; então, a única alternativa é desafiar um dos integrantes, correndo em sua direção para fazê-lo saltar por cima do atacante, impulsionado pelo medo e pela agressividade. Para os seres humanos, o paladar é um sentido social; não é o que acontece com os esquilos. Fortão assume seu lugar com relação às nozes e, logo, os demais encontram novas posições. Estão próximos demais uns dos outros, então todos comem com as caudas curvadas de forma pomposa acima da cabeça. O propósito disso, novamente, é o de parecerem maiores, como verdadeiros esquilos valentões. Suponho que funcione.

Logo chega outro intruso: um esquilo-cinzento de tamanho médio com uma faixa de pêlos marrons sob o queixo, que ocupa um lugar ao lado da Gorducha. Vendo seu espaço pessoal ameaçado, ela encara seu adversário sem se mover, apenas sacudindo rapidamente as bochechas e, com elas, os bigodes, num verdadeiro rosnado visual. Embora sua boca esteja ocupada mastigando amêndoas, ela emite pequenos ruídos insistentes que parecem o "tchu-tchu-tchu" de um trem. "Muito perto! Muito perto! Muito perto!", parecem alertar. Faixa no Queixo não recua e Gorducha remexe as bochechas, curva mais ainda a cauda por sobre as costas e assume uma postura de guerra, soltando um uivo sincopado de terror que soa como um enxame de insetos. Nem assim Faixa no Queixo capitula; então, o que resta é lutar. É o que eles fazem, primeiro pulando em golpes de *kickboxing* e depois gritando, enquanto atacam as orelhas e os flancos do rival, mordiscando-os. Os demais assistem, acotovelando-se para abrir espaço, mas sem deixar de comer. Em segundos tudo termina — os empurrões, as perseguições e a gritaria — e Faixa no Queixo, rapidamente, cede terreno. Embora não se vejam ferimentos sérios, parece ter sido um nocaute técnico. Gorducha pega um amendoim, arranca a casca e se acomoda para comer, de olho em Faixa no Queixo, que rodeia o grupo e se conforma com um lugar não tão ideal na sala de banquete.

—

Enquanto os esquilos continuam se alimentando, eu me visto, coloco um sanduíche na bolsa e saio rumo ao Centro de Apoio. No minuto em que me sento à mesa e apóio os pés na banqueta (que alguém consertou com fita adesiva prateada), o telefone toca. Uma voz de homem me cumprimenta. Parece que ele está telefonando da lua. De certa forma, está mesmo. Sente-se sozinho e perturbado o bastante para telefonar e, por isso, parece que sua voz vem de uma realidade distante; porém, deve estar se sentindo também suficientemente forte para procurar ajuda. "É só estabelecer uma conexão", escreveu E.M. Forster, reduzindo todas as buscas, dificuldades e temores da vida humana à necessidade básica por contato pessoal. E quanto a esta chamada? O problema deste homem pode ser qualquer coisa: dúvidas sobre orientação sexual, um filho com problemas, um surto de depressão, uma briga com o chefe, uma morte na família. Meus pensamentos flutuam a meio caminho, esperando para descobrir que direção tomar.

— Na verdade, não sei por que estou ligando... — ele diz.

— Quer me contar um pouco sobre o que você está passando hoje?

Lentamente, ele revela que está telefonando de seu carro, de um telefone celular. Está estacionado na beira de um mirante fora da cidade. A esposa o abandonou levando junto os dois filhos; ele não tem a mínima idéia para onde ela foi. Demitido há quatro meses, não consegue arrumar outro emprego e tem de viver de seguro-desemprego, o que o envergonha. Como não tem dinheiro para pagar as prestações do carro, também acabará perdendo-o. Essa foi a gota d´água, o aviso que chegou ontem de devolução do carro. Alguma coisa relativa a essa perda de mobilidade, à perda da liberdade representada pelo automóvel o atingiu de forma mais visceral. Agora ele está pensando em pisar fundo e jogar tudo — a si mesmo, o casamento e seu ex-futuro carro — desfiladeiro abaixo.

— E por que não? — ele pergunta com raiva.

É o pesadelo de um orientador e peço a Deus que mande um gênio para me guiar, alguém com mais anos de experiência, um dos treinadores que acompanham os orientadores iniciantes durante as seis semanas de curso, onde não faltam psicodramas, representações de papéis, auto-análises e discussões. Sinto como se estivesse numa interseção perigosa, sem saber por que estrada seguir. Em desespero, tiro um coelho de uma velha cartola.

— Conte-me a sua história — digo e, então, aguardo durante o silêncio mais longo de que consigo me lembrar. Para meu espanto, ele começa a falar, devagar, começando com sua infância. Quando chega ao aqui e agora, falamos sobre umas agências na cidade que podem ajudá-lo temporariamente, ao menos no que se refere aos problemas legais e financeiros. Não dá para salvar muita coisa do naufrágio de sua vida, mas já é alguma coisa. Depois de algum tempo, sua voz passa de furiosa a cansada.

— Como você se sente agora? — pergunto.

— Exausto.

— Talvez esteja na hora de ir para casa e dormir um pouco. Você está bem para dirigir até sua casa? — Imagino-o num Chevrolet azul, dirigindo de forma instável, rápido demais pelas ruas e devagar demais na autopista.

— Sim, vou chegar bem.

— Quer que eu peça para alguém te ligar amanhã cedo, para ver se está tudo bem, saber como você está e se precisa de ajuda para dar aqueles telefonemas?

Sua voz parece sufocada. — Quero. Quero sim... Detesto incomodar deste jeito...

— Não é incômodo algum. É para isso que estamos aqui — eu digo, tentando não parecer fria ou superficial. Quero que ele fique calmo, mas também quero que se sinta bem por ter telefonado. Como sempre, gostaria de ter mais controle sobre a minha voz, de ser capaz de dar-lhe nuances para que, independentemente das palavras que use, o tom transmita a uma pessoa como esta que ela *não está só; nós estamos aqui para ajudar ou, se for impossível, pelo menos para entender.* Acho que é possível transmitir as emoções pela voz de forma absolutamente sincera, articular frases carregadas de sentimento, como se fossem parte de uma ópera na qual palavras indecifráveis flutuam em ondas de música, comoventes e cheias de significado. Só não sei qual é a melhor maneira de fazer isso.

— Se você tiver dificuldade para dormir mais tarde, não hesite em ligar para cá. Vai ter gente aqui a noite inteira, está bem?

— Está bem.

Alguma coisa reticente em sua voz me preocupa. Ele, provavelmente, não irá telefonar. — Estou preocupada com você — acrescento num improviso. — E se fizermos um trato de que você não vai fazer nada contra si mesmo sem ligar para cá primeiro? Você pode prometer isso para mim?

Após um longo silêncio, ele promete. É uma coisa engraçada isso de prometer. As pessoas tendem a manter suas promessas, mesmo quando são duradouras, estranhas ou perigosas. Mesmo quando sabem que irá interferir em planos de autodestruição. "Prometer" vem do latim *promittere* (enviar adiante) e retorna pelos séculos, oculta na palavra de origem indo-européia *smeit-* (atirar ou enviar), até a época da necessidade de nossos ancestrais mais remotos. É uma idéia antiqüíssima essa de fazer uma promessa a outra pessoa, a si mesmo ou a um deus. A espécie humana tem sobrevivido em parte devido a nossas excelentes habilidades para negociar e trabalhar em conjunto. A maior parte das nossas leis está baseada em contratos, ou seja, na forma material, em papel, de uma promessa. Como a vida que levavam girava em torno da troca e da reciprocidade, nossos ancestrais tinham muitas obrigações contratuais e, por isso, a linguagem indo-européia está repleta de termos legais. *Wadh-,* por exemplo, que é "fazer uma promessa" ou, literalmente, "conduzir alguém de volta para casa", é uma expressão que evoluiu até chegar à palavra inglesa *wed* (levar a nova esposa para a casa do marido). Existe um termo que significa "voto", o qual tem conotação mais religiosa que social e que significa fazer um juramento, além de um termo específico para a compensação de alguém por um dano. O que é que nós "atiramos" quando fazemos uma promessa? O que é que "enviamos adiante" para o mundo? Como uma promessa prediz a forma como iremos agir, ela nos concede o alívio de saber uma pequena parte do futuro e, assim, temos a possibilidade de mitigar parte de nossa ansiedade. Sem promessas estaríamos constantemente ansiosos. As promessas nos permitem solucionar, no presente, algumas questões do futuro, dessa forma controlando-o e fazendo-o parecer menos arbitrário, misterioso e fora de controle. Uma promessa sinaliza confiança: nós confiamos ao prometedor certa dose de nossa felicidade e bem-estar, de forma antecipada; por isso, uma promessa não cumprida acarreta punição ou vergonha. Ensinamos as crianças a fazerem promessas. Penso que o ato de prometer se remete ao contrato tácito entre mãe e filho. Não adianta a mãe dizer à criança "você não deve se aproximar da beira do despenhadeiro, ou pôr a mão no fogo, ou andar por aí sozinha", a não ser que a criança prometa não fazê-lo. Caso contrário, a mãe deverá vigiar mais do que seria considerado prático. O que a criança promete é que tentará se manter viva. O que a mãe promete, em compensação, é amar a criança e tentar mantê-la viva. Esse é o contato mais primitivo que os seres humanos fazem, ou que já fizeram. Assim, quando pedimos à pessoa que nos telefona que prometa algo, estamos tocando num ponto antiqüíssimo. A equação que está escrita em nossas células e ossos diz que se você se mantiver vivo, receberá amor; é a mais antiga e a mais simples das promessas.

Na vida daqueles que nos telefonam há muitas pessoas que os traíram de um jeito ou de outro; o sistema já os decepcionou, e a vida, em si, também rompeu sua palavra tácita. Já não há qualquer esperança no futuro. Ainda assim, as pessoas que se encontram presas nesse pesadelo quando nos chamam, geralmente, agem de maneira honrada para conosco. Se estabelecerem um contrato de não se matar sem antes nos telefonar, eles o respeitarão. Às vezes acontece de alguém, propenso ao suicídio, dizer: "Eu prometi ligar antes e, por respeito, estou ligando. Mas estou indo para a ponte neste minuto." Nesse caso, resta apenas a menor das oportunidades para o orientador. Um tempo de vida de só alguns minutos. Às vezes é suficiente, às vezes não.

—

Por fim, tenho um intervalo. Vou até a cozinha, esquento um *bagel* no microondas e me sirvo uma xícara de chá. Quando o telefone toca, volto correndo para a sala de atendimento, sento, olho para o relógio, anoto a hora num papel, me recomponho e pego o telefone.

— Serviço de Prevenção ao Suicídio. Posso ajudar?

Não há resposta.

— Deve ser bastante difícil para você — eu digo, afinal. — Não tenha pressa.

Meu coração começa a saltar quando ouço, quase além do alcance da audição, um sussurro choroso: — Não agüento mais. — Um curto soluço atravessa o abismo. — Eu tentei tanto — ela diz, a voz tensa, uma voz de menina que se fragmenta num choro. — Estou há tanto tempo tentando agüentar. Mas ninguém gostaria que eu vivesse nessa vida de dor, essa dor que nunca passa. Qualquer pessoa que me ame preferiria que eu morresse a sofrer deste jeito.

Reconheço a voz como sendo de Louise, uma mulher frágil que vem telefonando para o serviço há alguns anos. Às vezes ela se apresenta. Esta noite, porém, ela já passou do ponto de ter um nome. Ela trabalha meio-período como confeiteira e canta num grupo *a cappella*; é ajudante de palco voluntária no teatro local durante a temporada de verão e participa em várias comissões de ajuda aos desabrigados, vítimas de enchentes e crianças deficientes. Embora viva perto da linha da pobreza, de alguma forma consegue criar, sozinha, uma filha adolescente problemática. Ocasionalmente, escreve cartas perceptivas e corajosas ao editor do jornal da cidade a respeito de problemas regionais. Na vida pública, parece uma pessoa confiante, talentosa, bonita, esperta e, aparentemente, equilibrada.

Isso é bastante difícil de entender. Ela só entra em contato conosco quando está afundando na areia movediça da depressão, quando já espalhou montes de pílulas no balcão da cozinha e está a um milímetro de tomá-las. Na maioria dos relatórios feitos após os telefonemas de Louise, o orientador prevê que ela não viverá até a manhã seguinte. Apesar de telefonar a intervalos de algumas semanas, num desesperado estado suicida, não se trata de atos concretos. Todos nós concordamos que ela está por um fio; não tem dinheiro, não tem emprego fixo, não tem namorado, a relação com uma das filhas é complicada, tem uma lista de antidepressivos que não funcionaram, além de um desequilíbrio orgânico — uma depressão mais violenta que uma tempestade, capaz de aparecer de repente, no meio do dia, fazendo sua vida parar. Ela já se internou algumas vezes em clínicas psiquiátricas, mas nunca foi de muita ajuda, só fizeram sedá-la por um tempo. Ela teme que o estigma de ser "paciente psiquiátrica" evite que lhe dêem um emprego, e pode ser que ela tenha razão.

Louise é especial. Algumas pessoas que nos telefonam são esquisitas, muitas sofrem com grande dignidade e minha tendência é gostar delas, por alguma razão. Louise é atenciosa, engraçada, sensata a respeito da maior parte das coisas, tem um coração enorme e é sempre decente com as pessoas. Ela é inteligente e sensível, um verdadeiro doce. Como posso não me envolver quando ela telefona? Mesmo nas profundezas da sua depressão, sua personalidade brilhante consegue se mostrar. Sinto vontade de ir bater à porta da casa dela toda vez que ela se sentir triste e arrastá-la para fazer compras, andar de bicicleta ou ir a um show. Sinto vontade de me inserir na vida dela e curá-la. Mas isso é um tabu, claro. O que posso fazer é rezar para estar de serviço quando ela telefonar. Eu ficaria acabada se a perdesse.

— Fico triste que você esteja sofrendo — digo. — O que fez com que hoje fosse particularmente difícil?

— Tudo, tudo — ela diz. — Minha vida está acabada. Estou no trabalho. Numa cabine telefônica. Faço todos os movimentos, mas por dentro estou morrendo. Está na hora de fazer a parte de fora combinar com a parte de dentro.

Solto um suspiro, uma exclamação de tristeza. — Deve ser horrível sentir tanta dor a ponto de desejar morrer para fazer com que pare.

— É. É horrível. — Ela soluça. — Eu me imagino no fundo do desfiladeiro, me imagino atingindo as rochas e não sinto dor alguma, só me sinto agradecida por tudo ter, finalmente, terminado.

Sem querer, também a imagino caída e despedaçada contra as rochas. Odeio quando alguém descreve uma fantasia ou um evento horrível de sua vida, pois aquilo toma forma na minha imaginação e passo a ser testemunha; às vezes, isso me assombra por um bom tempo. Sempre tento imaginar a pessoa que está falando ao telefone. O som e o ritmo das vozes pintam retratos que posso ver claramente, como se fosse um filme; vejo a emoção em suas faces, como seguram o telefone, quando olham pela janela, fumam um cigarro, olham o relógio, lutam para segurar as lágrimas. Sei exatamente como é cada pessoa que telefona; não de forma precisa, é claro, mas segundo uma geografia emocional. Para mim, Louise é uma mulher bonita, altura mediana, cabelo na altura dos ombros, castanho e encaracolado, que ela usa repartido do lado esquerdo, e uma pele clara que se ruboriza facilmente. Tem cerca de trinta e cinco anos, precisa de óculos para ler e gosta de usar saias e suéteres. Prefere maquiagem em tons naturais e pinta os lábios com delineador amarronzado que, depois, cobre com gloss. Tem braços longos, esbeltos, e um andar gracioso. Pode ser que nada disso seja verdade. É fascinante como o som de uma voz se expressa continuamente em imagens nítidas. Somos uma espécie completamente visual.

Ainda que eu não conheça a aparência física das pessoas que telefonam, elas não são meras vozes ou problemas sem corpo. Só ajudo a uma determinada faceta da pessoa de cada vez, mas vejo-a sempre como um todo e, em minha compreensão, tento ver cada indivíduo como algo mais que sua dor, mais que a estreita faixa de personalidade a que foi reduzido por sua depressão. Geralmente reconheço as vozes; algumas são conhecidas e cada ligação acrescenta um novo capítulo à longa história de luta, sobrevivência, obsessão, ansiedade e pesar. Sinto-me à vontade para perguntar a Louise: "Sua filha te ajudou nisso?", mesmo que ela não tenha mencionado a filha. Quem liga também conhece a minha voz e responde com a tranqüilidade de um confidente. Somos estranhos íntimos.

Louise mencionou uma ponte perto de onde trabalha e acho que sei qual é. Será que eu não deveria mandar a polícia? Mas, se fizer isso, será que ela vai perder o emprego, do qual tanto precisa? E se não fizer, será que ela acabará perdendo a vida?

— Você imaginou os seus amigos e parentes te encontrando? — pergunto gentilmente.

— Minha filha; pensei no que isso faria a ela e houve dias em que isso foi a única coisa que impediu de me atirar contra as rochas.

— Ela precisa da mãe.

— Neste momento não parece. Vivemos brigando.

— Quantos anos ela tem?

— Quatorze.

A idade da minha afilhada. No mesmo instante vejo sua pele de pêssego, perfeita, o lindo cabelo louro, com o qual vive se preocupando. — Essa idade pode ser bem difícil para as meninas. Como ela era quando criança?

— Ah, era uma menininha incrível, tão carinhosa. Éramos muito próximas naquele tempo, íamos juntas a toda parte. — Sua voz se anima um pouco.

— Você acha que pode ser uma fase que ela esteja atravessando e que irá passar?

— Pode ser.

— Como você acha que ela se sentiria se você se matasse? — Sei que esse é o mais barato dos truques baratos.

Louise também sabe e sua voz se desmancha num choro baixinho ao dizer: — Alguém uma vez disse que "o amor é uma religião cujo deus é falível". Ela não gostaria de me ver sofrendo tanto.

Minhas bochechas se inflam com o ar e olho pela janela ao exalar lentamente. O céu não poderia estar mais azul e uma intrincada renda de nuvens paira sobre o lago.

— Você está ao ar livre? — pergunto.

— Estou — ela diz.

— Olhe para cima.

Um minuto depois ela ri, distraída de si mesma. Meu coração se alimenta de sua risada débil.

— É impressionante — ela diz. — Parece que alguém está escrevendo lá em cima, usando as nuvens como tinta. É realmente muito bonito.

Por toda a cidade, as árvores explodem em botões, alguns com formas misteriosas e lindas. Ela reagiu às nuvens, talvez reaja às árvores. — Você disse que havia uma árvore aí perto. Que tipo de árvore é? — pergunto.

— É uma árvore de ginkgo. As folhas parecem leques abertos.

Durante alguns minutos falamos sobre a antiguidade do ginkgo, de como suas folhas são fervidas para fazer chá, que se toma três vezes ao dia como um tônico, benéfico para a circulação no cérebro e para a memória de curto prazo. Eu não sabia que Louise conhecia tanto sobre homeopatia, mas parece que é um de seus hobbies. *Aproveite este momento*, penso, *é sua única esperança*. Gradualmente, ela se acalma um pouco e respiramos fundo algumas vezes. A depressão atua como uma lente, fazendo com que a pessoa diminua seu foco a uma obsessão amarga e dolorosa. É como se os sentidos se bloqueassem e deixassem de receber informações do mundo exterior. Todas as percepções irrelevantes e pensamentos fugazes que normalmente se agitam em nossa vida parecem desaparecer. Recuperar alguns deles, às vezes, ajuda a aliviar a tristeza por algum tempo, ou, de repente, pode fazer com que o canal se desbloqueie. Hoje funcionou com Louise que, sentindo-se um pouco melhor, decide desligar e voltar ao trabalho. Mas e na próxima vez? Durante o resto do meu turno sigo preocupada com a próxima vez que ela telefonar. Não será esta tarde, porém, graças às nuvens e à árvore de ginkgo.

—

Costumamos pensar nos salvamentos como dramas longos e heróicos. Na depressão, entretanto, é através das amarras mais frágeis que o indivíduo se apega à vida, e, às vezes, o mero ato de reforçar uma dessas amarras é suficiente. Lembro-me de um inverno, há cinco anos, em que a depressão estivera me atacando durante toda uma semana, fechando todas as portas dentro de mim, encerrando meu futuro, transformando o menor dos problemas num rosário de desgraças, fazendo com que me sentisse rejeitada e sozinha. Começou como uma espécie de tristeza difusa; então, lá pelo final da semana, acordei chorando e não conseguia mais parar. Durante todo o dia fui afundando cada vez mais. A despeito disso, num esforço para agüentar, mantive meus compromissos e não contei a praticamente ninguém. Mas no dia seguinte a depressão estava tão forte que eu mal podia me mover. Minha mente havia começado a fermentar ironias amargas. Como já tinha descoberto anos atrás, na ocasião em que meu querido amigo Martin morrera num acidente de avião — apesar de sua hora com o dentista, seus planos de jantar comigo e de todas as cordas e âncoras que usamos para nos prender à vida —, a morte não exige que você deixe o dia livre para ela. As pessoas morrem mesmo quando têm compromissos, mesmo quando têm bebês recém-nascidos ou negócios a terminar, mesmo que aquele seja o pior momento possível para os que ficam. O poema de Robert Frost "Stopping by Woods on a Snowy Evening", no qual ele lembra ter "promessas a cumprir", é lindo; no entanto, ter promessas a cumprir não é suficiente para salvar a vida de ninguém.

Olhei para fora, para a fina camada de neve. *Luz,* pensei, *absorva a luz.* Jogando meus esquis de *cross-country* para dentro do carro, dirigi até o campo de golfe e me pus a percorrer a neve fina e úmida. Apoiei-me nos esquis para não deslizar, mas podia caminhar arrastando os pés. Durante uma meia hora, caminhei com dificuldade em direção ao bosque. Foi então que ouvi um ruído que só pode ser comparado ao som de uma buzina. Era o grasnido de gansos. Não há nada no mundo que se pareça com isso, nem a campainha de uma bicicleta, nem uma vila inteira de pingüins. Fechei os olhos. Por um longo tempo escutei aquele som, um sorriso de espanto invadindo meu rosto. O som foi se intensificando e abri os olhos para ver um bando de gansos canadenses voando em cunha, não muito alto, batendo as asas, deslizando pelo ar e grasnando loucamente. Em voz alta, imitei o ruído que faziam, observando-os passar; saboreei aquele som e o retive na memória. Era uma combinação doida de trombone e *kazoo.*

Às vezes, a coisa mais simples pode bastar para conectá-lo novamente à vida. Naquele dia, uma nuvem escura de chuva começou a se formar no céu e decidi voltar para casa, tentando refazer o mesmo caminho. Havia pensado que a volta seria mais fácil, já que poderia usar a trilha que eu mesma traçara e que isso demandaria menos esforços por não ser preciso planejar uma rota. Para meu desânimo, descobri que isso não era possível. Meus esquis marcavam novas linhas paralelas, escorregando e espalhando a neve da trilha. Não conseguia andar, nem deslizar; com tão pouca neve, tudo que eu conseguia era arrastar os pés. A volta foi tão difícil quanto a ida. Mas, depois de algum tempo, cheguei ao lugar de origem, a estrada em forma de ferradura, e, no céu, os gansos continuavam grasnando. Pode ser suficiente, pode funcionar como um pequeno cinto de segurança — a redenção pelos gansos, a neve cintilando à luz do dia ou o desenho das nuvens sobre uma árvore de ginkgo em flor. O problema é que nunca se sabe onde, ou o quê, ou como, ou quando, ou se.

CAPÍTULO 3

Catástrofes Esplêndidas

— Querida, cheguei! — avisa, da entrada, Bob, com sua voz de baixo, chegando para ocupar o turno da noite. Duas portas se abrem e fecham e, pouco depois, pés tamanho quarenta e cinco começam a subir a escada barulhenta. Sei que é Bob por causa do calendário na sala dos orientadores, mas ele não sabe que sou eu no turno da tarde e fico tentada a gritar alguma gracinha. Afinal, trata-se de um escultor que trabalha exclusivamente com cimento, ou seja, alguém que gosta de ver as coisas endurecerem em suas mãos, e a tentação de provocá-lo é quase irresistível. Mas antes que meu cérebro consiga pensar em algo, ele aparece: um homem alto, quarenta e poucos anos, cabelo castanho na altura dos ombros e as maiores mãos que já vi num ser humano; veste jeans e uma camiseta vermelha e branca com o desenho de um schnauzer rosnando e as palavras CACHORRO MALVADO, NÃO VAI GANHAR OSSINHO.

— Oi. Como vão as coisas? — ele diz.

— Dia cheio. — Viro o livro de registros para que ele veja as sete novas anotações. — Louise ligou. Acho que ela não vai ligar de novo esta noite, mas nunca se sabe. E tem uma adolescente chamada Jesse que pode ser que ligue. A colega de classe dela telefonou, preocupada porque Jesse tem se cortado. — Nós dois fazemos uma careta à palavra "adolescente". Estamos cientes de que o número de suicídios entre adolescentes aumentou absurdamente; cientes de uma forma bastante próxima, já que houve quatro suicídios numa escola local no ano passado. Depois de cada uma dessas tragédias, o SP enviou sua equipe de orientação para conversar com os alunos traumatizados, com as famílias e amigos enlutados, com os perplexos funcionários da escola e com os preocupadíssimos professores e orientadores. Desde então, recebemos mais telefonemas de adolescentes pedindo ajuda, mas a taxa de suicídio continua alarmante. Para cada seiscentos e sessenta adolescentes deprimidos, um comete suicídio. Os pesquisadores descobriram que mais da metade dos adolescentes pensa em se matar. De fato, o suicídio é a terceira maior causa de morte entre os adolescentes nos Estados Unidos. Só os acidentes e homicídios tiram mais vidas. A depressão ataca tanto adolescentes nos centros urbanos quanto na periferia, e os mais jovens são particularmente mais vulneráveis. Membros pertencentes a gangues, entrevistados após assassinatos brutais, geralmente explicam suas ações alegando que não esperam viver além da adolescência. Com tamanha falta de esperança, não é de admirar a forma como muitos garotos de cidades pequenas só usam os verbos no tempo presente ao falar, posto que não têm passado que se aproveite, nem qualquer futuro visível.

Os adolescentes locais também vêem o mundo como um lugar assustador. Com os hormônios em revolução, pressões escolares, problemas de família, eventos mundiais e questões normais de identidade sobre quem são e o que devem fazer de sua vida, essa é uma fase miseravelmente confusa e estressante. Veja bem, a depressão não é o único fator de risco para os adolescentes. Os perfeccionistas introspectivos e solitários às vezes se suicidam por vergonha ou culpa. Anorexia, bulimia e automutilação estão atingindo proporções epidêmicas, o que é uma ironia já que são problemas das famílias "boas", educadas e bem-sucedidas, nas quais os pais incansavelmente exigem altos níveis de excelência de si mesmos e dos filhos. No entanto, como o *body-piercing* se tornou moda entre os adolescentes norte-americanos, algumas formas de automutilação não são preocupantes. Afinal, as pessoas, pelo mundo todo, vêm esticando, perfurando e entalhando o corpo das formas mais raras e adornando-o com símbolos da moda há séculos e séculos. Só quando a pessoa perde o controle e a dor passa a ser o objetivo, exercendo uma constante atração, é que nos preocupamos.

— Essas pessoas que se automutilam são jogo duro — diz Bob. — Atendi um outro dia. Jesuizinho, que conversa difícil. — Gosto como Bob mistura "Jesuizinho", "lamordedeus" e "putzgrila" com expressões da gíria atual. Duvido que quem fale com ele ao telefone suspeite sua idade, pois ele entra muito facilmente na linguagem das pessoas. — Era um cara supercorreto, bancário, que foi se esconder no banheiro do trabalho para se queimar com o cigarro. Mas, em vez de se queimar, ligou para cá.

— Pelo menos ligou primeiro. Já é um progresso. — Conto a ele sobre a mulher que atendi recentemente, que havia se queimado minutos antes de telefonar. Ela tinha um histórico de se cortar, mas só recentemente começara a se queimar e tinha medo de que seu problema estivesse evoluindo, que estivesse cruzando um limiar perigoso; tinha medo do que poderia se transformar e do que pensariam seus dois filhos. Numa vozinha frágil, quase baixa demais para eu ouvir, explicou que se sentia emocionalmente exaurida, angustiada e assustada. Falamos sobre o que ela sentia quando se queimava, que era uma compulsão incontrolável, sobre o que poderia ter provocado aquilo e se havia algo que ajudava quando ela sentia o impulso de se queimar. Às vezes, ela passava dias pensando em se machucar, alimentando a idéia durante horas e realizando estranhos rituais de preparação: acariciar a área do braço que pretendia cortar ou queimar, organizar as facas, lâminas de barbear ou cigarros de forma caprichosa. Ela estava se consultando com um terapeuta, mas o progresso era lento. A automutilação é um vício teimoso. Tem algo em comum com os distúrbios alimentares: as pessoas que sofrem de um freqüentemente sofrem do outro. A mulher com quem falei me confidenciou ter sido estuprada na infância, e respondi que devia ser um fardo tremendo ter que viver com aquilo, mas não questionei motivos ou antecedentes. As pessoas que se cortam, em geral, são mulheres que sofreram abuso sexual na infância e que não podem reclamar do problema para a família, não podem lutar contra o agressor. Uma teoria a respeito do comportamento dessas pessoas afirma que, quando crianças, só recebiam cuidados quando se machucavam seriamente e, portanto, quando ficam adultas, tendem a se machucar porque, subconscientemente, associam dano a gentileza, proteção e amor.

Ou pode ser que essa estranha aflição se deva a uma pequena falha fisiológica. Em geral, esses pacientes dizem ter sentido alívio depois, possivelmente por causa das endorfinas que fluem em resposta à dor. Afirmam que isso faz com que se sintam vivas, em contato com a realidade e que, caso contrário, sentem-se mortos por dentro e desconectadas da vida. Haveria algo desequilibrado em sua química? Descobriu-se que as pessoas que buscam fortes emoções têm níveis extraordinariamente baixos de serotonina e outros neurotransmissores; para se sentirem "normais", aparentemente se arriscam ao perigo para despertar seu sistema a um estado que consideraríamos normal. Percebi isso mais claramente há alguns anos, quando estava aprendendo a pilotar aviões e passava bastante tempo em aeroportos e em exibições aéreas. Quando não estão voando, até os pilotos mais ousados costumam ser surpreendentemente calmos e quietos, e têm como passatempo favorito o golfe; é provável que pilotem aviões para acelerar seu metabolismo lento. Portanto, será que o que ocorre com as pessoas que se automutilam é que não têm respostas neurológicas suficientes para fazer com que se sintam fisicamente presentes no mundo? Ou será, afinal, um problema psicológico? Esses indivíduos parecem mais motivados a se mutilarem como uma resposta à rejeição, à raiva e ao abandono, o que, para alguns analistas, sugere que podem estar consumidos por emoções, como ira ou ressentimento, e demonstram o desejo de, simbolicamente, punir seu atacante através da autopunição. Quaisquer que sejam os motivos, os atos são assustadores e fazem com que eu e os demais orientadores nos sintamos impotentes e tristes. Sabemos que raramente cometem suicídio, embora, às vezes, sintam tanto horror de sua compulsão que parece impossível de deter, que preferem dar fim à própria vida como forma de dar um fim à dor. Ironicamente, quando isso acontece, escolhem fazê-lo através de uma overdose ou de outro método rápido, sem qualquer relação com sua doença.

Eu havia sido pega de surpresa pela pessoa que atendi e não sabia como ajudá-la. Só a convenci a jogar os fósforos na privada e fiquei esperando enquanto ela dava a descarga. O próximo problema era o que fazer para manter suas mãos ocupadas. Lembrando o conselho que minha mãe me deu uma vez: "Não há problema no mundo que não se possa aliviar limpando os vidros e esfregando o chão", perguntei-lhe, gentilmente, como ela se sentiria fazendo algum serviço de casa. Ela disse que estava adiando lavar o banheiro, que a cozinha estava uma bagunça e que, sim, se sentiria melhor se limpasse tudo. Depois, poderia levar a filha de três anos, que estava dormindo, para passear. Aí já estaria na hora de apanhar o filho na escola e fazer o jantar. Esse era seu plano de ação quando desligamos o telefone. Eu havia pedido, implorado, na verdade, que ela nos telefonasse *antes* de se machucar, na próxima vez, mas ela confessou, com uma sinceridade incrível, que não conseguiria e que, nessas horas, ela se colocava num estado mental de isolamento, além de qualquer possibilidade de ajuda ou de autocontrole. Talvez por isso ela tenha respondido tão bem à sugestão de tomar controle de sua vida, ainda que só por uma tarde e de forma tão simples. Pode ser que esta noite ela precise novamente de nossa ajuda, mas é mais provável que a jovem, Jesse, telefone; e foi o que eu disse a Bob.

Avisar o orientador seguinte sobre as pessoas que podem telefonar lhe permite se preparar um pouco, talvez pensar numa estratégia para lidar com elas. Às vezes, parece que fazemos parte de uma corrida de revezamento em câmera lenta e o bastão que passamos à pessoa seguinte não é material, mas sim feito de energia. Sinto inveja daqueles que são capazes de tirar os pesados óculos da preocupação e deixar os telefonemas para trás quando vão para casa. Há dias em que consigo fazer isso, com uma tranqüilidade que me surpreende; hoje parece que carrego barras de ferro nas costas.

Em meu primeiro turno de atendimento, há três anos, ao ouvir a linha de emergência tocar de verdade, estiquei um dedo de "E.T." para o telefone e minha mão tremia tanto que tive medo de apertar o botão errado. De repente já não era mais treinamento. Um ser humano vivo, sofrendo, imprevisível, que não conhecia o modelo de atendimento de emergência, despejou seu sofrimento, oferecendo-o para minha compreensão e aceitação. Sem fôlego, ele expressou seu problema e pareceu estar deslizando para dentro de um poço de desespero. Freneticamente, vasculhei minha memória, procurando pela coisa certa a dizer, como agir. Mas não havia uma categoria em que ele se encaixasse. Por fim, ocorreu-me a coisa mais espantosa: a pessoa ainda estava na linha. Ela não havia desligado, ainda estava falando, apesar de eu só ter escutado, emitindo ruídos de atenção. Que alívio. Corri um risco, atravessei a água e pedi que ela se concentrasse no problema que fosse o mais grave no momento, no que a tinha feito telefonar, e, a partir daí, nossa conversa seguiu razoavelmente bem, embora vagasse a esmo em alguns momentos e houvesse silêncio em outros. Não diria que a conversa terminou, exatamente, mas a pessoa se sentiu ouvida, pôde ordenar um pouco seus sentimentos e seguir adiante com seu dia. Isso foi tudo. Foi uma revelação. A próxima pessoa que ligou foi completamente diferente e senti a mesma explosão de insegurança; então, pouco depois, percebi novamente que ela não havia desligado. Foram cinco horas absolutamente excitantes e assustadoras.

—

Enquanto estou indo para casa, giro os ombros tensos e cansados e, de repente, lembro-me de ter treze anos e de estar num acampamento no lago, em Poconos, onde fizemos cursos da Cruz Vermelha de salvamento, segurança na água e sobrevivência. Esses cursos eram dirigidos a crianças que nadavam e praticavam canoagem e faziam com que elas criassem confiança, mas, cara, como eram difíceis! Sou uma boa nadadora hoje em dia por causa desses cursos, que me incutiram um sentimento de familiaridade com a água; isso permitiu que eu me divertisse muito, me mantivesse em segurança, fizesse expedições em que era necessário fazer mergulhos livres ou em profundidade e, em uma ocasião, que salvasse a vida de um amigo muito querido. Devo muito àqueles acampamentos. Para passar no curso de sobrevivência, tínhamos que andar na água, completamente vestidos, durante uma hora; tirar a roupa em águas profundas, vedar e inflar uma peça de roupa para usar como bóia e sermos capazes de atravessar o lago a nado carregando uma mochila cheia de pedras, entre outras tarefas igualmente assombrosas. O lago sempre parecia escuro e impenetrável, o fundo invisível e a superfície amarronzada que refletia o céu. Repleto de plantas e animais diminutos, nascentes ocultas que o alimentavam, gentilmente remexendo os sedimentos, o lago parecia misterioso e ameaçador, um reino de monstros, garras e universos em potencial. A escuridão significava perigo e um lago escuro era risco dobrado. Naquele verão, muitos companheiros de acampamento tiveram sonhos em que estavam se afogando. Na época eu não entendia o quão limpo, seguro e natural era realmente o lago, ou como poderia ser divertido estudar os animais cuja vida ele enriquecia. Entretanto, eu ansiava pelos desafios e, no fim do verão, já havia vencido a maior parte deles e recebido um cartãozinho com o logotipo da Cruz Vermelha, o qual guardei como um tesouro por muitos anos.

O teste mais difícil havia sido atravessar o lago nadando com o que parecia um rochedo às minhas costas. Ainda me lembro da sensação de afundar, com medo do fundo lamacento a nove metros de profundidade, onde diziam existir tartarugas que mordiam; eu batia os pés loucamente em direção à superfície, me debatendo e lutando para respirar, nadando de peito, furiosamente, sentindo como se alguém tentasse me puxar para trás, afundando, nadando e, finalmente, me arrastando pela margem oposta, tremendo e com frio, mal conseguindo ficar em pé até que deixei a mochila cair. Ali, por um instante, senti-me mais leve que o ar. Era um dia quente de agosto. O céu era de um azul deslumbrante. Meu rosto estava coberto de lodo. Um orientador bonitão, por quem eu tinha uma queda, me aclamava de uma canoa ali perto. Meus companheiros olhavam da outra margem. Um segundo orientador apanhou a mochila e deixou cair as pedras na beira da água. Havia parecido o fardo mais pesado do mundo, enorme como um rochedo, mas, na verdade, não passava de uma série de pedras: várias coisinhas pequenas, não uma só coisa imensa. Pedras grandes ou pequenas, elas pesam a mesma coisa quando você está lutando para atravessar um lago. Hoje, no Centro de Apoio, houve uma quantidade enorme de problemas, todos urgentes, mas nenhum que exigisse a polícia ou uma ambulância; porém, acumulados, foram esgotantes. Não é de admirar que eu me sinta como se tivesse carregado pedras.

Portanto, quando a noite cai, afundo-me na Jacuzzi que tenho no banheiro de casa. Moderna e pagã ao mesmo tempo, ela me faz pensar nos tempos antigos, quando se prescreviam banhos quentes para tratar depressão, compulsão, mudanças de humor e outras angústias mentais. Os maníaco-depressivos se banhavam em (e bebiam) águas ricas em lítio. Outros mastigavam casca de salgueiro para curar a enxaqueca. Mergulhar o corpo em água fervente, como se fosse um saquinho de chá, era o tratamento preferido para doenças mentais e também para aflições emocionais. Pode até ser que, no decorrer do século XX, a psicoterapia tenha se transformado na cura pela fala; porém, durante séculos, o banho foi a cura pela água e os europeus faziam peregrinações regulares a Bath, Baden-Baden e a uma série de outros balneários para submergirem em águas miraculosas, que brotavam das profundezas da Terra. Antes deles, os romanos também se deliciaram com a água, chegando a criar engenhosos sistemas de aquecimento e de distribuição de água de forma que as salas, nas casas de banho, fossem cálidas, as saunas, purificadoras, e os calçamentos de mosaico, um verdadeiro prazer para os pés descalços. Essas casas de banho ofereciam um verdadeiro oásis para os cidadãos romanos: eram lugares perfeitos para cuidar das unhas, dos cabelos, fazer massagens, assistir a apresentações de mágicos e ilusionistas, flertar, fofocar... e também um lugar ideal para meditar sobre a vida e seus problemas.

Nós nos batizamos com água, nos purificamos com água, tomamos banhos de vapor em pequenos espaços fechados, nos lavamos da sujeira e do cansaço do dia com água quente, diluímos nossa comida e bebida em água, olhamos, hipnotizados, durante horas e horas, para qualquer grande quantidade de água, seja um aquário ou o oceano, e relaxamos em banheiras cheias de água, principalmente se ela foi aquecida à temperatura do corpo. Nós mesmos somos estuários encerrados, pântanos, canais e recifes. As mulheres têm marés mensais e úteros onde os óvulos ficam imersos, como as ovas dos peixes. Não surpreende que o mundo aquático nos relaxe tanto. Ao adorarmos a água, adoramos nosso próprio interior.

Os outros animais que compartilham o quintal da minha casa não têm essa mesma relação com a água. Os esquilos sabem nadar e não foram poucas as vezes que vi um deles atravessando, exultante, a piscina, sem conseguir subir pela beirada até que eu lhe oferecesse uma vara ou um cabo de vassoura onde se agarrar. Quando se empoleiram na bacia verde de plástico com água fresca que coloco para que bebam, ocasionalmente caem e se arrastam novamente para fora. Às vezes os esquilos lavam a cara com flocos de neve. Os cervos bebem água do riacho, no bosque, mas têm medo de águas mais profundas. Os guaxinins gostam de se lavar em poças rasas, mexendo as patas rapidamente e, em seguida, esfregando a cara com as patinhas molhadas. Já vi um faisão ficar embaixo de um galho de árvore que pingava água durante uma chuva fina para lavar as penas. Mas nem de longe os animais se divertem tanto com a água quanto os seres humanos.

Há o modo rápido e barato, enfiando-se na água de um lago ou riacho; há a forma mais privada, numa banheira, e a maneira mais cara e elegante de um spa. A que mais me intriga, porém, é a maneira como é feito em Bath, na Inglaterra. Apesar de nunca ter imergido naquelas águas, já fiquei sentada ao lado delas, imaginei-me mergulhando nelas e, com freqüência, pensei nas tribos de saxões que se estabeleceram nas redondezas de Bath e que consideravam aquelas fontes quentes naturais tão incríveis que só poderiam ter sido criadas por uma deusa. De onde viria a água? Devia ter sido uma chuva, caída há uns dez mil anos, que tinha penetrado até as profundezas e subido novamente, depois de a água ter sido aquecida pelo calor do centro da Terra. Como aquela água quente deve ter parecido milagrosa para os povos antigos, mesmo depois da descoberta do fogo. Era necessário tanto combustível e tanto trabalho para acender uma fogueira, transportar a água e esperar que fervesse.

Água quente era uma raridade, um luxo, enquanto ali ela fluía dia e noite. Só mesmo uma deusa poderia ser responsável por uma magia tão sensual. Os conquistadores romanos, seduzidos por esse tesouro líquido, eram francamente materialistas a respeito de seu valor. Mas também eram supersticiosos. A terma de Bath está repleta de maldições. Maldições escritas por pessoas em folhas de peltre que depois eram atiradas às águas. Conhecemos vários dos banhistas romanos, suas famílias, vida social e irritações pelas maldições que deixaram ali.

Não há mosaicos, nem maldições, no *meu* banheiro, mas ali é meu templo das delícias, dedicado à deusa da água quente. Intensamente azulejado em tons de malva, roxo, lilás e azul-turquesa, também conta com dois papéis de parede cujos padrões se complementam: um desenho tirado de uma mesquita persa, em azul-turquesa, verde-claro e lilás, e um padrão em forma de penas de pavão, em tons de lilás e azul-turquesa. Uma faixa larga separa os dois desenhos combinando seus elementos — pavões grandes com a cauda aberta alternados com árvores-da-vida carregadas de frutos. As luminárias brancas emitem um brilho suave, como planetas circundados por anéis. Adoro este meu Jardim de Alá, com o vaso de flor colorido onde guardo xampus e uma pequena banheira para pássaros (cheia de passarinhos de cerâmica) na qual coloco frascos de aromaterapia. Há bancos azulejados ao redor da banheira; um deles fica em frente à janela e tem vista para um canteiro que, no verão, se enche com flores de flox; na primavera, com prímulas amarelas e, no auge do verão, com bocas-de-dragão, delicadas, flores cor-de-rosa, tufos de coreópsis amarelas, longas hastes de liatris roxa, várias espécies de lobélias, de capuchinhas e dálias. Também posso ver a bandeirinha vermelha da caixa de correio; a visita do carteiro sempre inspira esperança e surpresa numa casa onde vivem dois escritores. Ou posso observar as crianças da vizinhança andando de bicicleta depois da aula.

Algumas das pessoas que telefonam para o SP se beneficiariam enormemente de um banho demorado numa banheira quente e perfumada; de tempos em tempos, chego a recomendar que, após desligarem o telefone, considerem a possibilidade de fazerem uma xícara de chá de ervas e de mergulhar num banho de lavanda ou eucalipto, dois excelentes revigorantes. Se têm chá de maçã com canela em casa, sugiro que tomem, pois alguns pesquisadores descobriram que é bastante eficaz na prevenção dos ataques de pânico. Nem menciono que durante séculos os spas têm sido o principal refúgio das mulheres melancólicas, que se afastam da família e da sociedade por um tempo para fazer um balanço da vida e deixar que os outros lhes sirvam e cuidem delas para variar. Não conto sobre a longa tradição que envolve as mulheres e os banhos, desde os banhos sagrados purificadores dos antigos hebreus (que consideravam as mulheres impuras durante a menstruação), até a moda dos banhos, entre as mulheres francesas no século XVIII, que, às vezes, recebiam visitas enquanto estavam imersas na banheira. Ben Franklin registrou que sua amiga, Madame Brillon, recebia os convidados enquanto se banhava, com uma tábua cobrindo o corpo por questões de decoro — embora eu não tenha certeza de como ela fazia para cobrir os seios. A etiqueta do século XVIII exigia muitas elegâncias e protocolos e até os amantes deviam respeitar determinadas regras afetadas de cortesia. Uma mulher podia receber visitas estando na cama ou no banho, porque se esperava que tanto ela quanto seus convidados soubessem ocultar os sentimentos. Madame Brillon gostava de colocar o tabuleiro de xadrez sobre a tábua que a cobria durante o banho para que ela e Ben pudessem jogar, de forma sedutora, enquanto os demais convidados entravam e saíam da sala.

Eu não recebo convidados nem jogo xadrez enquanto estou na banheira, mas também tenho uma tábua que coloco, atravessada, já que freqüentemente trabalho ali. Na verdade, faço a maior parte das minhas leituras estando parcialmente submersa. Constantemente levo comida e bebida para o banho, além de um telefone sem fio, um calendário de bolso e uma pilha de bons livros. Duas clarabóias enchem o ambiente de sol e céu. Os hóspedes da minha casa, em geral, tentam apagar a luz, e então descobrem que não há nenhuma luz acesa a não ser a do sol. Ou estranham a luminosidade opaca dos dias de inverno, quando as clarabóias ficam cobertas de neve. Porém, é o telescópio Dynamax de doze polegadas, sobre o banco azulejado ao lado da banheira, que geralmente faz com que levantem as sobrancelhas, surpresos por alguns instantes e abrindo um enorme sorriso em seguida. Que melhor lugar para observar a lua e as estrelas? As clarabóias transformam o banheiro num observatório tranqüilo onde, como diz Walt Whitman,

> Abro o meu postigo à noite e vejo os sistemas dispersos,
> E tudo o que vejo tantas vezes multiplicado
> apenas roça a margem dos sistemas mais distantes.

Disseminam-se cada vez mais, expandem-se, expandem-se sempre,
Para fora, para fora, para fora sempre.

Esta noite, mergulhada em nuvens de espuma perfumada de jasmim, focalizo a lua, pairando acima de minha cabeça, e observo constelações inconstantes e planetas errantes. A lua está cheia. O homem da lua está com a boca aberta, acho que deve estar cantando. Leão passa flutuando com um rugido ofuscante. Então, um desfile de estrelas brilhantes, galáxias e nebulosas enchem o telescópio com imagens de mundos distantes. No escuro é difícil dizer onde começa e onde termina aquele campo de estrelas. Vendo as estrelas deslizarem entre uma estrita ordem local e alguns tumultos rodopiantes, tomo com a mão um pouco de espuma, que espalho sobre um ombro, e imagino sóis deslizando por minhas costas, galáxias se aderindo a meu peito e a meus braços, essência de estrelas escorrendo por um joelho exposto. Planetas surgem do meu pescoço. Fervilhando na parte baixa das minhas costas, um berçário de estrelas produz, em curvas espiraladas, estrelas de nêutrons, buracos negros e cometas errantes. Sóis cascateiam dos meus pulsos, onde os batimentos deslocam milhares de mundos. Quase posso ouvir o canto do cisne de uma supernova, o cântico desolado dos pulsares, seu pânico disciplinado de recém-nascido. Então, mergulhada numa calma imortal e numa tempestade de luz, eu me recosto, tão tomada pela admiração que, por longos segundos, me sinto tranqüila e satisfeita, não desejando que o universo seja em nada diferente do que é.

Uma caneca de café descafeinado, com aroma de avelãs, agrega um aroma adocicado à atmosfera já perfumada pelo sabonete e por uma tigela de framboesas frescas. Tenho um livro maravilhoso para ler, *How I Learned to Ride the Bicycle,* de Frances E. Willard, uma feminista do século XIX para quem andar de bicicleta se transformou numa jornada de autodescobrimento e numa metáfora para uma vida plena. Tenho um mapa colorido da região dos Finger Lakes, cujas dobras já estão extremamente gastas, que mostra uma porção do condado de Seneca, entre os lagos Cayuga e Seneca: é a rota planejada para um passeio de bicicleta no fim de semana. Também tenho a correspondência do dia e, acendendo uma pequena luz de leitura, começo abrindo um grande envelope pardo, enviado por um amigo do National Zoo, de Washington, D.C. O que encontro ali dentro é algo que me choca profundamente: uma série de fotocópias de artigos dos jornais de Washington sobre um evento bizarro e aterrorizante. Os artigos foram publicados desde o domingo, dia 5, até a segunda-feira, 20 de março, e cada um deles expõe rumores e acrescenta fatos bizarros.

No sábado, 4 de março, às 17h00, uma mulher escalou uma barreira de cimento de um metro de altura, no National Zoo, atravessou um fosso de lixo de um metro e vinte centímetros de largura, desceu por um muro de três metros de altura até um canal cheio de água, nadou por oito metros e subiu no amplo terraço de pedra onde ficam os leões. Dois leões africanos a observavam: uma fêmea de cento e quarenta quilos chamada Asha, e Tana, um macho de mais de duzentos quilos. Então um deles, ou ambos, atacaram-na, dilacerando a garganta, arrancando o couro cabeludo e comendo a carne de seus braços até os ombros. Um tratador a encontrou quando foi alimentar os animais, duas horas mais tarde, e chamou a polícia, que passou semanas tentando entender o que havia acontecido. Não restavam impressões digitais que pudessem ser identificadas e havia poucas pistas a seguir. Quem era essa mulher? Sua morte foi resultado de um acidente, de suicídio ou assassinato? Haveria sido assassinada e, depois, atirada na área dos leões? Quando descobriram, no bolso de sua jaqueta, um passe de ônibus emitido na cidade de Little Rock, no estado do Arkansas, os rumores que se espalharam por aquela cidade — basicamente um centro político — diziam que a morte estava de alguma maneira relacionada à investigação do escândalo Whitewater, que ela fora uma informante que havia sido "atirada aos leões". Uma idéia doentia demais mesmo para os washingtonianos. A cada dia publicavam-se novos fatos repulsivos: que ela não tinha morrido instantaneamente, e sim sobrevivido durante vários minutos, enquanto era destroçada; que os leões começaram comendo suas mãos, com ossos e tudo; que o couro cabeludo "havia sido arrancado na parte da frente, ficando dependurado por trás". A mulher tinha trinta e seis anos, cabelos negros compridos e vestia uma jaqueta leve, uma camiseta, calça de algodão cinza e tênis de caminhada marrons. Os policiais encontraram uma ordem de pagamento dentro do tênis e uma carta comercial no bolso. Ao lado do corpo, uma tiara de prender o cabelo e um gravador portátil. O passe de ônibus era do tipo concedido às pessoas da terceira idade, enfermas ou doentes mentais. Ela havia sido casada duas vezes, divorciada, tinha dois filhos e um informante dissera que ela viajara a Washington para pedir a intervenção do presidente Clinton na disputa pela guarda da filha, pois, conforme relatara a um funcionário público, "não poderia obter justiça em nenhum outro lugar". O funcionário informou que ela havia tentado entrar com um processo para recuperar a guarda da filha, mas que estava confusa a respeito de contra quem deveria mover o processo; possivelmente contra o presidente; então, tinha ido para casa com os papéis que teria que preencher. Ela havia dito que a filha tinha sido tirada dela pelas autoridades do estado do Arkansas devido à sua doença mental; apesar disso, ela parecia uma pessoa "centrada", "atraente e educada" e "calma".

Às três da manhã do dia 1º de março ela se hospedara num hotel barato; três dias depois, atirou-se aos leões. Hóspede transitória num abrigo para veteranos, haviam-lhe diagnosticado esquizofrenia paranóica, mas nenhum dos terapeutas ou assistentes sociais soube dar muitos detalhes do seu histórico. Alguns assistentes sociais de Little Rock informaram que ela sofria alucinações, que acreditava ser irmã de Jesus Cristo, que falava com Deus e recebia mensagens diretamente Dele. Já havia entrado e saído inúmeras vezes de hospitais psiquiátricos. O walkman Sony encontrado ao lado de seu corpo continha uma fita cassete com hinos religiosos cantados por Amy Grant. Em seu quarto de hotel havia bilhetes "de teor religioso" escritos a mão. O legista declarou a morte como decorrente de suicídio. O nome dela era Margaret Davis King; "king", "rei" em inglês. Teria ela, de alguma forma, se identificado com a história de *O Rei Leão*? Na Roma antiga, atiravam-se os cristãos aos leões por praticarem sua fé; teria ela se sentido punida por causa da fé? Poderia haver se inspirado na história de Daniel, no Antigo Testamento, o judeu exilado, condenado à cova dos leões por um rei da Babilônia e salvo por sua crença em Deus? Teria se imaginado como um Daniel moderno, entrando na cova dos leões, convencida de que sairia dali ilesa? Ou havia cometido suicídio da forma mais medonha e pública possível?

E quanto aos traumatizados funcionários do zoológico que a encontraram? Um funcionário informou que havia um serviço de orientação psicológica disponível para as pessoas que trabalhavam no zoológico, "mas ninguém o havia procurado".

Pegando o telefone, liguei para o chefe de relações públicas do zoológico, agradeci-lhe por haver enviado os recortes de jornal e perguntei como ele e os demais funcionários estavam passando.

— Oh, agora está tudo bem — respondeu rapidamente. — Tirando alguns pesadelos de vez em quando, parece que todos estão lidando bem com a situação.

Pesadelos de vez em quando? — Claro — eu disse, irônica —, parece que estão lidando muito bem. Tem certeza que não precisam conversar com um orientador sobre o que estão sentindo?

— Provavelmente precisem — ele respondeu, pensativo —, mas não posso obrigá-los a ir. Se eles dizem que está tudo bem, então...

— E você? Foi você quem teve que descrever a cena uma e outra vez para a imprensa, e teve que desvendar a mutilação. Como é que *você* está se sentindo? — Posso imaginá-lo, sentado à sua mesa, enquanto conversamos: um homem alto e charmoso, de quarenta e tantos anos, cabelos grisalhos e uma barba cuidadosamente aparada. Parece impossível que já tenha três filhos, um deles com trinta anos. Não faço idéia de como ele consegue administrar uma família grande, sua pesquisa e toda a agitação da publicidade e da política do zoológico. E agora isto, uma atrocidade bem ali, à sua porta, além dos milhões de pais assustados aos quais terá que convencer novamente de que o zoológico é um lugar seguro.

— Estou bem — diz ele —, nada de mais... bem, às vezes tenho esses flashes do momento em que ela deve ter percebido que não iria ser salva, que seria destroçada e devorada... que as coisas não estavam saindo de acordo com o planejado e que tudo havia dado terrivelmente errado... É esse momento, quando ela percebeu o verdadeiro equívoco de sua situação, o que mais me afeta — ele diz naquele tom de voz geralmente acompanhado de um calafrio. — Mas é só às vezes. De resto, estou bem.

Passo a mão úmida na testa e balanço a cabeça devagar. Não posso contar a ele que sou orientadora do SP, mas posso falar a respeito da organização, da filial que tem em Washington e perguntar-lhe se acha que ajudaria conversar com alguém. Ele responde que sim, pode ser, e arquiva a informação.

Existe um código de estoicismo entre as pessoas que trabalham com animais, posto que sempre existe uma dose de medo e de perigo nessa profissão. Os tratadores cuidam de animais perigosos e, a cada ano, alguns deles são feridos por tigres, afogados por baleias assassinas ou pisoteados por elefantes. Nos zoológicos, como os animais estão sob controle, os visitantes supõem que sejam tímidos. Não são, como bem sabem os tratadores. Nas expedições realizadas pelos zoológicos para repatriar, capturar ou monitorar animais na natureza, com freqüência se desenrolam situações de vida ou morte; entretanto, essas pessoas devem guardar seus sentimentos no fundo de um baú bem trancado para que possam, então, seguir adiante com seu trabalho; irão destrancar o baú mais tarde, quando estiverem em casa e a salvo, ajudadas pela bebida, pelo humor nervoso e por uma certa dose de bravata.

Ao desligar, olho novamente para os recortes, o último dos quais inclui uma foto dos leões e observações quanto ao fato de parecerem "irritados e nervosos" depois do ataque, acrescentando que o tratador teve dificuldades para fazê-los voltar às jaulas. Apenas a fêmea demonstrou ter fome suficiente para comer a refeição preparada especificamente para os leões, o que levava a presumir que o macho é que havia atacado Margaret Davis King. Esses leões haviam nascido e sido criados no zoológico, alimentados com uma espécie de ração de cachorro. Essa era a única comida que conheciam, já que nunca haviam caçado e capturado animais selvagens; porém, quando uma presa, na forma de um ser humano, entrara em seu domínio, o instinto puro e simples tinha sido dominante. Se, posteriormente, ficaram agitados e ansiosos, talvez fosse por terem feito algo novo — excitante e delicioso —, mas errado. Desde filhotes haviam sido controlados para não ferirem seus tratadores; sem dúvida, tinham sido evitados por seres humanos, afastados ou castigados ao representar ameaça a eles, alimentados e medicados por humanos e, agora, haviam comido um ser humano. Como qualquer pessoa que tem um gato ou um cachorro sabe, um animal não precisa ter muita inteligência para entender, ainda que de forma fugaz, quando fez alguma coisa errada. A despeito dos clamores públicos, o zoológico se recusou a sacrificar os leões. Afinal, eles só haviam feito o que era natural, o que fazem todos os leões. Devemos castigá-los por sua natureza? E quanto à nossa própria atração, parcamente controlada, pela violência? Também nós, aliás, nos transformamos em criaturas impulsivas, territoriais e vorazes. Uma vez escutei uma piada de mau gosto que servia como parábola sobre o eterno conflito no Oriente Médio: uma tartaruga e um escorpião estavam a uma margem do rio e o escorpião implorou à tartaruga que o levasse até a outra margem. "Se eu te levar você me cravará o seu ferrão", protestou a tartaruga. "Claro que não, prometo", disse o escorpião; "afinal, se eu te ferroar, afundarei com você." "Isso é verdade", disse a tartaruga e, então, concordou em levá-lo. O escorpião subiu às costas da tartaruga e ambos se lançaram à travessia. No meio do riacho, de repente, o escorpião cravou seu ferrão na tartaruga. "Por que você fez isso?", gritou a tartaruga, com suas últimas forças. "Agora nós dois afundaremos!" "Eu sei, mas não pude evitar", respondeu o escorpião, "é a minha natureza."

Os ânimos se exaltam facilmente entre os esquilos do meu quintal, e as explosões de violência são comuns. Machos ou fêmeas, eles se transformam em animais selvagens em questão de segundos. Eu não os idealizo, nem ignoro suas catástrofes ou suas maldades. Acho incrível que, a despeito de sua natureza violenta, podem também ser pacíficos, carinhosos, inteligentes, prudentes, peculiares, delicados, brincalhões e mal-humorados. É a amplitude de seu comportamento que me intriga. E a mesma coisa acontece em relação ao comportamento humano. Nenhum comportamento leonino é mais aterrorizante que o apresentado por soldados ou por membros de gangues, terroristas, assassinos em série ou pais destrutivos. Os seres humanos sabem como ferir e como matar instantaneamente, e também aprendemos a machucar e a aniquilar o espírito, aos poucos. Estamos tão viciados na violência que, quando não a dirigimos aos outros, a direcionamos contra nós mesmos, cortando nossa pele, entrando em depressão, cometendo suicídio. A violência é uma das cores mais fortes em nossa paleta emocional. Nenhum gato persegue a presa com maior brutalidade do que um ser humano é capaz de fazer. Os gatos torturam para praticar, para aprimorar suas habilidades de caça ou para ensiná-las aos filhotes. E nós, por que o fazemos? Um marido ciumento pode exercer atos de violência de proporções míticas, retalhando a jugular de um rival e cortando-lhe o corpo em pedaços. Fanáticos de todos os tipos cometem assassinatos aos montes. Até a política do escritório é capaz de nos levar a cometer crimes imaginários. Tentamos controlar nossos impulsos violentos com a ajuda das leis, do medo da retaliação, das ameaças de castigo, dos apelos à civilidade (em verdade, medo de perder a dignidade ou o prestígio). Saturamos nossa mente com a violência simbólica das quadras de esporte. Vendemos assassinos e atos cruéis como entretenimento nos programas de televisão. Matamos por tabela nos filmes, tamanha nossa vontade de fincar os dentes num inimigo; na verdade, desenvolvemos toda uma arte da violência, ressaltando os elementos principais da morte e do extermínio de formas cada vez mais criativas e terríveis.

Embora eu lamente nossa natureza sanguinária, sou, sem sombra de dúvida, uma grande fã da raça humana. O que me espanta é que, apesar de nossa herança de ferocidade, normalmente agimos com bondade, como virtuoses de gentileza, ternura, tranqüilidade, generosidade, cooperação e espiritualidade.

Dedicamos a maior parte da nossa vida à exploração dos muitos caminhos do amor — nem sempre com sucesso ou mesmo com um mapa decente, é verdade —, mas demonstrando uma força surpreendente. É extraordinário como conseguimos reprimir e superar o lado negro de nossos genes. Somos animais magníficos. Não é uma batalha fácil esta que travamos contra nossos apetites brutais. Carregamos nossos instintos às costas, numa mochila cheia de necessidades e anseios primitivos; lutamos para carregar esse peso, constantemente afundando e fazendo força para voltar à superfície e, de alguma maneira, conseguimos manter a cabeça fora da água, celebrando a beleza do mundo, cantando hinos de louvor e de perdão, ajudando entes queridos e também a perfeitos estranhos na travessia à medida que nadamos freneticamente até a margem oposta. Agimos com nobreza, ainda que isso nos desgaste ou coloque em perigo. Não faz o menor sentido, mas é a nossa natureza.

CAPÍTULO 4

Celebração da Vida

As forsítias, os narcisos e os jacintos perfumados desabrocharam todos ao mesmo tempo, ontem à tarde, como se de comum acordo. Só faltava um floreado de piano para completar a cena. Durante alguns minutos, sento-me com minha xícara de café e olho para o que parece uma pintura impressionista em movimento: uma cascata de amarelos, roxos e tons de rosa que se mesclam ao balançar na brisa da manhã; um sol amarelo pálido que brota da terra e ilumina, por trás, a floresta de carvalhos, castanheiras e os esquilos-cinzentos que correm entre as flores. Sacudindo a cabeça, maravilhada, abro um pouco a janela da sala envidraçada do jardim, chamo os esquilos e, enquanto alguns comem diretamente da minha mão, atiro uma porção de frutas secas aos demais. *É a deixa para a musiquinha da Branca de Neve,* penso, rindo sozinha.

Dei nomes indígenas a alguns deles, como "Come em Pé", "Mancha no Olho", "Agacha sob a Cerca". Esses nomes remetem à hora das refeições de uma família judaica e penso na minha tia, dizendo ao filho: "Ei, *você*, Sr. Fala com a Boca Cheia, será que poderia parar de mastigar o suficiente para terminar uma frase?" Ou "O Sr. Sabe-Tudo aqui pensa que é dono do mundo" e assim por diante. Assim é a vida na reserva da infância. Como é mesmo aquela canção dos índios Ojibway? Só consigo lembrar um trecho:

> Sometimes I go about pitying myself,
> and all the time
> I am being carried on great winds across the sky.[2]

Isso confere certa perspectiva às coisas: a relativa pequenez da tristeza humana quando comparada às poderosas rajadas dos ventos solares ou ao infinito movimento da Terra e da Via Láctea viajando pelo espaço. Imagino a Terra caindo nos braços da constelação de Hércules, como realmente está acontecendo, num perpétuo desmaio em câmera lenta que jamais chegará ao final. Pelo menos desde a nossa perspectiva. Povos de outros planetas, no outro lado da galáxia, certamente estariam vendo as coisas de outra forma; para eles, a Terra poderia ser parte de uma paisagem, de um mecanismo ou de uma constelação simbólica que nada tem a ver com lendas românticas, guerreiros míticos, guias animais ou com reis e rainhas poderosamente misteriosos. Enxergamos nossos pais em toda parte, até mesmo no céu noturno. Afinal, quando éramos pequenos, eles estavam sempre no alto, debruçando-se sobre nós para nos alertar, elogiar ou julgar, flutuando muito acima de nós, no alto de nossa consideração. Não é de admirar que pensemos que os deuses vivam no céu.

Dois corvos começam a se acasalar violentamente no gramado. Juntos, batem as asas e se bicam, dançam e se exibem. É como se dois adolescentes, numa discoteca, dançassem um pouco, fizessem um sexo ardente no chão e, então, dançassem um pouco mais. Um impressionante pássaro cardeal vermelho, pousado num teixo frondoso, parece ter um bigode estilo Fu Manchu.

---

[2] "Às vezes sinto pena de mim mesmo, / mas todo o tempo / estou sendo carregado por grandes ventos a cruzar o céu." (N.T.)

Olhando mais perto, vejo que é apenas um talo comprido de grama que ele segura com o bico. Com um bater de asas em câmera lenta, o pássaro paira por um momento e, então, mergulha entre os densos galhos do teixo onde, sem dúvida, ele e a patroa estão fazendo um ninho. No verão passado, despertei algumas vezes com o barulho de uma cardeal fêmea atirando-se contra o vidro da janela, brigando com seu reflexo e tentando desesperadamente penetrar aquele país do espelho que tanto a atormentava e confundia. Ela não sabia qual era sua aparência. Ao ver a si mesma, enxergava apenas um inimigo. Por fim, aquela pancadaria frenética se tornou mais do que eu podia suportar, então colei no vidro o desenho de uma ameaça real — uma coruja — e resolvi o problema. Com garras enormes, bico afiado, orelhas assimétricas aguçadas e um grande gosto por pássaros pequenos, a coruja representava um adversário pior que qualquer versão de si mesma. Tomo nota mentalmente para procurar a coruja de papelão, caso a passarinha decida bater novamente na janela este ano. Gostaria que fosse assim tão fácil com algumas das pessoas que telefonam para o SP.

Termino meu café, visto as roupas de ciclismo e embolso algumas coisas para fazer um piquenique na hora do almoço. Tento reservar um tempinho, quase todos os dias, para um curto passeio de bicicleta pelo campo. Uma saída de uma hora pode me levar até The Plantations, um viveiro de plantas bem cuidado, com um lago cheio de patos, ou até Sapsucker Woods, a reserva dos pássaros; ou, talvez, até uma vila a norte ou a leste da cidade. Qualquer que seja a rota escolhida, sempre passa por florestas e fazendas e adoro ver como as estações do ano vão se transformando; as plantas ficam verdes, brotam, florescem, lançam suas sementes e secam; os animais mudam de cor, chamam, cortejam, acasalam, se alimentam, chocam, migram e cumprem seu papel. Como qualquer pessoa que sai para andar de bicicleta ou caminhar sabe, é difícil esvaziar a cabeça das preocupações e dos planejamentos, deixar de analisar e de sofrer e se livrar daquele batalhão de "e se...". Parece que as agitações vão conosco e, logo, começamos a montar pequenas peças de teatro em nossa mente, nas quais representamos vários papéis e ensaiamos conversas que tememos, ou pelas quais ansiamos, de dezenas de formas diferentes. No entanto, se conseguirmos tirar umas férias mentais, adiar uma reunião de diretoria da psique e concordar em deixar em casa todas as preocupações, todas as expectativas referentes aos outros e a si mesmo, todas as infelicidades, esperanças, dúvidas — em suma, toda a comoção normal da vida —; então podemos fazer um passeio no qual estejamos livres para, simplesmente, curtir a sensação de estar vivo. Podemos nos permitir ser apenas uma chapa fotográfica na qual o mundo se grava. A beleza da luz, o sussurro do vento, o farfalhar dos milharais secos, os chamados dos esquilos e dos pássaros, o aroma adocicado das sebes de lilases, o doce perfume das macieiras. Podemos sentir o vento e o sol no rosto, saborear o ar, que tem um gosto diferente a cada estação do ano. Mesmo na cidade, pode-se sentar num banco do parque e observar um pombo ou qualquer outro pássaro durante algum tempo; observar com atenção e com carinho, vê-lo pavonear-se como um peticionário, a forma como limpa as penas e infla o peito, inclina a cabeça, torce o pescoço, bica a comida. Absorver-se tão completamente na natureza, deste jeito zen, é uma forma de meditação ativa que eu adoro. Para mim, é algo que ocorre naturalmente, mas, assim como qualquer outra pessoa, tenho que reservar tempo para isso. E o faço, religiosamente, chova ou faça sol. Quando meus dias de corrida e de aeróbica me levaram a uma cirurgia no joelho, encontrei no ciclismo uma maneira de me exercitar, a qual, na verdade, é favorável para o joelho, posto que fortalece os músculos ao seu redor. Porém, nunca pedalo em pé nas subidas. Tenho força bastante para pedalar morro acima usando as marchas mais baixas, mas sei que, se fizer isso, minhas panturrilhas ficarão mais inflamadas do que poderei suportar. Nas subidas muito íngremes, desço e empurro a bicicleta — o que também é um bom exercício —, e considero isso como uma espécie de *cross-training*. Não procuro estabelecer recordes de distância ou de velocidade e não me forço a ultrapassar os primeiros sinais de incômodo. Se fizesse isso, a dor invadiria meus passeios, transformando-se numa companhia constante. Portanto, diria que sou uma ciclista cautelosa, mas também viciada.

Por exemplo, todos os fins de semana em que a temperatura não esteja a ponto de congelar os ossos, faço um passeio mais longo de bicicleta com Cathy, minha fiel companheira de ciclismo. São passeios misteriosos esses. Uma semana, ela escolhe o destino; na semana seguinte, eu escolho. Às vezes, seguimos caminhos sugeridos no guia *20 Bicycle Tours in the Finger Lakes*, escrito por Mark Roth e Sally Walters. Outras vezes, inventamos nosso próprio roteiro, vasculhando a memória por um dado que nunca importou antes, mas que agora se tornou vital: tinha muita subida naquela trilha?

Hoje decidimos explorar a faixa estreita entre os lagos Seneca e Cayuga, e Cathy chega bem na hora, às 9h30, com sua bicicleta azul-turquesa presa ao suporte na traseira do carro. Usa um legging preto estampado com rosas em relevo e um blusão roxo, e o cabelo louro-escuro, que lhe chega até os ombros, está afastado do rosto por uma faixa roxa. Prendemos minha bicicleta roxa à dela usando uma amarração complexa, feita com cordas de *bungee-jump*; checamos os mapas das estradas locais e partimos no momento em que a neblina começa a se dissipar e o céu se abre num azul radiante.

Dirigimos rumo ao norte, contornando a margem oeste do Lago Cayuga, e passamos por cidadezinhas com nomes romanos. Ocasionalmente a estrada faz uma curva, no alto de uma colina, e ficamos sem fôlego ao contemplar a beleza de cartão-postal do lago: um tom de azul caribenho, circundado pelas montanhas. No topo das árvores, protegidos pelos galhos que se expõem diretamente ao sol, começaram a se formar brotos, dando à floresta o toque suave de cor-de-rosa que sempre associo à primavera. Tem gente que consulta os almanaques ou observa marmotas. Eu espero pelo primeiro momento sutil em que a imagem das copas das árvores, rígida e definida durante todo o inverno, torna-se borrada pelos novos brotos e apresenta uma leve pincelada de rosa. Os ramos finos do salgueiro já estão amarelo-néon. Entre as moitas secas à beira da estrada, alguns ramos novos brilham em tons de vermelho-arroxeado. Lírios selvagens começaram a surgir nos canais. Os proprietários locais plantaram narcisos por todos os lados e metade das plantas já floresceu. Um bando de pássaros âmpelis-de-cedro invade uma sebe de frutas silvestres, pairando sobre as plantas ao estilo dos beija-flores e deixando ver suas caudas amarelas. Dirigir às margens da primavera, no norte do estado de Nova York, é algo simplesmente magnífico. A alguns quilômetros ao norte da cidade de Romulus, encontramos um ponto conveniente para estacionar o carro, num local onde houve um massacre indígena (existem muitos nessa rota), ao lado de um padoque onde pastam dois grandes cavalos belgas. As crinas douradas foram arrumadas em ondas. Duvido que sejam usados para puxar um arado; estes cavalos são modelos de força, beleza e músculos, são atletas, não trabalhadores.

Realmente adoro esses passeios ciclísticos de fim de semana com Cathy, durante os quais nossa amizade, a princípio experimental, foi se desenvolvendo até uma íntima camaradagem. Cathy e eu temos exatamente a mesma idade — dançamos as mesmas músicas de rock quando crianças, usamos as mesmas saias de feltro e sapatos bicolores masculinos, presenciamos os mesmos lançamentos espaciais, os anos Kennedy, a Guerra do Vietnã e o que se chamou de Liberação Feminina. Atleticamente, somos bastante equiparadas, o que é imprescindível num companheiro de exercícios, apesar de ela ter mais força no tronco e nos braços (eu insisto que se deve à sua fase como baliza no colégio); ao contrário de mim, ela joga tênis e *racquetball* toda semana e vai à academia de ginástica. Ficamos com fome ao mesmo tempo e nossos níveis de energia são mais ou menos iguais — três horas ininterruptas pedalando. Ambas somos hippies tardias, o que significa que compartilhamos um mesmo sistema de valores básicos. A atmosfera dos anos 70, cheia de revoltas, mudanças sociais e esperança, teve um impacto poderoso em nossa vida, assim como na de muita gente. Claro que algumas pessoas envelheceram e traíram seus sonhos; porém, tenho me animado muito em ver quantos destes filhos dos anos 60 e 70 cresceram, chegaram a posições de grande influência e ainda mantiveram sua visão. Nem sempre concordam a respeito de tudo, mas compartilham a fé na bondade inata das pessoas e a determinação de mudar as coisas. No final do livro de Italo Calvino, *As cidades invisíveis*, Marco Polo diz que a tarefa mais difícil de toda sua vida foi a de determinar quem e o quê, no Inferno, não era Inferno, e lutar para que prevalecesse. Embora eu não soubesse disso aos dezoito anos, essa era minha busca. E continua sendo. O cenário mudou, mas não o idealismo fundamental.

Cathy e eu fazemos esses passeios de bicicleta há quase um ano, a maioria numa distância entre trinta e sessenta quilômetros, sempre com um lago ou rio em vista. Levamos algo para comer, escolhemos uma estrada larga o suficiente para pedalarmos lado a lado e conversamos sobre o mundo e sobre nossa vida, enquanto bebemos à luz do sol, curtimos a paisagem e nos exercitamos até ficarmos com as pernas tremendo. Sou fascinada pelo comportamento humano, e ela também, tanto que decidiu se tornar assistente social. Tem muitos pacientes em seu consultório particular — crianças-problema, casais, famílias inteiras em crise, estudantes universitários, trabalhadores de fábrica —, aos quais ela atende durante a semana. Embora nunca tenha trabalhado como orientadora num serviço de atendimento telefônico de emergências, no ano passado ela foi presidente da diretoria do SP e, portanto, conhece muitas das minhas preocupações. Nós invejamos os pontos fortes uma da outra, mas, gradualmente, ambas nos fortalecemos de corpo e mente; ficamos aptas a vencer subidas cada vez mais longas e abertas a assumir mais riscos. Nosso "esporte" nos oferece não só a oportunidade de fortalecer nossa amizade, mas também os meios para melhorar a nós mesmas (a grande obsessão norte-americana); além disso, proporciona um eixo à nossa vida. Historicamente, sempre se elogiaram as mulheres por sua delicadeza, amabilidade e vulnerabilidade. São qualidades ótimas, mas também quero me sentir forte e competente, quero ter o tipo de versatilidade mental que me leve por caminhos nunca antes pensados, rumo a uma vista de tirar o fôlego. Os transeuntes que examinarem nossos rostos encontrarão, provavelmente, uma mescla de prazer, esforço, fadiga e riso. Não é o mesmo que observar um atleta competindo, cujo comportamento reflete concentração, habilidade e força. Não somos atletas olímpicas nem precisamos ser; só temos que ser versões mais saudáveis de nós mesmas.

Depois de percorrer cerca de um quilômetro e meio da estrada, passamos por um laguinho enlameado onde milhares de alarmes estão tocando. Ou, pelo menos, é o que parece. O barulho é terrível. Detemos as bicicletas e avançamos lentamente pelo solo pantanoso.

— Rãs. São rãs morrendo de tesão. — Eu rio, lembrando-me dos corvos na discoteca. — Imagine que são estudantes universitários numa noite de sábado. E que essa é a única chance de transar que terão na vida inteira. — Imagine a orgia. Não podemos ver as rãs que estão fazendo tamanha algazarra porque elas são minúsculas e têm excelente camuflagem. O barulho cresce à nossa frente quando nos aproximamos e, então, diminui à medida que caminhamos de volta à estrada e seguimos pedalando.

Ao chegarmos a uma placa que diz ACESSO AO LAGO ABAIXO, Cathy e eu trocamos um sorriso silencioso. Uma das regras principais de nossos passeios é "nunca despreze um lago". Portanto, viramos à direita e descemos até a bela margem onde, no passado, viviam índios que pescavam naquelas águas e caçavam nos bosques das redondezas. Hoje a orla do lago está totalmente abandonada.

— Olha aquelas placas de lama! — ela diz. Demoramos um pouco para perceber que todos os cais estão apoiados em estacas sobre a lama. Como o inverno foi brando, com pouca neve, o nível do lago está mais baixo que nunca. Pode-se ver o fundo lamacento formando uma praia enorme, onde pessoas com botas até os quadris conseguem adentrar o lago até pontos que nunca antes se atreveriam. Pisando cautelosamente, parecem descobrir pela primeira vez o selvagem mundo do fundo do lago — aquele reino abaixo da consciência da água onde se combinam o lodo e as criaturinhas rastejantes —, e a perplexidade em seu rosto é visível.

— Estou preocupada com uma paciente minha — diz Cathy ao passarmos por uma marina desativada. — Ela é tão frágil. Por outro lado, está tentando lidar com um volume enorme de raiva. Quando está deprimida, ela fica *muito* ativa e dissociativa. Se corta, ameaça as pessoas, tudo que você possa imaginar.

— Nossa. Isso deve exigir toda a sua atenção. — Nem imagino como eu lidaria com um paciente imprevisível e agressivo.

— Nem me fale. E ela é só *uma* dos pacientes da terça-feira. Tenho mais dois que pensam de forma completamente caótica. Meu trabalho, às terças-feiras, é de ser uma espécie de xerife mental, sabe como é? Tenho que ajudá-los a organizar os pensamentos e a colocar um pouco de ordem na cidade. Não é nada fácil, eu garanto, principalmente para alguém como eu.

— Já é bastante difícil organizar a própria vida, não é? — Ao nos aproximarmos de uma pequena colina, mudo as marchas até chegar à mais baixa e ouço a catraca da bicicleta emitir o mesmo ruído sete vezes seguidas. Cathy também reduz as marchas. Parecemos duas velhas caquéticas estalando os ossos.

— Viu, e o que *eu* faço com aquele meu controlador de tráfego aéreo?

— Puxa, é mesmo, vocês saíram para dançar depois da última vez que nos vimos. Como foi? — pergunto, mantendo os olhos na estrada. Como os acostamentos não estão bem pavimentados, temos que dividir a atenção em vários focos distintos: a estrada adiante, os carros que passam e o chão desnivelado sob as rodas, além de estar sempre preparadas para desviar de cacos de vidro ou pedaços de macadame. É incrível como o olho consegue fazer tudo isso e, ao mesmo tempo, absorver a vista panorâmica do lago, as roupas balançando no varal atrás de uma cabana onde há um labrador preto; ele está dormindo, enrolado na varanda cujo segundo degrau está precisando de conserto. Em seis pedaladas, a cabana, o cachorro, a varanda e as roupas no varal desaparecem dentro do universo da memória.

— Fomos dançar e foi bom; daí seguimos para o apartamento dele, o que também foi bom. Mas você consegue imaginar como é estranho sair com um homem que fala como se estivesse liberando aviões para o pouso?

— Talvez você só tenha que aprender o jargão necessário para usar com ele. Vejamos, coisas como *assumir a posição, manche, padrão de espera, atitude, crepúsculo civil vespertino...*

— Esse é legal. Vou perguntar a ele sobre o *crepúsculo civil vespertino* de hoje à noite.

— Vocês vão se encontrar hoje à noite? — pergunto, alinhando-me a seu lado. De alguma maneira, conseguimos ter conversas íntimas mesmo sem manter contato visual, algo que as pessoas raramente fazem, a não ser num confessionário, numa sessão de psicanálise ou pelo telefone. Provavelmente seja por isso que lançamos olhares rápidos uma à outra com freqüência, não para comunicar algo, mas sim como uma pontuação.

— Você vai achar que estou doida, mas o convidei para jantar.

— Quer que eu te empreste meu farol?

— Claro. Vou pendurá-lo na varanda, para a hora que ele chegar. Assim ele se sentirá em casa. Tem uma sirene também?

— Ora, *você* pode fazer o papel da sirene.

Ela abaixa os óculos, me lança um olhar de "não banque a espertinha" e os coloca novamente no lugar. — Por que será que os relacionamentos são tão difíceis?

— E você pergunta *para mim*? É você quem trabalha com isso.

— É, mas é muito mais fácil quando se trata do relacionamento dos *outros*! — Ela pedala com mais força para enfatizar suas palavras.

— É sim — digo numa vozinha de Piu-Piu. — É verdade sim.

— Mas, voltando à minha paciente — ela diz, novamente séria —, fico preocupada com ela entre uma sessão e outra. Ela não sabe se consegue ficar sem se cortar. Sugeri que telefonasse para o SP. — Os terapeutas locais com freqüência indicam o SP a seus pacientes; nós os ajudamos a lidar com os períodos em que seus terapeutas não estão disponíveis.

Um avião daqueles que escrevem no céu começa a praticar acima do lago, desenhando curtas linhas brancas ao lado de outras mais longas. É difícil olhar o que ele está fazendo e a estrada ao mesmo tempo, mas, em todo caso, logo ele desaparece de vista.

— Que bom. Espero que eu esteja de serviço quando ela ligar.

Virando à esquerda na Estrada Bayard, subimos em direção à cidadezinha de Seneca Falls e o terreno fica mais difícil e rebelde. Quando andamos de bicicleta, percebemos os músculos da Terra de maneira mais clara, os ombros escarpados e os montes em forma de punhos fechados; também sua sensualidade, seus campos férteis e colinas longas e lânguidas. Hoje os falcões, abutres e demais aves planadoras estão a todo vapor, aproveitando as térmicas sobre o lago e, numa admiração invejosa, gritamos cada vez que vemos uma ave particularmente rápida e ágil. Trata-se de um anseio ancestral. Uma das primeiras palavras emitidas pelo ser humano, registrada em indo-europeu como *pleu,* significa "Voa!" e, provavelmente, deva ser pronunciada com os lábios em forma de um *Ohhhhh!*, para transmitir um pouco do espanto original. Sem dúvida se referia aos pássaros. Existe um toque de magia nos pássaros, um certo *abracadabra.* São feitos de matéria, mas têm algo fantasmagórico, mudando de forma ao fazerem suas piruetas no alto, lançando-se como adagas em riste ou projetando enormes sombras escuras. Na Idade das Trevas, os religiosos os interpretavam como símbolos voadores da crucificação, como Samuel Beckett os descreveu uma vez. O vento sussurra ao passar por eles, mesmo quando se encontram imóveis no solo. E até suas penas que se soltam podem voar. No entanto, comportam-se socialmente como xamãs, ou como cortesãos, praticando os complexos rituais e cerimônias através dos quais guiam sua vida. São lições, em carne e osso, a respeito da lei de causa e efeito: um macho realiza um gesto de conciliação (como deixar cair um raminho aos pés da fêmea), e esta pára imediatamente de lhe dirigir gritos roucos e passa a arrulhar. Quando em solo, estão sempre envolvidos em algum tipo de coreografia elaborada. Voando, parecem partes do céu que se soltaram. Num universo ao mesmo tempo angelical e sinistro, deslizam pelo azul com suas asas tão mais suaves que a pele humana. Fazem-nos lembrar de quão presos estamos à terra. No mundo inteiro, fala-se sobre o vôo dos pássaros com melancolia e inveja, usando aquele terrível subjuntivo "Ah, se...". Lembro-me da peregrinação que foi para mim quando, há alguns anos, viajei ao Japão para um trabalho, a pedido da revista *The New Yorker,* e pude contemplar a verdadeira encarnação do vôo: o albatroz-de-cauda-curta, uma das aves mais raras e sedutoras do mundo. Foi uma viagem dura, cheia de riscos e contratempos, incluindo marés altas, um vulcão ativo e um tombo pela descida de um penhasco que me rendeu três costelas quebradas. A dor da rocha afiada cortando minha carne e dos ossos quebrados se mexendo dentro do corpo foi uma verdadeira agonia. Meu pensamento vai até Louise e à forma como ela se imaginou caindo nas rochas do desfiladeiro.

Rochas afiadas como facas.

— Estou preocupada com uma mulher que eu atendo — disse depois de um tempo. — Bem, preocupada comigo também.

— Ah, é? — Cathy diz, usando aquela inflexão de voz que os terapeutas aperfeiçoam com o passar dos anos, que valida e induz ao mesmo tempo.

Penso em Louise, procurando a melhor forma de resumi-la. — É uma mulher talentosa e experiente, mas também terrivelmente frágil, vítima de uns horríveis ataques de depressão que são muito, muito perigosos.

— Você está preocupada mesmo com ela. Acha que ela vai se suicidar? — Cathy pergunta. Já ouvi muitos profissionais da psicologia usarem o verbo *suicidar-se*, referindo-se a ele de modo frontal, sem suavizá-lo com eufemismos; eu, porém, nunca consegui me acostumar ao som dessa palavra. Será que Cleópatra se *suicidou* quando percebeu que tudo estava perdido? De certa forma, é como se sua morte cheia de drama e de ostentação, seguindo-se a uma vida repleta de prazer, política, conquista, família e preocupação, exigisse uma palavra mais elaborada. Aliás, como qualquer outra morte. *Cometer suicídio*, geralmente dizemos, do mesmo jeito que cometer um crime ou cometer um erro. É igualmente clínico, e tão eufemístico quanto, mas leva mais tempo para dizer. Acho que foi Sir Thomas Browne quem criou o termo *suicídio*, mencionado pela primeira vez em seu livro *Religio Medici*, publicado em 1643, onde ele fala de um homem como sendo o próprio assassino, utilizando o substantivo ao se referir ao "suicídio de Catão". Já o verbo "suicidar-se" é mais recente e, embora seja direto e preciso, para mim continua chocante. Um verbo pronominal, que não necessita de qualquer outro complemento. Ele morreu. Suicidou-se. Não é necessário dizer mais nada.

— É possível. Ela já vem fazendo isso aos poucos, como se ensaiasse para o ato final.

— Ensaiasse?

— Quando ela telefona, às vezes tenho a impressão de que não está só lutando contra uma depressão; acho que pode estar testando como seria, ou seja, qual seria a sensação e como afetaria seus entes queridos caso se matasse.

— Deve ser assustador para você não saber o que ela fará em seguida. Mas há várias outras pessoas que te telefonam e que também são altamente propensas ao suicídio. No entanto, pela maneira como você fala dela, percebo que te afeta de um modo distinto.

— Ela é um doce de pessoa... muito culta, interessante e, embora eu saiba que isso deva parecer estranho neste contexto, é bastante alegre com relação à vida. O problema é que ela está sofrendo tanto, e se esforça tanto para se manter viva... eu admiro sua coragem. Provavelmente seríamos amigas se houvéssemos nos conhecido em outras circunstâncias. — A história de Louise me toca porque poderia ser a história de uma série de pessoas que conheço, a história de alguém adorável e talentoso que está passando por uma fase de profunda tristeza; todos os meus instintos me empurram a ajudá-la a passar por essa fase de dor, não apenas ouvindo-a, mas de forma mais extensiva, cuidando dela como se faz com um amigo.

— Puxa, que situação difícil. Mas você disse que também estava preocupada consigo mesma...

— Bem, numa das vezes que ela telefonou, contou que freqüenta os cultos espíritas em Freeville nas noites de sexta-feira, durante os meses do verão; estou pensando se não seria legal ir até lá só para ver como ela é, sabe... ver quem ela é de verdade.

— Xiiii — diz Cathy —, estou detectando problemas de limites.

Rindo um pouco, balanço a cabeça concordando.

— E em que isso te ajudaria? De que maneira faria com que se preocupasse menos com ela?

— Por acaso eu disse que me preocuparia menos?

— Entendi. Você quer ir porque assim *não* se preocuparia menos.

— Isso mesmo, continue cutucando a ferida, eu nem ligo!

— É óbvio que você liga — ela diz, dispensando minha brincadeira. — Só me pergunto se isso tornaria as coisas mais fáceis ou mais difíceis para você, o fato de ter um rosto real em mente, uma pessoa por inteiro, toda vez que ela telefonar. Você ficaria contente apenas em vê-la? Ou iria querer falar com ela? Talvez ficar amiga dela? Será que quer se envolver tanto assim? Não sei não. Ter contato externo com as pessoas que telefonam para o SP não é muito bem visto, é?

— Absolutamente. Seria considerado falta de bom senso. E Deus sabe que isso lhe tiraria o direito de anonimato nas chamadas, o que, entre os profissionais da saúde mental, como você bem sabe, é o equivalente a estrangular um gato.

Durante mais alguns minutos consideramos o que aconteceria se eu me encontrasse com Louise. A tentação é enorme, apesar de sentir que seria um grande erro. Então deixamos o assunto derivar para a paisagem e, depois, ser substituído por outros temas, por outros acontecimentos de que me lembro. E assim cobrimos praticamente todas as questões daquela semana. Chama-se "pôr o papo em dia". Como o caminho inteiro tem sido uma leve subida, após cerca de quinze quilômetros estamos cansadas o bastante para perder um pouco da agilidade mental. No início do passeio, conversamos sobre temas de peso, como nossos problemas no trabalho, livros que estamos lendo, um ataque terrorista no Meio-Oeste, um relacionamento cambaleante, um julgamento notório. Fatigadas, ficamos em silêncio ou fazemos comentários jocosos sobre o excelente exercício físico que estamos fazendo.

Após alguns minutos, Seneca Falls entra em nosso campo de visão, envolta em água como uma cidade européia cheia de canais. Almoçamos ao lado de uma velha igreja de pedra à beira da água e, depois, pedalamos até o Women's Hall of Fame e o Women's National Park. Esses dois marcos comemoram a força feminina: mulheres pioneiras e alpinistas, escritoras e pilotos, atletas e políticos. O Hall of Fame homenageia aquelas cujos atos foram de grande importância e notoriedade; mas o que eu mais gosto, a respeito do museu do parque, é que celebra as lutas das mulheres comuns, não apenas das que ficaram famosas. Afinal, é o que todas buscamos: força para superar aquilo que nos oprime — seja a injustiça, um recorde estabelecido ou a si mesma. Conforme vamos nos fortalecendo e ultrapassamos nossos limites, passamos a ocupar uma porção maior da terra, ou dos céus, ou de uma idéia. "Seja forte" é uma expressão que, quando dita a uma mulher, tradicionalmente tem significado *Sofra em silêncio. Agüente seu sofrimento. Perca a esperança.* "O sexo frágil" é uma forma estranha de se referir a quem gera e cria crianças e ara campos — atos que exigem estômago forte e coragem.

Há pessoas que procuram por uma forma elementar de força, um desejo de ser forte assim como a Terra é forte em sua estrutura óssea, desejam ser uma força da natureza. Secretamente acreditamos que, quanto mais fortes somos, mais tempo levará para que a Grande Ceifadora nos derrote pela última vez. Apesar de sermos esclarecidos e civilizados, ainda nos imaginamos, instintivamente, competindo com animais fortes, ágeis e saudáveis. É um retorno aos nossos dias das cavernas — sentimos a necessidade de ser fortes para que ursos e tigres não nos devorem. Os deuses nunca eram criaturas fracas, e nós, suas miniaturas mortais, ansiamos pela divindade. Uma maneira pela qual combatemos nossa relativa pequenez frente a um universo colossal e desalmado é através do fortalecimento de nosso poder: escalamos as montanhas mais altas, percorremos a Terra a velocidades cada vez maiores, voamos em máquinas mais rápidas que as tempestades.

Pode ser que Cathy e eu nunca cheguemos a ser tão fortes quanto a rocha, tão dinâmicas quanto o vento, tão incontroláveis quanto o curso de um rio. Nunca tão rápidas quanto atletas profissionais, nunca tão resistentes e à prova de dor quanto éramos na juventude. Atletas sérios têm todo um romance com a dor, encontram formas de suportá-la e de contorná-la. Compartilho um pouco de suas dores articulares crônicas e espasmos musculares e vejo a dor leve da mesma maneira que os ciclistas profissionais provavelmente a vêem: como uma espécie de neblina que atravessamos de tempos em tempos. Nada disso importa. Força é algo relativo. Sonhamos com passeios de bicicleta através das colinas do Texas, cruzando os Everglades, contornando a costa de Rhode Island, passando pelos infinitos campos floridos e canais dos Países Baixos. Se amanhã inaugurassem um ônibus espacial para Marte, nós iríamos para lá também — e levaríamos nossas bikes.

Quando o sol se põe, durante aquela hora de colorido maravilhoso conhecida pelos pilotos como *crepúsculo civil vespertino,* deixamos para trás os trinta e dois quilômetros percorridos em bicicleta e voltamos para casa — Cathy para cozinhar uma *paella* para o namorado, e eu, para assumir meu turno no atendimento da linha de apoio do Centro de Apoio.

—

20h15. Quando atendo o telefone, ouço uma voz masculina que reconheço por ser de alguém que liga com freqüência, e ele também reconhece a minha. Fica mais fácil para perguntar o que está acontecendo e encorajá-lo naquilo que ele sabe que eu sei que já é uma luta antiga. Ele acha que se trata de uma batalha contra as durezas da vida e contra as pessoas que não o querem aceitar e amar. Eu sei que é uma luta contra uma doença mental e um transtorno de personalidade do qual pode ser que ele nunca se liberte totalmente; algo que o deprime, acrescenta um fardo impossível a todo e qualquer relacionamento que tenha, não permite que seja feliz no relacionamento com os filhos, com a companheira ou com os pais. Ele vai a um terapeuta e já tentou tomar medicamentos no passado. Nada disso o ajuda a sanar sua terrível solidão e seu desejo de encontrar uma alma verdadeiramente carinhosa, que lhe dará o amor absoluto e irrestrito pelo qual ele anseia.

"Amor Sem Fim", anoto no registro.

Junto com ele, concentro-me na solidão. Ele diz que tem vazios emocionais que nunca serão preenchidos. Ele entende que não há volta, não há como voltar ao passado e corrigir os erros. Como sempre, sente que é responsável por seu próprio sofrimento, porque é uma má pessoa. Uma vez ele me contou que é um mórmon praticante. Hoje tento usar uma nova tática e converso com ele sobre o sofrimento de Jesus. Pondero que Jesus foi uma pessoa perfeita e que sofreu terrivelmente, que o sofrimento não acomete somente as pessoas más e que ele não deveria se sentir diminuído por sofrer. Com isso toco numa ferida e ele fala vigorosamente sobre os desígnios de Deus e sobre a campanha de Satã por sua "alma desgastada". Após alguns minutos, ele entra naquele abismo de desespero esperançoso no qual tem passado a maior parte da vida. O simples fato de que alguém acredite em sua dor e demonstre empatia com ele já constitui uma pequena ajuda. Uma ajuda preciosa. Ele não sabe como conseguirá sobreviver até amanhã. Então nos concentramos no hoje, nesta tarde, nesta hora.

Quando já estamos terminando, o telefone toca. É uma mulher inteligente, formal, extremamente rebuscada no modo de falar, às vezes até antiquada e tortuosa, que tem uma obsessão incomum e bem fascinante. Ao relatar a conversa telefônica que teve com um de nossos orientadores, na semana anterior, ela a analisa como se fosse um texto druídico. Então, fala de forma desconexa e com muitas associações sobre as disputas em torno à sua herança, o irmão e seus advogados-assassinos, a indiferença por parte dos filhos e dos parentes afins que parecem conspirar contra ela. Entrar naquele turbilhão verbal é como penetrar um novelo de barbante com uma agulha — as enredadas linhas de sua obsessão simplesmente desviam de qualquer questão que eu levante ou de qualquer observação que faça. Tenho o pressentimento de que nem seus familiares nem os amigos lhe dão ouvidos; portanto, o fato de a levarmos a sério significa muito.

O telefonema seguinte é de um homem nervoso que encontrou nosso número em sua secretária eletrônica. Ele não tem certeza se deveria estar falando conosco. Gentilmente, convido-o a compartilhar suas preocupações comigo.

— Eu não me abro com qualquer pessoa — ele diz na defensiva. — Se for para colocar meu coração para fora, quero ter certeza de que seja da forma adequada. — Tento explicar-lhe quem e o que somos de um jeito que a porta fique aberta para que ele nos telefone novamente. Ao desligar, sinto-me mal. Havia uma tonelada de infelicidade em sua voz e, quando a voz de um cara durão treme daquele jeito, é porque deve estar sob uma pressão enorme. O que eu deveria ter dito para que a conexão fosse mais fácil para ele?

Atendo a chamada de uma mulher irritada e triste que está deprimida "há uns dez anos". Os terapeutas dizem que é isso ou aquilo, mas ela sabe que não é responsável por sua infelicidade, é só que a vida lhe deu péssimas cartas e todo mundo a maltrata. Ela tem uma tendência a obcecar-se com as pessoas, principalmente com os homens, por longos períodos de tempo (anos), e está envolvida numa série de fracassos legais — há uma ordem restritiva contra ela, a pedido de um quiroprático com quem estava saindo e por quem tinha desenvolvido uma fixação. Ela exige ajuda e aconselhamento, mas não dá ouvido a nenhuma das duas coisas. É uma conversa difícil, repleta de raiva, exigência e da sensação de que é impossível viver.

Amor Sem Fim volta a ligar e, uma vez mais, tento entrar em seu mundo. Eu o imagino em pé, falando a um telefone de parede, na cozinha da casa da namorada. Mas não, ele explica, mudou-se de sua casa para um pequeno estacionamento de trailers, perto de um riacho em Forest Home. Ele acabou de ligar para a namorada, mas ela não quer ir até lá; além disso, ela não é capaz de analisar seus sentimentos e ações do jeito que ele quer que ela faça e não lhe oferece "o apoio verdadeiramente amoroso, honesto e atencioso" de que ele precisa. E onde está sua filha? A ex-mulher corrompeu o "espírito puro e belo" da menina.

— É um crime contra a alma. Ela deveria estar aqui, me ajudando com seu espírito carinhoso e curtindo a primavera comigo — lamenta Amor Sem Fim.

Dia da Floração. Eu havia me esquecido do Dia da Floração, que chegou tarde no ano passado. Geralmente o comemoramos quando Alexandra, a filha da minha amiga Annie, vê os primeiros botões de flor se abrirem no arbusto de corniso em frente à janela do seu quarto. Então Annie me telefona e nós três, as "Irmãs Flores", nos juntamos ao lado do arbusto e executamos nosso ritual feminino pagão de culto à Mãe Natureza, louvando as coisas que crescem na terra e prometendo nossa lealdade umas às outras. Damos as mãos ao redor do arbusto e cada uma faz um discurso. Alex agora está com treze anos, e nós começamos esse ritual quando ela tinha sete. Todos os anos, iniciamos com uma declaração solene e, em seguida, passamos à troca de presentinhos de cunho sensorial: pedras bonitas, sabonetes perfumados, vasinhos de ervas, talvez uma echarpe de cor vibrante. Depois Alex penteia e arruma meus longos cabelos. No ano passado o ritual evoluiu. Nós tivemos uma comemoração um pouco atrasada, no dia 22 de maio, para que minha amiga Dava e sua filha, Zoë, pudessem participar. Annie, Alex e eu nos encontramos com Dava e Zoë no aeroporto e fomos todas a um restaurante com uma linda vista, na baía, para deixar que as meninas se conhecessem. Elas se entenderam maravilhosamente bem, usavam as mesmas gírias, reclamavam dos mesmos tipos de professores, vestiam o mesmo tom de jeans e camisetas e se tornaram amigas instantaneamente. Depois disso, fomos à casa de Annie e espalhamos nossos presentes lindamente embrulhados — simbolizando a generosidade da Natureza — sobre uma mesa. Mas antes de abri-los juntamos braçadas de flores e as levamos, em peregrinação, até a Árvore da Floração oficial no quintal, onde fizemos uma roda, com as mãos dadas, ao seu redor. Dei início proferindo um agradecimento à Mãe Natureza. Dava deu seqüência, fazendo um pequeno discurso ao qual Annie acrescentou seus pensamentos. Nesse ponto uma das meninas disse: — Vocês são tão hippies! — Nós rimos, lembrando-nos de que, quando éramos adolescentes, também achávamos que os adultos haviam sido colocados na Terra com o único propósito de envergonhar as crianças. Para elas o mundo se dividia em coisas "da hora" e coisas "sinistras". Nessa fase tão importante da vida, nada no mundo as convenceria a entoar preces em voz alta. Portanto, deixamos que passassem ilesas. Pode ser que, durante alguns anos, elas não queiram ser "filhas da Terra", como quando eram pequenas, e não há o menor problema nisso. Chegará o tempo em que o Dia da Floração novamente tenha sentido para elas, como ocorre com suas mães e comigo. Passamos, então, para a sala de estar, para abrirmos os presentes. Uma vez, ao perguntar a Alex o que ela queria ser quando crescesse, ela respondera: "Presidente dos Estados Unidos... ah, e cabeleireira também." Prometi que se ela se tornasse presidente eu, com toda a certeza, iria cortar o cabelo com ela. Agora Alex só quer ser presidente, o que, no ambiente doméstico em que ela vive, não é necessariamente algo impraticável. Por fim, fomos para a minha casa tomar um banho de piscina, beber chá de hortelã e comer bolinhos quentes de noz-pecã. A essa altura decidimos permitir que Paul e Carl se unissem a nós e os batizamos de os "Brotos" — auxiliares masculinos das Irmãs Flores.

Este ano, o pai de Alex irá passar por um transplante de medula em Seattle, e é lá que a família inteira passará o resto do ano, em vigília, concentrando-se nas invisíveis células sanguíneas no interior de seus ossos. Uma fábrica de sangue. No ano que vem, quando a família voltar para casa e a ameaça de morte houver passado, planejaremos novamente o Dia da Floração. Existem certos rituais que são absolutamente apropriados: chás de bebê, nos quais as mulheres se reúnem para dar as boas-vindas à nova vida que entra na tribo, festas de aniversário, quando comemoramos a mera presença na Terra de uma pessoa querida, e os feriados que marcam a passagem das estações do ano.

Uma vez, numa colônia de artistas num estuário da Flórida, onde eu estava conduzindo um workshop de poesia, uns trinta de nós nos reunimos para comemorar o solstício de verão com músicas e rituais. Era o lugar perfeito para aquilo. "Paraíso das Redes" era como chamavam àquela estranha aglomeração de árvores que surgia do nada, no meio de um campo aberto na costa da Flórida. Há muito tempo, um pássaro ou algum outro animal deixou cair ali uma única semente que criou raízes e cresceu, passando a oferecer sombra a mais animais transportadores de sementes. Primeiro uma árvore cria raízes, oscilando como uma rede; então, vários outros animais vêm descansar ali, trazendo sementes e resíduos. Logo passa a existir um bosque denso, movimentado pelas vidas selvagens e decorado por barbas de musgo do pântano. O céu fica coalhado todos os dias às quatro da tarde, quando echarpes azuis se desfiam a partir das nuvens carregadas, as hastes de aveia-do-mar são sacudidas pelo vento, cascateando para cima, e o barulho da chuva pesada soa como balas de caramelo caindo do céu. Um ciclone de andorinhas de cauda bipartida nos sobrevoava com freqüência e, depois, reunia-se numa árvore de murta, comia as frutinhas suculentas e partia em redemoinho. Anoles-verdes andavam pelas passarelas de madeira parecendo jipes silenciosos. Vivíamos junto ao estuário, em casinhas sobre palafitas, ligadas umas às outras por passarelas elevadas; era como se fôssemos uma trupe de macacos selvagens abrigados entre as copas das árvores, bem acima de uma densa floresta em que conviviam tatus com predisposição à lepra, porcos selvagens, guaxinins, raposas e cobras-touro. Por todo lado havia musgos barba-de-velho enrolados como cadeias de DNA.

Reunidos em frente à minha casa para celebrar o solstício de verão, cada um de nós escreveu um desejo num pedacinho de papel e, em seguida, atirou o bilhete no fogo, onde os escritos se consumiram em chamas e dançaram em forma de fumaça na noite. Como vaga-lumes, nossas esperanças secretas relampearam rumo ao céu. Lembro-me de ter ficado curiosa a respeito do que Susan, uma mulher sentada defronte a mim no círculo que formávamos, poderia ter pedido. Ela era pianista, casada, tinha trinta e poucos anos e estava apaixonada por um pintor — um homem doce e tímido, doze anos mais jovem que ela —, que conhecera na colônia apenas algumas semanas atrás. Os dois estavam mais grudados que cracas, aninhando-se alegremente junto ao fogo, enquanto um assobiador profissional assobiava a vivaz melodia dos Shakers chamada "Simple Gifts". Eu sabia que ela estava pensando em se separar do marido, começar uma nova família com esse jovem e, ao mesmo tempo, pensava em voltar para casa e reencontrar os amigos, parentes e todas as coisas familiares. Portanto, quando ela se inclinou para atirar o rolinho de papel que continha seu desejo, eu não estava certa se ele iria acender ou incinerar uma paixão.

Tenho certeza que cada um de nós acalentava uma esperança tão importante quanto essa de uma maneira ou de outra. Olhando de um rosto a outro, investigando por trás da animação e da alegria à procura dos reinos invisíveis ali escondidos, era impossível ler os pensamentos. Há cidades inteiras que são assim, às vezes, com vários níveis de vida, marés emocionais altas e correntes que não aparecem à primeira ou à décima segunda vista. Naquele então, eu não sabia que iria me tornar parte interessada em alguns dos segredos mais obscuros da minha cidade, nos tormentos e sonhos de tantos dentre meus vizinhos. Sentada ali, diante da fogueira do solstício de verão, vi cada um dos papéis de desejos tremular no fogo por um instante e elevar-se cada vez mais, até se unir aos outros num buquê de fagulhas que se juntou às constelações e desapareceu na escuridão da noite.

CAPÍTULO 5

As Douradas Maçãs do Sol, as Prateadas Maçãs da Lua

Quando o verão chega, trazendo dias quentes e úmidos em sua bagagem, noto uma mudança séria entre os esquilos. Eles continuam vindo comer as frutas secas e sementes de girassol, mas estão muito mais agressivos: desafiam-se, grunhem e pulam uns sobre os outros como ninjas, cheios de garras e dentes. A maioria tem marcas de mordidas nas orelhas e cicatrizes de garras nas costas. A orelha de um está cortada em três partes — "Orelha de Garfo", eu o batizo —, e ele é o mais feroz, sempre afastando os demais com grande selvageria. Um outro tem só metade do rabo e arrasta o toquinho que sobrou parecendo um pirata da perna de pau. E o Pidão, por onde anda? Esse novo grupo de esquilos é mais robusto e forte. Seriam adolescentes? Estariam estes jovens rebeldes desterrando os mais velhos? Teria havido uma junta na qual se decidiu que Pidão e seus companheiros fossem exilados?

No verão passado acompanhei, perplexa, o desenrolar de um estranho drama de guerra no meu quintal. Duas gangues se encaravam no deque ao redor da piscina e, então, a um sinal imperceptível para mim, lançaram-se de encontro uma à outra numa batalha feroz. Um esquilo caiu na água e se esforçou para sair; outros foram arranhados, mordidos e perseguidos até subirem nas árvores. Nunca os vira brigar assim tão formalmente e, depois desse dia, nunca mais vi isso acontecer. O que me preocupa, no entanto, é que há dias não vejo o Pidão e temo que esteja morto, vítima da guerra. Ou que, talvez, tenha caído de uma árvore. Isso às vezes acontece, principalmente quando o esquilo está velho ou enfraquecido. Os esquilos podem chegar a viver vinte anos em cativeiro, e há alguns nesse meu grupo de animais bem-alimentados que já passam dos três anos; a média de vida na natureza, porém, é de apenas um ano. As orelhas rasgadas dos remanescentes dão uma idéia do que pode ter acontecido. Agora, ao alimentá-los, tomo o cuidado de espalhar as frutas numa área de dois ou três metros, pois parecem incapazes de resistir à belicosidade, caso a distância lhes permita atirar-se sobre o vizinho. Os esquilos mudam de personalidade de repente, mas isso também acontece com os outros animais. A floresta tem passado, igualmente, por câmbios dramáticos. Até os insetos estão se comportando de forma estranha.

O verão é como uma nova filosofia no ar sobre a qual todos estão sabendo. Do alto de uma castanheira, de onde pendem frutas pontudas como sputniks, vem a algazarra musical dos pássaros. No solo, um manto de folhas secas confere som aos menores movimentos: das frutinhas que caem e dos pequenos roedores silvestres e camaleões saindo da toca. Pequenos lagartos exibem rápidas flexões de braço como parte de sua defesa territorial. Ao longo das estradas contornadas pelo mato, os grilos produzem canções estridentes com suas pernas e os gafanhotos saltitam, ruidosamente, pelas moitas. Finalmente a grama cresceu e as árvores proporcionam sombra pela primeira vez no ano.

Ansiosos e cheios de expectativa, os animais adentram a metrópole verdejante do verão atravessando o túnel de junho, todos eles com uma série de incumbências barulhentas. Então se apressam em cortejar, brigar e comer. Só os humanos se preocupam com significados e motivos. Os animais têm, simplesmente, obrigações a cumprir. Até mesmo os besouros-verdes — aqueles parentes dos escaravelhos egípcios —, que zumbem, assoviam e se debatem desajeitadamente contra as telas das portas, estão, na verdade, cumprindo uma missão romântica. Às vezes vão parar dentro de casa por acidente e, então, ficam girando loucamente pelo chão como carrinhos de corda. Aquela estranheza insetológica, a carapaça brilhante e o movimento frenético assustam algumas pessoas, mas eu gosto de ouvir as pancadas dos besouros-verdes na mudança das estações.

A primavera significa escassez de comida, pouca luz e muito esforço. Mas o verão é o império do crescimento, a despensa viva do ano, repleta de botões e folhas novas, de procriação e fartura, desenvolvimento e florescência, nascimentos e primeiros vôos. Por esses dias, os patos selvagens parecem dançarinos de aluguel ao cumprirem com seus rituais de acasalamento, o que, às vezes, fazem no gramado. Filhotes de cobras-gárter repousam entre a grama parecendo pedaços de grafite. Morangos silvestres amadurecem em minúsculas fontes de tentação, atraindo igualmente esquilinhos tâmia, coelhos, veados e humanos, todos para o pasto. Uma vasta armada de insetos navega pelos roseirais e as marmotas cavam entre os lírios de caule sarapintado.

Um sem-fim de pássaros parece estar participando de uma audição. Um rouxinol persegue um coelho pelo gramado, atirando-se em vôos rasantes sobre ele, o bico pronto para o ataque. É impossível que o coelho trepe pela árvore para ameaçar os filhotes do rouxinol, mas esses pássaros são criaturinhas ranhetas altamente territoriais. Enormes corvos lustrosos emitem tal ruído que parecem engasgados com pedaços de flanela. Melros reclamam sem parar de cima dos fios de telefone, onde se posicionam como uma sucessão de oitavas musicais. Às vezes tento imitar sua melodia. Mas como cada animal conta com seu nicho vocal (de modo que rãs apaixonadas não conseguem abafar as ameaças roucas de um faisão enfrentando um cachorro), os dias de verão se desvelam como uma sinfonia de Charles Ives cheia daquela cacofonia animada que tanto apreciamos, a balbúrdia musical que nos garante que a natureza segue seu inevitável caminho verde e que tudo vai bem no mundo.

Atraída por um trinado conhecido, olho pela janela da cozinha e vejo um casal de cardeais se banqueteando com as sementes de girassol. Escarlate e de máscara negra, o macho come primeiro, apanhando uma semente, deslizando-a para um lado do bico, onde um quebra-sementes embutido parte a casca e, depois para o lado oposto, onde outro quebra-sementes termina o trabalho. Enquanto isso, a fêmea escura permanece a seu lado tiritando. Inflando as penas e chiando, ela parece indefesa e enregelada, mas, na verdade, está convidando o macho a fazer-lhe a corte. Embora aja como um filhote faminto, ela é perfeitamente capaz de se alimentar sozinha, o que geralmente faz. Esse apelo tão dramático é a maneira clássica pela qual as fêmeas do cardeal (e de muitos outros pássaros) brincam de casinha. Quando os filhotes nascem, os pais têm que alimentá-los ininterruptamente, portanto a fêmea deseja um companheiro que saiba responder aos sinais queixosos de carência infantil. O cardeal macho observa a demonstração da fêmea e inclina a cabeça, como se a estivesse escutando; porém, o que faz realmente é olhar com atenção. Como a maioria das aves tem uma visão *estéreo* deficiente, conseguem enxergar melhor usando um olho de cada vez. Apanhando uma semente gorda, ele saltita até ela e a coloca, cuidadosamente, em seu bico.

Balanço a cabeça e solto um suspiro. Tenho vergonha de admitir, mas, de tempos em tempos, as fêmeas da raça humana são capazes de se comportar com a mesma infantilidade na presença de um macho, e pelo mesmo motivo: convencê-lo, na base das "caras e bocas", a lhe dar um pouco de atenção e sustento. *Está vendo como eu sou frágil e indefesa? Será que um homenzarrão tão forte e grande como você não gostaria de proteger uma pobre coisinha doce como eu?* É patético, mas é verdade. E o pior é que geralmente funciona. Adultos de praticamente todas as espécies mimam e protegem de forma instintiva seus filhotes. Nós, mulheres da virada do século, somos capazes de jurar que não usamos mais esse tipo de artifício, mas, em algum ponto de nossa vida romântica, todas o usamos. Até mesmo a minha vizinha de oito anos de idade, uma cativante garotinha, uma naturalista mirim — filha de uma mãe inteligente, prática, sociável, exitosa, absolutamente liberada e física nuclear e de um pai igualmente liberado e engenheiro do tipo "vamos desenvolver todo nosso potencial" —, participa de brincadeiras com os meninos nas quais escolhe ser a donzela em perigo, que espera que lutem por ela e a resgatem, exatamente como fazem os animais jovens, ensaiando técnicas de cortejo enquanto brincam. E como tanto eu quanto sua mãe sabemos, embora esta seja uma consciência embaraçosa, os homens podem ser manipulados quando agimos de forma indefesa. Por se tratar de uma estratégia de auto-sabotagem e por desejarmos que os homens nos ajudem motivados pelos motivos certos — amor e respeito —, não nos inclinamos àquilo que a maioria das mulheres considera "coisa de perua", mesmo sabendo que ser perua funciona. Não obstante, quando se está numa loja de ferragens, com uma centena de chaves de fenda à sua frente, ou quando se tem que lidar com um mecânico de automóveis ou mesmo com um funcionário público de má vontade, a tentação pode ser bastante forte. Será que a fêmea da raça humana age, ocasionalmente, de forma infantil durante o cortejo pela mesma razão que a fêmea do cardeal, isto é, para testar o potencial do macho para ser pai? É possível. Assim como o homem mais musculoso tende a se comportar como um garotinho quando fica doente, o que automaticamente desperta os cuidados femininos. Ou como os casais que conversam entre si como se fossem bebês, o que torna mais fácil responder a alguém — que, afinal, não é seu parente de sangue — como se estivesse falando com o próprio filho, ou seja, de forma protetora e com amor incondicional. Quando as pessoas estão assustadas ou deprimidas, geralmente retornam a um estado de infantilidade. Sentem-se indefesas como crianças nesses momentos; além disso, demonstrar infantilidade também desperta a proteção instintiva dos demais, exatamente quando mais se precisa dela.

Voltando aos cardeais. Que conclusão podemos tirar de sua disputa? Quando um macho e uma fêmea finalmente se aproximam, a fêmea persegue o macho por toda parte e bica-o agressivamente; ele lhe devolve as bicadas e ambos se envolvem numa espécie de briguinha de amor, antes que ela, finalmente, o aceite. No final, acabarão se acasalando e criando os filhotes; então, para que tanto alvoroço? A não ser que seja uma maneira que ela tem de testá-lo, de certificar-se de que ele será um pai fiel e dedicado mesmo quando as coisas se complicarem, como certamente acontecerá quando chegarem os filhotes. Será que os amantes humanos brigam pela mesma razão?

Esta manhã, dois pintarroxos estabeleceram turnos para alimentar sua ninhada de gritões no ninho que fizeram num teixo perto da porta. Os filhotes não são mais que bocas escancaradas e reclamações. Como é que os pais fazem para não alimentar o mesmo filhote uma e outra vez? Será que, de alguma maneira, mantêm um registro de quais já foram alimentados? Não, não é necessário. Os pássaros têm um reflexo que os obriga a fazer uma pausa entre um bocado e outro. Se um pai pintarroxo põe uma minhoca na boca de um filhote recém-alimentado, a minhoca ficará lá e não será engolida. Então, o pai simplesmente tira a minhoca e dá a um filhote diferente.

Ali perto, o jardim de lavanda é um covil de ladrões onde dúzias de abelhas rechonchudas remexem as flores. Vestidas com seus suéteres amarelos, as abelhas não são imponentes e metódicas com relação ao seu trabalho; ao contrário, são bem desajeitadas. Derrapando pelas pétalas trêmulas, elas conseguem apanhar um pouco de néctar, mas também se besuntam de pólen ao adernar para fora das flores. Pairam no ar por um momento e, então, mergulham de cabeça nas flores seguintes, passando o dia num festival de quedas recuperadas. Raramente se nota a incerteza das abelhas, que chafurdam e escorregam nas flores, ou a maneira como as pétalas são tão delicadamente balanceadas que parecem firmes, mas são capazes de se mover e balançar bruscamente sem se romper. O propósito desse design é incomodar a abelha.

O propósito desse design é incomodar a abelha, reforço para mim mesma. A abelha, supostamente, não deve ficar confortável, segura ou feliz; deve se lambuzar de pólen. Se a abelha sofre ou não, é irrelevante. O mesmo acontece na evolução da ansiedade, preocupação, sofrimento, depressão e demais estados de desgaste emocional. Às vezes é fácil esquecer que nosso cérebro evoluiu para solucionar problemas básicos da Idade da Pedra, tais como arrumar um companheiro, encontrar alimento, estabelecer laços de parentesco, desenvolver uma linguagem, cooperar com outros membros da tribo, compartilhar comida, enfrentar o meio ambiente e lutar para manter com vida a si mesmo e a prole. Problemas vitais à nossa sobrevivência. Tivemos que criar métodos inteligentes de lidar com eles: amor e ódio, uma panóplia de defesas, blefes e ataques preventivos, vias de escape, artimanhas duvidosas, insinuações sedutoras, um gosto pela fraude, uma tremenda dose de empatia, a perspicácia de um arrombador de cofres, eficácia a ponto da compulsão e muitas outras estratégias básicas que produziram os sistemas climáticos emocionais que somos atualmente.

É fácil pensar na evolução como uma sociedade secreta dominante, a cujos estatutos obedecemos sem, no entanto, conhecer direito. A variedade é sua garantia, *esteja preparado* é seu lema. Sua única instrução — evite o nocivo, deseje o útil — nós seguimos não de forma racional, mas sim por instinto. Contudo, a evolução é infinitamente mais sutil e mais complexa do que pensava Carlyle. Como possuímos uma mente versátil, criativa, que acalenta idéias e abomina o tédio, não existe nada que apreciemos mais do que começar com uma melodia simples e transformá-la numa floresta de sons. Dessa forma não sentimos as rédeas do instinto. Quando, através da razão, dos ensinamentos religiosos ou da total e absoluta necessidade, passamos por cima do governador de tais instintos, nos sentimos zonzos e sem limite, como se galopássemos livremente. Uma das coisas de que mais aprecio nos seres humanos é o fato de que não gostamos de seguir as regras do jogo. Sabemos quais são muitas dessas regras. Uma delas, por exemplo, é a de que estamos ancorados à terra: engatinhamos nela quando bebês, caminhamos por ela quando adultos, curvamo-nos cada vez mais em sua direção na velhice até que, finalmente, retornamos a ela. Essa lei fundamental nos irrita e intriga e, portanto, criamos formas engenhosas para evitar a evolução e voar, coisa que não nascemos para fazer. Há instintos que nos movem contra toda a racionalidade, alguns que nos atormentam como uma alergia e outros que, simplesmente, nos recusamos a seguir e que combatemos, numa luta aberta, aparentemente, contra fantasmas.

Ansiedade, temor, pânico, aversão, depressão. Uma pequena lista dos demônios de nossa época. Ficamos ansiosos só em citá-los e a maioria das pessoas rapidamente seguirá algum ritual, usará um amuleto ou entoará palavras mágicas para manter esses demônios afastados. Mas eles nos alertam sobre perigos potenciais e, dessa forma, podemos nos preparar. Na verdade, o buquê de nossos gostos e características prediletos, assim como o bestiário de nossos comportamentos negativos, se desenvolveu numa época em que os seres humanos viviam em pequenos bandos de caçadores-coletores-carniceiros. Para nós, a vida que eles levavam parece árdua e incerta, mas só Deus sabe o que eles pensariam da nossa. O único problema é que nós ainda navegamos segundo seus mapas, ainda reagimos segundo seus instintos, ainda agimos como caçadores-coletores, apesar de enfrentarmos problemas com os quais eles não teriam se deparado, entendido ou considerado.

Deixando os séculos de lado e mergulhando de costas no poço do tempo, imagino os pequenos bandos de seres humanos dos quais todos na Terra descendemos. Nossos terrores são seus terrores; nossas fomes, prazeres e preocupações são os seus. Falamos a mesma língua emocional. Apenas alguns detalhes mudaram — como nosso vocabulário — para que pudéssemos lidar com a vida cotidiana; nossa gramática emocional, porém, não mudou em absoluto. Carregamos muitos dos mesmos fardos psíquicos; o que difere é a mochila, a forma como a enchemos e onde a descarregamos. Estamos preparados para o mundo deles, não para o nosso, e a palavra *pressão* dá apenas uma leve idéia de como nos sentimos emocionalmente desequilibrados, mal adaptados e restringidos quando tentamos improvisar usando nossas ferramentas obsoletas.

A ansiedade, esse terrier masoquista que nós mesmos criamos, teve um papel fundamental na vida de nossos ancestrais, alertando-os contra as ameaças potenciais para que pudessem planejar uma reação. "Pode haver um tigre naquele pasto" seria a linha de pensamento instintiva, "porque parece ser o tipo de pasto em que os tigres costumam se esconder. Se *realmente* houver um tigre lá e ele me atacar, o que vou fazer? Será que vi o mato se mexer? Acho que não. Por outro lado, talvez devesse checar de novo." Atacando aquilo que mais prezamos, a ansiedade crônica aos poucos embrutece nossa sanidade, nos faz gastar calorias desnecessariamente, atrapalha o trabalho e prejudica o organismo, inundando os tecidos com cortisona, o hormônio do estresse. É uma estratégia custosa essa. A preocupação obsessiva com tigres que não existem pode, de fato, levar a uma praga de doenças relacionadas ao estresse; porém, ignorar um só tigre faminto poderia resultar em morte instantânea. Como ressaltam Nesse e Williams em seu livro *Por que Adoecemos,* os detectores de fumaça são uma encheção de saco — estão sempre quebrando, disparando desnecessariamente enquanto se cozinha, é uma dificuldade verificar as pilhas todo santo mês e, por anos a fio, não fazem nada além de dar trabalho e juntar poeira; contudo, se uma só vez salvarem sua vida, já terão valido a pena. A evolução joga os riscos contra as vantagens. É preferível agonizar o tempo todo por causa do tigre a equivocar-se numa única e fatal oportunidade. Portanto, nossa psique está repleta de detectores de fumaça e estamos sempre reagindo a seus alarmes falsos. O sacrifício de nosso espírito, esperança, saúde e bem-estar não importa, o que importa é sobreviver o suficiente para deixar herdeiros. Infelizmente, à medida que nossa vida se dobra e desdobra como um pássaro de origami, nos enfrentamos tanto a incertezas profundas quanto a dúvidas triviais: os possíveis efeitos nocivos do flúor, um teste nuclear no Pacífico Sul, rumores de aumento nos impostos, o que vestir num primeiro encontro, a preocupação de que o caroço em seu seio seja um câncer e a garantia de que a tampa da lixeira está bem presa, para que os guaxinins não façam uma bagunça que os lixeiros se recusem a limpar. Nosso gosto pela ansiedade não é capaz de filtrar o que é realmente importante. Todos os dias há um verdadeiro banquete para a ansiedade, com desfiles freqüentes de dores e contrações. Não importa se a ocasião é propícia ou não. A ansiedade ataca mesmo quando não precisamos dela, não a queremos ou não sabemos como detê-la. Mesmo quando é uma reação grotesca e autodestrutiva a um acontecimento sem grandes conseqüências. Os temores primitivos nos assombram. Houve um tempo em que fazia sentido ter medo de altura ou de sair de casa, e um ataque de pânico nos mantinha em segurança. Mas não agora, na era dos vôos, arranha-céus e viadutos. Não agora que a maioria das pessoas tem que sair de casa para procurar alimento, adquirir status, buscar recursos, participar da comunidade e encontrar um parceiro adequado e igualmente ansioso.

A ansiedade quanto a um relacionamento é a pior de todas, mas, no final das contas, funciona como um salva-vidas. Assim como a dor física nos alerta sobre um dano potencial ao organismo, a dor emocional nos ajuda a evitar mais ameaças complicadas à vida e ao corpo. Quando se tem que enfrentar a fome, os elementos, disputas territoriais e animais selvagens, a única esperança está em pertencer a um grupo familiar leal. A pungente necessidade de pertencer a um grupo se torna um instinto tão rígido quanto uma rocha. Não pertencer ao grupo é uma daquelas coisas a temer e com que se preocupar infinitamente. Checamos o tempo todo se somos queridos, se não seremos abandonados, se não seremos sacrificados caso animais selvagens ataquem e se não vamos ser deixados para trás, para morrer de fome.

Pode ser que, na maior parte do tempo, esses temores sejam neuróticos e infundados; mas se interpretarmos mal os sinais de alerta, ainda que uma só vez, poderemos morrer. Portanto, evoluímos a ponto de monitorar os relacionamentos de maneira obsessiva, preocupar-nos com eles desnecessariamente, exigir gastos demais, promessas e garantias, chegar a extremos para nos adaptar à sociedade, entristecer-nos quando nos sentimos *isolados* ou *alienados*, nos preocupar irracionalmente com as relações e, eventualmente, nos matar devido a tanta preocupação.

No mundo inteiro, 12,4 de cada 100 mil seres humanos tirarão a própria vida. Em países afluentes, esse número se eleva a 20 em cada 100 mil. Alto demais para ser uma mera coincidência. Principalmente se considerarmos a prevalência do suicídio entre os outros animais. Isso deve conferir algum tipo de vantagem evolutiva. Alguns suicídios podem ser desencadeados por uma crença, real ou imaginária, de que os entes queridos serão beneficiados (geralmente os suicidas se comportam de forma abnegada, alegando que os amigos e a família "ficarão melhor sem ele"). Outros suicídios podem ser o resultado extremo de um útil dispositivo hereditário: a depressão. Para a evolução, a grande construtora de psiques e de cidades, a melancolia faz sentido.

Ao depararmos com adversidades horríveis ou ansiedades desconhecidas, os mais vulneráveis dentre nós se deprimem. É, de certa forma, uma hibernação temporária. O corpo tem estratégias para economizar energia. Sobrecarregada pelo estresse, a pessoa se reduz a um estado de baixa energia, falando e se movendo pouco. À noite, quando dormimos, também estamos economizando energia. A fome provoca a mesma reação de inércia e de preservação. A depressão, além disso, traz à tona preocupação e cuidado e os demais tendem a ser tolerantes com a pessoa deprimida, que pode ignorar as regras normais da sociedade, deixar de cumprir com as mesmas expectativas, horários ou obrigações. Sou uma criança indefesa, diz sua postura, proteja-me, poupe-me de mais estresse, abrace-me, diga ao mundo que não estarei disponível durante algum tempo.

Além de felicidade, serenidade, alegria, animação, excitação e desejo, pode parecer que não desenvolvemos muitas emoções positivas ou, pelo menos, que desenvolvemos uma gama maior e mais complexa das negativas. Isso pode ser devido a que, quando tudo vai bem e o mundo nos provê sustento e oportunidade, poucas respostas são necessárias. Mas imagine todos os males que podem se abater sobre um indivíduo: doenças, predadores, fome, lesões, abandono, derrota perante inimigos, morte do companheiro, plantas venenosas, perda de território, ambientes nocivos e, inclusive, a própria morte. Para lidar com esse retrato potencialmente perigoso, desenvolvemos uma imensa variedade de respostas. Somos otimistas, no fundo. Isso é o que nos sustenta durante relacionamentos conturbados e momentos difíceis. Desde que haja esperança, somos capazes de agüentar qualquer coisa. Esperança: a pequena renovação do ânimo. Como já foi provado por Martin Seligman e outros, até mesmo o otimismo adquirido pode ter um papel importante em afastar a depressão. A psiquiatra sueca Emmy Gut acrescenta um ponto importante ao ressaltar que um enredo infalível para a depressão é quando alguém descobre que uma estratégia que seguiu durante a vida toda é falha e que não existe nenhuma alternativa razoável a ela. A depressão representa o importante papel de nos obrigar a fazer uma pausa e reconsiderar nossos hábitos e objetivos. Consideramos a baixa auto-estima como um problema, mas, assim como todo sofrimento, ela também traz alguns benefícios. A auto-estima nos ajuda a aproveitar as oportunidades, a tirar o melhor proveito possível do ambiente em que vivemos e a progredir. Mas se nossos ancestrais houvessem sido confiantes em todas as circunstâncias, teriam se arriscado demais — aventurando-se sozinhos na floresta, por exemplo — ou poderiam ter se sentido tentados a provocar brigas, a desafiar os líderes, a não se incomodar com negociações ou a criar uma série de outras confusões sociais. Nada era mais perigoso que ser um proscrito e perder a segurança e o apoio do grupo. Ainda tememos esse isolamento mais que qualquer outra coisa. Durante grande parte de nossa evolução, ser um exilado era fatal. Não é de admirar que a solidão nos assuste tanto. Embora ser excluído já não seja mortal, é algo que ainda causa dor e medo e oculta um terror primitivo. Atinge um ponto nevrálgico que ultrapassa o tempo até chegar a um mundo anterior aos humanos, um mundo remoto que nos legou um saco de truques que mal compreendemos, mas que apreciamos, que nos confundem e que, geralmente, não sabemos usar da forma correta.

Caso contrário, tudo vai às mil maravilhas e continuamos perseguindo a felicidade como a presa esquiva que ela é. As pessoas que telefonam para o Centro de Apoio raramente mencionam a felicidade, mas são freqüentemente assombradas por sua perda ou pelo medo de que isso aconteça. Que estranho viver num país cuja Constituição nos *garante* o direito de buscar a felicidade. Numa pesquisa recente realizada com trinta e nove culturas diferentes e publicada na revista *Psychology Today*, os Estados Unidos ficaram em décimo segundo lugar quanto à felicidade percebida. Os cidadãos da Dinamarca, Finlândia, Noruega e Suécia foram considerados os mais felizes, a despeito do clima melancólico — talvez por terem um alto padrão de vida, bons sistemas de saúde e de educação e um baixo nível de criminalidade. Luxemburgo e Singapura também foram bem colocados, enquanto, surpreendentemente, as pessoas na França e no Japão disseram estar entre as menos felizes. Muitas culturas não esperam ser felizes, embora sejam gratas por seu estado de graça como se fosse um bônus bem-vindo e surpreendente em sua vida. Em países coletivistas como a China, o desejo individual pela felicidade é considerado egoísta e, portanto, não é prioritário. Mas nós esperamos ter felicidade, buscamos por ela, nos sentimos miseráveis na sua ausência e sofremos pelo fracasso. Em nossa cultura, ser infeliz é esquivar-se de sua responsabilidade civil. Se você pode ser infeliz, então seu vizinho também pode e isso passa a ser uma ameaça; daí advém a jovialidade constrangida da "happy hour", das festas de aniversário e demais comemorações. Os budistas também buscam a felicidade, mas numa jornada que dura a vida inteira, utilizando-se de meditação, transcendência e de certas verdades, como a de que a felicidade não é simplesmente ter o máximo de prazer possível, ou mesmo de atingir a ausência de dor e desprazer, mas um estado de curiosidade afetuosa, no qual se acolhe de bom grado o que Jon Kabat-Zinn chama de a "catástrofe completa" de sua vida. Por mais pessimista que pareça, Freud dizia que o que realmente buscava alcançar com a terapia era a volta do paciente ao estado de "infelicidade comum" em que a maioria das pessoas vive. Albert Schweitzer, cinicamente, concluiu que a felicidade não era nada mais que memória fraca. Em momentos especiais, às vezes nos sentimos serenos, calmos, relaxados. Chamamos esses breves momentos de *felicidade*, um monstro adorável cujo humor é tão raro quanto volúvel e que simbolizamos usando balões. Quando você está feliz, existe alguém sendo magoado pelo mundo. É claro, pode ser apenas um tipo de descanso biológico, o corpo tentando economizar seu estoque limitado de energia. Sentimentos negativos queimam calorias preciosas; portanto, o fato de não sentir dor ou de não se sentir ameaçado é prazeroso, principalmente se também existe a perspectiva de receber comida, abrigo, acolhimento e bom sexo.

O que continua me surpreendendo é como essas forças — tão bitolantes, primitivas e poderosas quanto glaciares — podem ser modificadas, por opção ou pelas circunstâncias, de modo a produzir indivíduos peculiares cuja vida é inigualável e imprevisível. Por mais tentador que seja pensar que a evolução se deteve em nós, sua glória suprema, no esquema geral da vida somos apenas recém-chegados. Os dinossauros vagaram pela Terra durante milhões de anos e, no entanto, os consideramos fracassos evolutivos. E nós? Nossa evolução não é rápida o suficiente para que possamos vê-la no período de nossa vida, mas ainda está em progresso, lenta demais para se notar, enquanto dormimos, jogamos, desejamos, tememos, aprendemos, trabalhamos e sonhamos. Só Deus sabe em que nos transformaremos. Vivemos no vértice de dois mundos: o fóssil e o moderno; não admira que com tanta freqüência nos sintamos desequilibrados. Às vezes brinco sobre isso com Paul, dizendo coisas do tipo: *Vou sair para coletar com as meninas, querido; por que você não caça um porco-do-mato enquanto isso?* Então pode ser que ele responda: *Espere um pouco... nós comemos porco-do-mato ontem. Que tal eu encontrar uma carcaça fresquinha?* E, então, ele acrescentaria com um brilho mentiroso no olhar: *Mas uma coisa eu te digo: ninguém sabe preparar antílope podre como a minha mãe.*

Ah, Mildred. Que mulher notável era ela, alguém que conseguiu transpor os séculos e viver bem até seus noventa anos, dando aulas de música a todas as crianças de uma cidadezinha de mineração de carvão nas Midlands da Inglaterra. Ainda sorrio ao lembrar a visita que lhe fiz nos anos 70 (ela já estava com mais de oitenta anos) e de como, em vez de uma geladeira, ela utilizava uma placa de pedra no porão, exatamente como havia feito durante toda sua vida. Naquela despensa medieval quase se endurecia a gelatina e a carne era mantida fresca, mas não congelada. Contas bancárias eram coisas que a aterrorizavam, e o telefone, um instrumento potencial para a eletrocussão. Porém, posso dizer que ela levou numa boa a ocasião em que, por engano, achando que um clássico seria a escolha mais segura, levei-a para assistir a uma versão cinematográfica de *Os contos de Canterbury*, só para descobrir, quando já estávamos sentadas e o filme começado, que se tratava da versão pornográfica de Pier Paolo Pasolini. Isso sim que é um pesadelo: conhecer a mãe octogenária do namorado e levá-la para ver um filme pornô. Eu mal podia acreditar no que estava vendo e, de quando em quando, lançava uma prece silenciosa: *Pelo amor de Deus, chega de cenas de sexo oral.* Mas, como eu disse, ela levou, surpreendentemente, numa boa e, quando o filme terminou, ela disse, simplesmente, com uma risadinha: — Não era exatamente assim que eu me lembrava da história, querida.

—

A manhã está tão agradável que decido ir de bicicleta até o Centro de Apoio, a cerca de cinco quilômetros de distância. Seguindo por uma estrada de campo, de repente me encontro sob um esquadrão de pintassilgos, movendo-me à velocidade deles como se fizesse parte do bando. Então noto o espinheiro de cardo, fino e comprido, à margem da estrada, com suas folhas pontiagudas e flores azuis cheias de néctar. A semente do cardo é a favorita dos pintassilgos. Eu entrei no universo deles e viajo em sua companhia. A um só tempo, todos fazem uma curva fechada e desaparecem. Em outra ocasião, meses atrás, havia maçãs recém-caídas espalhadas às margens do caminho e a sensação era de estar atravessando um túnel feito delas. Agora me lembro daquele lugar pela intensidade do aroma que ali encontrei; é um marco invisível. Quando saio de bicicleta pelo campo, fico rodeada de sons: a rã verde que parece alguém tocando uma única corda de um banjo, as cigarras improvisando músicas com as asas e a infinidade de aves fazendo audições para a ópera do próximo verão. Não resisto e acrescento meu próprio sonido ornitológico, acionando algumas vezes a campainha da bicicleta, *trim, trrrim, trrriiiiimm,* antes de seguir adiante.

CAPÍTULO 6

A Forma do Fogo

Contagem regressiva, penso ao digitar o mais recente código numérico na trava da porta: 9876. Por motivos de segurança, os números mudam regularmente e tenho que inventar uma técnica de memorização para cada um. Alguns orientadores, que lidam com números em seu trabalho, têm facilidade para memorizar um código novo. Outros como eu precisam de um artifício para acessar algo tão abstrato nos compartimentos de sua memória predominantemente visual. Antes de *contagem regressiva*, foi *quarteto* (4444); antes disso, *rosa-dos-ventos* (quatro números, localizados a norte, leste, sul e oeste do mostrador); antes disso, *um bis-coito* (128); e antes desse, meu primeiro código como orientadora, *primeira, válida, válida, home run* (1004). À primeira vista não parece fazer muito sentido, mas eu estava me lembrando de quando era pequena e vivia num bairro residencial de Chicago, e da vez que meu pai levou a família toda de carro até Miami Beach para passar as férias. A viagem parecia não acabar mais e, para passar o tempo, meus pais inventaram uma porção de jogos e brincadeiras. Um que meu pai e meu irmão jogavam muito era "Beisebol", no qual os números das placas dos carros que passavam por nós representavam a pontuação obtida pelo rebatedor. Um número "1" queria dizer que o rebatedor havia conseguido atingir a primeira base; "2", que chegara à segunda base; "3", à terceira base; "4", que havia feito um *home run,* ou seja, rebatera a bola para fora do campo; e "0" significava uma bola válida. Portanto, 1004 significava *primeira, válida, válida, home run.*

Ao entrar, escuto a equipe numa reunião de almoço na sala de reuniões, no primeiro andar. Finalmente, alguém cobriu a lâmpada nua no teto com um cone de vidro; apesar disso, o lugar continua parecendo uma sala de aula pobre, com quadro-negro, mural de avisos e mesas de madeira ajuntadas numa ilhota rodeada por cadeiras desconjuntadas. Amplas janelas deixam entrar a luz matinal. Pendurada na parede, no fundo da sala, há uma fotografia colorida e ampliada de um orientador que morreu tem alguns anos fazendo um *trekking* no Tibete. Já passou tempo suficiente desde a morte para que alguém colasse, na parte inferior da moldura, uma pequena foto de um bebê sorridente — coisa que ninguém achou estranho. A vida tem suas entradas e saídas, parece dizer aquele altar improvisado.

Entra-se na sala de reuniões atravessando o escritório da diretora — uma mulher animada, praticante de artes marciais, dançarina de suingue, com longos cabelos negros e uma quantidade infinita de energia. Criada pelos pais psiquiatras nas imediações de um hospital psiquiátrico, ela cresceu tendo como amigos pessoas profundamente perturbadas e doentes mentais, o que a dotou de uma facilidade inabalável para lidar com todo tipo de gente. Está acostumada até mesmo com os estados mentais mais extremos e, em geral, não se sente ameaçada. Entre seus amigos há praticantes de *cross-dressing,* esquizofrênicos e maníaco-depressivos, além dos indivíduos mais "comuns". É o histórico perfeito para o diretor de um serviço de intervenção em crises. Ela sempre usa uns brincos com o formato da África, onde passou anos importantes de sua vida, primeiro trabalhando como profissional da saúde e, posteriormente, como voluntária do Peace Corps antes de voltar para os Estados Unidos e ter vários empregos na área da saúde mental. Seu escritório é um pequeno museu de esculturas de madeira vindas do Burundi, Zaire,

Ruanda e outras localidades. Divorciada, dois filhos, adora crianças e ainda se lembra com carinho do tempo que passou na África fazendo partos numa praia à luz da lua, posicionando as parturientes de frente para o declive, na areia, como era o costume das mulheres locais por motivos de higiene. — Dá certo com a minha gata — ela brinca, falando do asseio inerente a essa tradição.

No andar de cima, Mikhail já começou a guardar seus cadernos, arrumar a mochila e a sacolinha com o almoço. Aluno do segundo ano de veterinária, ele usa um boné do time de beisebol dos Yankees de trás para a frente, um moletom vermelho velho com o logotipo da escola já quase apagado, tênis de cano alto preto e branco ligeiramente esburacados e uma argolinha de ouro na orelha direita. É o código de vestimenta estudantil dos anos 90.

— Gostei dos tênis — digo.

— Meu pai diz que eles têm mais furos que um queijo suíço. — Ele ri, fingindo orgulho.

— Pergunte o que *ele* usava para ir à escola. — O pai deve ter feito faculdade nos anos 70: camisetas *tie-dye*, jaquetas bordadas, óculos escuros facetados, calças jeans de cintura baixa e boca-de-sino.

— É verdade — ele responde com um tom de "pois é". — Não vá cair em nenhum trote, tá? — Ele diz e começa a descer a escada barulhenta.

— Como se eu soubesse distingui-los! — grito para ele enquanto jogo minhas coisas no sofá-cama da sala de atendimento e me posiciono à mesa. Pego da bandeja um caderno etiquetado como "Alerta Vermelho" e abro na primeira página. No começo de cada turno, o orientador lê o Alerta Vermelho e o Boletim da Sexta-Feira, dois cadernos através dos quais os funcionários se comunicam diretamente com todos os orientadores. O Boletim da Sexta-Feira se refere às reuniões, realizações ou negócios do serviço, enquanto o Alerta Vermelho informa a todos sobre possíveis suicidas que tenham telefonado na semana anterior. Hoje encontro esta anotação:

> Tivemos um começo de ano muito difícil em 1995. Primeiro, foi o assassinato de Steve Starr e o suicídio do jovem que atirou nele em Dryden. Alguns dias depois, Fred Williams se matou com um tiro em Brooktondale. Na noite passada, recebemos a notícia de que um aluno universitário morreu enquanto esquiava durante as férias. Tem um monte de gente sofrendo por aí. Provavelmente continuaremos recebendo telefonemas referentes a essas tragédias. Escute e reflita, reflita, reflita. Ajude as pessoas a entenderem que tudo o que estão sentindo é *normal,* sejam

pensamentos ou imagens recorrentes, culpa, tristeza, insônia etc. É difícil aceitar o fato de não saber, de não entender o "porquê" disso tudo. Algumas pessoas telefonam porque não se sentem *no direito* de sofrer, posto que não eram próximas à vítima. Não é bem assim. Estimule-as a continuar telefonando para o SP para desabafar sempre que precisarem. A cicatrização pode levar meses, anos.

Sábias palavras, provavelmente escritas por Kate, a maravilhosa loura-platinada que treina os novos orientadores. De algum jeito Kate consegue reunir exuberância e generosidade com seriedade, o que faz com que ela seja uma companhia deliciosa. Durante os treinamentos, ela freqüentemente assume o papel de pessoas que telefonam para o serviço — a despeito do interesse ou mesmo da patologia que possam ter — e se torna uma bêbada convincente, uma depressiva razoável, uma deficiente mental crível, uma psicopata assustadora, uma mãe sinceramente preocupada ou uma esquizofrênica persuasiva sofrendo alucinações. Nunca parece atuação, mas sim um ato de suprema empatia. Desconfio que isso, em parte, seja devido às suas experiências com pessoas assim que ela atendeu ou que fizeram parte de sua vida; no entanto, como não sei com certeza, tenho um pouco de vergonha de perguntar a ela. O que sei é que ela criou três filhos, superou um divórcio e teve que lidar com doenças na família; ou seja, teve amplas oportunidades de enfrentar todos os tipos de problemas e de personagens. Sob sua anotação no Alerta Vermelho alguém acrescentou uma segunda nota:

Chamada do diretor do Colégio Pearson. Suicídio de um professor na semana passada. Pede apoio e orientação pós-trauma.

Parece tão esparsa essa referência telegráfica. Quem será o professor?, penso. Era homem ou mulher? O que será que ensinava? Era hétero ou homossexual? E, o mais importante, o que teria feito com que se suicidasse? Kate tem razão, é difícil aceitar não saber o porquê das coisas. Vale para a vida e vale para a morte.

Toca o telefone da linha de apoio.

— Serviço de Prevenção ao Suicídio e de Apoio Emocional — digo, anotando a hora numa folha de papel-rascunho. — Posso ajudar?

— Oi, como você está? — pergunta uma voz de barítono. É difícil decifrar a idade.

— Estou bem; e *você*, como está?

— Não estou muito bem, não é? Se estou ligando... O que você acha?

Para mim parece que ele está um tanto irritado e na defensiva, então tento me preparar para uma dose de confronto. Porém, o que digo é: — O que fez com que telefonasse? Você tem alguma idéia?

— É que... parece que a patroa... abandonou o recinto.

— Você está dizendo que sua mulher te deixou? — Ele deve estar se sentindo péssimo.

— Sim. — O silêncio que segue não dura muito, mas é pesado como um tambor de aço. Não apenas somos prisioneiros dentro de nossa pele, também nossas emoções ficam presas por trás da cerca elétrica da linguagem.

— E como você está se sentindo?

— Bem, estou confuso, furioso, me sentindo meio culpado — ele diz lentamente, sem muita emoção. — Sei lá... Estamos casados há um tempão. Tudo parecia ir bem. Eu sei que ela não está contente com a nossa situação financeira, mas... — Um longo silêncio.

— Parece que isso te pegou de surpresa.

— Foi. Olha, eu cheguei em casa e... você sabe, tivemos uma discussão, há alguns dias, como sempre, e ela me acusou de ser calado e não sei o que mais, e que eu nunca me abro e que não falo sobre meus sentimentos etc. Ela disse que não agüentava mais viver com alguém que não "brigava direito". Agora, que raio significa isso de "brigar direito"?

— O que você acha que ela estava querendo dizer?

— Imagino que na cabeça dela brigar direito significa que eu deveria falar alto, gritar, jogar coisas, "mostrar as emoções", como ela costuma dizer. Mas eu acho que isso não dá resultado nenhum. Por que, simplesmente, não resolvemos as coisas de forma racional? Não faz nenhum sentido perder o controle.

Então, penso, em vez de perder o controle, perdeu a mulher. Mas consigo entender a situação dele; também detesto brigas cinematográficas.

— Então vocês tiveram essa discussão há alguns dias e daí você descobriu, hoje, que ela tinha ido embora?

— Hum-hum. Quer dizer, deduzi que ela tivesse ido embora. Ela não está em casa. Não vejo a bolsa nem o casaco dela. Imagino que tenha ido embora. Claro; por outro lado, posso estar tirando conclusões precipitadas. Pelo que eu sei, ela poderia ter ido à casa da mãe. Não tenho certeza.

Pela primeira vez, desde que atendi ao telefone, começo a enxergar a pessoa com quem estou falando: um homem de trinta e poucos anos, altura e constituição medianas, cabelo castanho liso começando a rarear no topo da cabeça, rosto quadrado e o costume de mexer os dedos como se estivesse rodando uma moeda pelas articulações.

— Você parece nervoso pelo fato de que ela possa ter ido embora. Considera isso uma possibilidade real? Há quanto tempo ela saiu de casa?

— Ah, a última vez que a vi foi ontem, por volta do meio-dia. Então, já faz quase vinte e quatro horas. Mas tenho pensado nisso. Não consigo entender. Será que é alguma coisa biológica das mulheres, que elas não sejam capazes de conter as emoções e fiquem fora de si? Quer dizer, você é mulher... me diga, o que *você* acha?

O que eu acho das mulheres não vai ajudá-lo a lidar com problemas exclusivos de seu casamento. Como era aquela frase que Tolstoi escreveu em *Anna Karenina*? "Todas as famílias felizes se parecem, mas cada família infeliz é infeliz à sua maneira."

— Você está me perguntando isso porque quer saber se posso te ajudar a entender o que faria sua esposa perder a cabeça e ficar tão nervosa? — pergunto.

— Bem, é quase como se ela quisesse que *eu* perdesse a cabeça.

Embora saiba que começamos a passar para o lado da terapia, respondo:

— Você acha que ela poderia estar tentando provocar uma briga? Por que acha que ela faria isso?

— Bem, talvez para ter uma desculpa para ir embora, entendeu?

Um elemento perturbador dessa conversa é a passividade que ele demonstra. Ele deve estar explodindo por dentro — qualquer um estaria —, mas a voz não reflete as emoções. Talvez eu devesse ajudá-lo a tentar expressá-las com palavras. — Deixe eu te perguntar uma coisa: enquanto estamos conversando, sua voz tem estado muito calma, mas o que você está me contando parece bastante sério, parece estar te incomodando profundamente. Só penso no que estará sentindo nesse momento, se está sentindo a perda, talvez um pouco assustado...?

Com a voz falhando, ele diz: — ... É que... e se ela tiver *mesmo* ido embora? O que vou fazer sem ela? — Uma breve fungada.

— Você está com medo — repito.

— Sim.

— Parece assustador mesmo. Deve ser duro não saber o que aconteceu, ter medo que ela tenha ido embora, mas não saber ao certo. Quais são seus planos para hoje e para amanhã, enquanto espera para ver se ela volta?

Nesse ponto, o rabisco de linhas cruzadas que comecei a desenhar no início da conversa já se transformara numa casa holandesa de telhado saliente, com um jardim de flores sobrenaturais. Desde criança, meus rabiscos sempre incluíram essas flores em moitas, com botões e pétalas em cascatas, e essa mesma casa estilizada. Pela primeira vez me ocorre que também meus sonhos quase sempre incluem uma casa. Nunca a mesma e nunca a minha casa verdadeira. As mansões da mente têm tantos cômodos...

— Não sei ao certo. Assistir à TV, acho. Vou trabalhar hoje à tarde. Ver se ela estará aqui quando eu voltar. Mas pensarei nisso o tempo inteiro.

Não sei que tipo de trabalho ele faz, mas isso não importa. Ele vai precisar do apoio dos amigos. — Você tem algum amigo com quem possa passar um tempinho?

— Tenho um amigo do trabalho com quem saio, às vezes.

— Você acha que ele entenderia o que você está passando?

— Não sei. Talvez. Mas como é que vou contar para ele que a minha mulher me abandonou? Não posso fazer isso!

— Aposto que ele entenderia. Você quer, talvez, ensaiar comigo? Como você poderia começar a conversa com ele? — Durante alguns minutos, ele pratica maneiras de contar ao amigo. Decide ligar para a casa da sogra, para o caso de a mulher ter ido para lá. Discutimos o que ele poderia fazer se, e quando, a esposa voltar para casa.

Gosto de conversar com esse cara. Pessoas assim geralmente sabem expressar os sentimentos; seus problemas, ainda que terríveis, fazem sentido e elas estão abertas às sugestões de como resolver as coisas. Isso faz com que a chamada seja gratificante para o orientador, que sente que conseguiu alguma coisa, ainda que não vá mudar a vida da pessoa que telefonou. Veja bem, todos os orientadores têm seus favoritos. Alguns adoram conversar com pessoas com retardo mental porque elas são infantis, e porque o fato de acalmar suas preocupações e ajudá-las a realizar pequenas tarefas significa muito. Um telefonema desse tipo, ao qual atendi uma vez, foi de uma mulher que falava com uma voz extremamente difícil de entender. Ela contou que tinha hora marcada para fazer uma "ligação das trombas", mas que ela não sabia direito o que isso significava e que estava apavorada. Respondendo à sua longa lista de perguntas, assegurei-lhe que se tratava de uma operação muito comum, que ela não iria sentir nada porque ficaria inconsciente enquanto os médicos trabalhassem, que aconteceria num hospital, que a recuperação seria rápida e que, depois, ela não poderia ter bebês. Ela também queria saber todos os detalhes cirúrgicos e quanto iria doer — dois temas que contornei —, e, então, ela se lembrou de que conhecia uma mulher que havia passado pela mesma operação e que sobrevivera sem nenhum problema, dizendo que tinha sido moleza. Ela era categórica quanto a não querer bebês. Como estava muito ansiosa sobre aonde ir, e quando, e sobre o que deveria fazer antes, montamos, juntas, uma lista de perguntas. Encontramos o número do telefone de seu médico e concordamos que ela pediria para falar com a enfermeira. Em muitos aspectos, foi uma chamada simples e muito fácil ajudá-la a enfrentar aquele dia.

Há orientadores que apreciam a meticulosidade e a animação que os esquizofrênicos são capazes de demonstrar, e uma estratégia para lidar com eles é fazê-los retornar ao mundo real, se possível, prendê-los à realidade fazendo-os concentrar-se na cadeira em que estão sentados, nos sapatos que estão usando ou, talvez, no que comeram no almoço. A tentação (em parte por ser tão absurdamente interessante) é a de perguntar-lhes o que seu cachorro falante está dizendo naquele momento, ou quantos diabinhos eles estão vendo na cortina. Alguns orientadores formam praticamente laços de família com pessoas que atendem com certa freqüência, os quais ocasionalmente se transformam em amigos, supõem que todos nós sabemos sobre seu caso e geralmente ligam para ver como estamos. Todos nós adoramos o "Saxofonista", um diabético maníaco-depressivo com uma vida dura, repleta de injeções de insulina e de outros medicamentos, mudanças de humor, surtos recorrentes de cegueira, mágoas não resolvidas devido ao suicídio da irmã mais velha e uma infinidade de problemas de família, amorosos e burocráticos. O principal deles é o fato de estar absolutamente cansado de viver doente; e quem poderia culpá-lo? Sarcástico e cativante, com um senso de humor levemente mórbido mesmo quando está irritado ou deprimido, ele tem um espírito indomável no que diz respeito às mulheres, parece estar sempre envolvido em algum tipo de romance curioso e complexo. Uma vez, ele telefonou após uma mudança de antidepressivo, sentindo-se bem, ansioso pela sessão de jazz no clube noturno, enxergando bem há algumas semanas e com um encontro marcado para ir ao cinema com a nova namorada naquela noite. — Você parece... será que me atrevo a dizer? Parece *feliz* hoje — eu disse naquela ocasião e agora me lembro que ele havia ficado em silêncio por um instante antes de dizer: — É verdade, acho que estou mesmo. Tinha esquecido como era. — A maioria dos orientadores gosta do Saxofonista e é sempre bom saber como ele está.

Mas há vários orientadores, como eu, que preferem atender o tipo de pessoa como essa com quem acabei de falar: alguém inteligente, com alto nível de compreensão, que, por alguma razão, está sendo atacado pela vida. Veja bem, não sei que rumo essa pessoa irá tomar. Ela parece bem, por hora, mas não revela os sentimentos mais profundos. Até onde eu sei, pode haver uma tempestade por baixo da superfície, reprimida e pronta para explodir de forma avassaladora. Ele pode ser o tipo de cara que leva uma vida tranqüila até que, um dia, escala a torre da igreja e se põe a disparar uma metralhadora. Eu conheço apenas o seu lado da história. É com ele que me preocupo. O que fez com que sua esposa se afastasse? Não faço a mínima idéia. Hoje pode ser que ele fique deprimido, ou bêbado, ou até mesmo violento. Encorajo-o a telefonar novamente se precisar de apoio, a qualquer momento. Mas, por enquanto, fiz com que, ao menos, retornasse à sua rotina por algumas horas, detendo temporariamente o ritmo furioso de sua vida. Na verdade, isso é tudo que podemos fazer. Nunca é o bastante. Penso se existe alguém que ache que faz o bastante. Um cirurgião, talvez? Um professor? Um psicólogo? Um médico de família? E o que seria *o bastante*? Se eu tivesse o dom de aconselhar em momentos de crise, não sentiria que era bastante? É um conceito por demais abstrato, aviso a mim mesma. Nos Estados Unidos, *o bastante* é sempre o que o outro tem.

Durante alguns minutos, penso em qual é a melhor maneira de resumir essa conversa telefônica; então, preencho uma ficha de anotações e a arquivo. Quando o telefone volta a tocar, ouço uma voz conhecida. Posso jurar que é a voz de Joan, alguém que telefona todas as semanas já há alguns anos. A história dela é quase sempre a mesma: alguns anos atrás, Mary, sua filha, de trinta anos, se apaixonou por um adolescente punk chamado Ryan, que divide seu tempo entre o roubo e a venda de drogas. Quando Mary descobriu que estava grávida de gêmeos, foi morar com Ryan, que a tratava mal e se recusava a deixar que a mãe a visitasse (a não ser que ele estivesse presente) ou que falasse com ela ao telefone (a não ser que ele escutasse pela extensão). Uma vez, segundo Joan, ele quebrou uma janela dos fundos e invadiu a casa dela, clonou seu telefone, fez ligações para a América do Sul e roubou seus cartões de crédito (que vendeu depois para uns marginais, que gastaram uma fortuna). Outra vez, Joan escutou Ryan planejando roubar um bar e avisou à polícia, que o levou à delegacia para um interrogatório. Aquilo havia deixado tanto Mary quanto Ryan enfurecidos e eles decidiram, então, afastar-se completamente de Joan. Isso queria dizer que a vovó não estaria presente quando as gêmeas nascessem e que nem sequer poderia carregar as netas no colo. Ela apelou à Justiça do condado que, de fato, garantiu-lhe o direito de visita. Quando tentou visitar as meninas, no entanto, Ryan não saiu de perto, ameaçador, e Mary a ofendeu.

Em geral, as pessoas que nos telefonam parecem melhorar ao passo que sua situação melhora, ou conforme vão se acostumando às suas mazelas. Joan, porém, está piorando de forma progressiva, cada vez mais obcecada ao sentir-se isolada e rejeitada. A intervalos, Ryan chegou a agredir Mary com uma pá e com uma cadeira, mas ela se recusa a chamar a polícia; Joan teme pela vida da filha e pela sua própria.

Essa pessoa ao telefone tem a voz parecida com a de Joan — a mesma voz aguda e rouca, de falar rápido, de frases atropeladas; a mesma história dos três filhos, um dos quais morto num acidente de carro; o mesmo divórcio de um marido violento; o mesmo pai alcoólatra, que bateu na mãe durante o longo tempo em que foram casados. Só pode ser Joan. Há coincidências demais. Mas desta vez ela conta uma história totalmente diferente. Desta vez ela está atormentada com seu "namorado de longa data" — engraçado, ela nunca havia mencionado ter um — que vem enganando-a com uma viúva incapacitada que conheceu num bar. Joan não fala de forma linear, o que faz com que escutá-la seja um pouco como decifrar algo em alemão. Em alemão, os verbos aparecem geralmente no final da frase e é impossível dizer, de imediato, o que vai acontecer mais adiante. Essa possibilidade gramatical pode levar amantes à deliciosa agonia de esperar segundos terríveis antes de saber qual será seu destino. No caso de Joan, as informações deságuam todas de uma só vez e o ouvinte é quem tem que colocá-las na ordem correta. De repente, um namorado, Bill. Ele tem setenta anos, mas "parece muito mais jovem". Contou-lhe que foi gigolô durante muitos anos. Ainda não tiveram relações sexuais, apesar de terem se abraçado e beijado bastante e de se encontrarem com freqüência. Ela cortou o pulso, na outra noite, porque ele a havia magoado tanto que ela se sentira simplesmente "devastada". Ele a chama de "meu anjo" e diz que "adora o chão que ela pisa". Quando ele a pediu em casamento, no aniversário dela, ela disse não, dizendo que não estava pronta para se comprometer, principalmente agora que está convencida de que ele está saindo com outras mulheres. Não foi uma ferida profunda no pulso, apenas se sentia devastada e precisava dar vazão àquilo. Os companheiros de Bill dão a entender que ele tem vários encontros noturnos.

Um dia, num excesso de desconfiança, ela vasculhou a carteira dele e encontrou um nome de mulher, Charlene, e um número de telefone. Numa ocasião, Bill deveria ter se encontrado com Joan, tarde da noite, após o trabalho, e a havia deixado plantada, esperando por horas, sem aparecer. À uma da manhã, seguindo um pressentimento, ela telefonou para o número de Charlene e, para seu horror, foi a voz inconfundível de Bill que atendeu ao telefone. Joan não disse nada, mas Bill perguntou "Quem é?" três vezes, o que foi suficiente para que Joan desligasse, sentindo-se rejeitada, e quisesse se machucar. É engraçado como a mente funciona. Por que ela não sentiu vontade de machucar a *ele*? Ele já a tinha machucado; por que torturar a si mesma? Bem, há uma porção de teorias psicológicas sobre isso. Enfim, Joan está preocupada com a possibilidade de contrair AIDS se fizer sexo com Bill. Ela já andou bisbilhotando pela casa dele, o que o deixou furioso. Mas por que se ele não tem nada a esconder?, ela se pergunta. Uma vez, ela abriu furtivamente a gaveta da escrivaninha dele e encontrou um monte de dinheiro e jóias: colares, uma aliança de casamento e um anel de noivado. Ela o confrontou imediatamente e ele ficou possesso.

— Agora você estragou a surpresa! — disse ele. — Sua maldita desconfiança estragou tudo. Eu ia te dar essas jóias de presente de Natal.

Sei. Será que ela deveria acreditar nessa história?, Joan me pergunta. Eu penso: *Se você gosta de ser uma trouxa...*; em vez disso, pergunto-lhe se ela acha difícil acreditar. Ela acha. Ela também encontrou cartas suspeitas de várias mulheres em uma das gavetas da escrivaninha. Pareciam bastante melosas, mas Bill disse que eram cartas inocentes escritas por suas sobrinhas. Sei. Ela não confia mais nele, mas, ao mesmo tempo, gosta dele. Ele é um sedutor de primeira. Charmoso como o diabo. Trabalha na Agway. De repente, visualizo a Agway, onde vou com freqüência comprar produtos para o jardim e para os esquilos e, um a um, visualizo o rosto das pessoas que trabalham lá. Sim, acho que sei qual deles é o Bill — um homem alto, fartos cabelos grisalhos e jeito convencido. Atraente, mas não é nenhum Adônis. Gigolô? Para mim isso parece conversa de pescador. É o tipo de homem que Garrison Keillor descreveria como "um monumento às profundezas da necessidade feminina". Ela não sabe o que fazer. Ele lhe diz que sua falta de confiança está prejudicando a relação deles, que tudo está na cabeça dela e que ele vai pular fora se ela não parar de policiá-lo. Pode ser que ela o convide para ir à sua casa e o confronte novamente a respeito de Charlene, mas, enquanto isso, parece estar num estado de profunda agitação, que só melhora um pouco no final de nossa conversa. Convido-a a telefonar novamente se precisar de apoio nesse momento tão confuso e ela me agradece.

Não toca no assunto da filha. Por mais de um ano, pensei que a vida de Joan se resumia a obcecar-se com a filha, o genro e as netas. Eles pareciam tomar conta de cada um de seus pensamentos. Agora descubro outra faceta de sua vida, igualmente intensa e complicada, da qual eu nada sabia. Mentalmente, arquivo esse novo dado na categoria "Será que os mistérios jamais acabarão?", reprovando-me por esquecer quão vasta é a vida e quão restrita é uma conversa telefônica. Para entender a melodia da vida de alguém é preciso escutar todas as notas. A orquestração sinfônica já é outra coisa, para isso se precisaria escutar as constantes ondas das sensações, o solilóquio interno, a elevação e o suspirar das emoções, o acaso das lembranças, o reclamar de incontáveis anseios. Mas até mesmo a melodia mais simples é difícil de escutar. Com tristeza, percebo que, apesar de ter entendido isso a respeito de Joan, sei muito pouco sobre a real extensão de sua vida. Pensei que ela vivesse num cubículo emocional, no qual constantemente batia a cabeça no teto baixo e sufocante. Não é bem assim. Essa era a única imagem de si que ela nos oferecia. Talvez fosse o único lugar em que ela se sentisse insegura ou incomodada.

Enquanto aguardo a próxima chamada, folheio o livro de registros para ver se Louise telefonou desde a última vez que falei com ela, há algumas semanas. Isso é algo que sempre faço quando estou de serviço: checar se Louise ainda está viva. Correndo os dedos pelo livro, verifico os turnos da semana passada de trás para a frente; de fato, lá está o nome dela. Anotação número 104. Encontro-a num arquivo grosso que espera para ser retalhado; ao registro foi acrescentada outra folha de papel, uma "avaliação de fatalidade". Na tarde do telefonema, Louise estava deprimida, bebendo um pouco e altamente predisposta ao suicídio. O orientador de serviço não escreveu muitos detalhes da conversa, somente que a filha tinha ido visitar seu ex-marido, o que significava que Louise havia ficado sozinha em casa, remoendo. Louise lamentara que não fosse possível mudar o passado e que o futuro parecesse tão sombrio. Ela tinha os olhos fixos numa fileira de pílulas cuidadosamente arrumadas, "dispostas sobre o balcão da cozinha como ratinhos cor-de-rosa", dissera. Pois é, assim é Louise. Que imaginação maravilhosa. Por mais de uma hora, o orientador conteve sua dor e procurou analisar todos os recursos que ela ainda poderia ter; mas, ao final da conversa, Louise parecia apenas milimetricamente menos triste. "Me sinto péssimo", escrevera o orientador no registro. "Fiz tudo aquilo em que podia pensar, mas nada, nada, nada funcionava! É bem possível que hoje seja seu 'último dia sobre a Terra', como ela teme. Ela me pediu que rezasse por ela. Vou ficar preocupado a noite inteira."

Ah, Louise. Suspiro, devolvendo o registro à pasta. Se ela tivesse se matado, teria saído no jornal da manhã; portanto, pelo menos sei que ela, de alguma maneira, conseguiu superar o Everest daquela noite. Não posso telefonar para ver como ela está por mais que eu queira. Olhando pela janela, na direção aproximada do centro da cidade, tento imaginá-la cumprindo suas tarefas, preparando o jantar. É noite de segunda-feira. Lembro-me que ela me disse, uma vez, que fazia parte de um coral que se reúne todas as segundas-feiras na igreja de Trumansburg. Isso é bom. Hoje ela estará cercada por amigos e harmonias elevadas; talvez seja suficiente para mantê-la à superfície por algum tempo.

O telefone toca de novo e, desta vez, ouço a voz de uma mulher indignada que grita: — Sabe o que aquele filho-da-puta fez?

— Não — respondo. — O que ele fez?

— Subiu na chaminé e não quer descer!

— Subiu na chaminé? — pergunto, sinceramente surpresa. Será que ela quer dizer que ele está de cabeça para baixo? Ou que está em pé, dentro da chaminé? Estaria pendurado pelo lado de fora? Embora eu não consiga entender direito, decido não perturbá-la com perguntas.

— Está mais bêbado que um gambá! — a mulher diz. — É o maldito verão. Ele fica estranho com o mundo todo saindo da toca, fica todo lépido e faceiro.

Contagiado pelo verão. Ele e o resto da natureza, penso: os esquilos, os besouros, todo mundo. Ela não parece estar preocupada, apenas irritada e nervosa.

— Tem sujeira por toda parte! — ela grita.

Por fim, ela admite, o verão desperta o pior aspecto de seu marido, Joe, que fica tão bêbado a ponto de fazer coisas absurdas, como provocar briga com um motoqueiro de gangue, pular de um barco de pesca no meio do lago ou tentar descer pela enorme chaminé da casa deles. É o temperamento irlandês.

Já houve uma vez que ele conseguiu descer pela chaminé até chegar embaixo "coberto de fuligem e com cara de quem comeu e não gostou", explica a mulher, "mas desta vez esse idiota conseguiu ficar entalado". De cabeça para cima, no meio do caminho. Posso ouvir o marido gritando (ou cantando, não sei ao certo) por trás dos tijolos. É um som estranho, engrolado, mesmo pelo telefone. Quando ela afasta o fone da boca para gritar alguma coisa para ele, a recepção falha e não entendo direito as palavras. Pode ser que ela esteja sacudindo o telefone. Parece que ele está gritando alguma coisa de volta, algo como "onça lá no pico bucho". Então ela se esgoela com ele. Finalmente, ela volta a falar no bocal do telefone e tento acalmá-la o suficiente para chegar a alguma solução. Ela decide chamar o primo dele, Buck, que é um cara grandalhão e que sabe como o marido dela fica quando bebe. Ela vai telefonar para Buck, depois me ligará de novo e retomaremos a partir dali. A coisa se transforma numa longa, longa tarde, pois Buck chega, mas não consegue desentalar Joe; este, por sua vez, decide que nunca mais vai sair dali. A esposa fica assustada quando Joe, de repente, fica quieto demais; chamam os bombeiros; Joe começa a brigar com todo mundo e tudo que consigo ouvir, às vezes durante minutos inteiros, é a baderna generalizada dos acontecimentos. Sugiro que a mulher me telefone mais tarde, mas ela diz que precisa de mim bem ali naquele instante; acredito que precise mesmo; então, fico com ela. Por fim, os bombeiros conseguem tirar Joe da chaminé, puxando-o para o tapete numa nuvem de fuligem. Quando Joe começa a chorar descontroladamente, sua esposa ao mesmo tempo grita com ele e tenta consolá-lo; então, ela decide que vai "cuidar do Papai Noel" e que nos telefonará no dia seguinte.

— Bizarro — falo baixinho, começando a escrever o relatório.

— Bizarro? — repete uma voz atrás de mim. — Parece que foi uma conversa interessante. — Me viro na cadeira e vejo Sharon, a orientadora do próximo turno, pacientemente sentada no sofá-cama, a boca rodeada pelo pó branco do açúcar de um *donut* cujo último pedaço ela engole. Antes que eu possa explicar, o telefone toca. Uma olhada rápida no relógio e vejo que já passou muito do final do meu turno; há quanto tempo será que Sharon está esperando?, penso, e saio logo da cadeira.

— É todo seu — digo. — Bom serviço.

Atendendo o telefone com uma mão, ela diz: — Serviço de Prevenção ao Suicídio e de Apoio Emocional. Posso ajudar? — e, ao mesmo tempo, atira-me um beijo com a mão livre; gira na cadeira, joga a longa trança de cabelos castanhos por trás do ombro, curva o delicado corpo sobre o tampo envernizado da escrivaninha e se concentra na conversa.

Na cozinha encontro uma ampla variedade de chás da marca Celestial Seasonings e escolho um chamado Bengal Spice, cheio de canela, gengibre, cravo-da-índia, cardamomo e outras especiarias exóticas. Na tampa da caixinha um tigre se reclina num tapete mágico que flutua por um céu azul salpicado de nuvens. Exatamente o que preciso para desacelerar antes de ir para casa. Pode ser que o turno tenha chegado ao fim, mas ainda não estou pronta para ir embora. Às vezes, preciso restabelecer o contato com minha própria sensibilidade, depois de ter me envolvido com a de outra pessoa. Às vezes, preciso afastar-me da minha pessoa, assim como das outras pessoas, e apenas *estar* entre os frutos da terra. Levando o chá lá para baixo, saio na varanda, puxo uma cadeira de vime e observo o dia escurecer no campo do outro lado da estrada. Um esquilo-cinzento escala o tronco de um carvalho enorme e desaparece por uma abertura. Onde diabos estará o Pidão? Talvez eu pudesse pedir a Chris Johns que ficasse de olho para ver se ele aparece. Um dos melhores fotógrafos da natureza da *National Geographic*, Chris irá à minha casa amanhã bem cedo para começar a registrar o comportamento dos esquilos. Capturar em imagens estáticas toda aquela vitalidade em forma de pêlos não é algo fácil, mas se existe alguém capaz de fazê-lo é ele, digo, rindo, para mim mesma ao lembrar as histórias de Chris pendurado no topo das árvores, em florestas tropicais, semanas a fio, enfrentando o vento e as tempestades para documentar os curiosos hábitos do corvo havaiano. Tenho que me lembrar de deixar a porta aberta para ele. O clima não importará. Há a promessa de chuva pesando no ar. Espero que passe até o fim de semana, assim Cathy e eu poderemos sair de bicicleta. Aonde iremos dessa vez? Existem dois lagos em forma de losango próximos à parte sul do Lago Keuka; são minúsculos, separados por uma faixa estreita de árvores onde costumava haver uma aldeia indígena. Aposto que não são nem trinta quilômetros para contornar os dois lagos. Poderíamos levar queijo, pão francês e um pouco de chá de chicória quente.

Quando a noite começa a se infiltrar entre as folhas escuras e brilhantes, um curiango solta sua voz em três etapas, cortando o ar. Adoro esse som. Os curiangos pertencem a uma família de pássaros cujo nome latino, *Caprimulgida*, significa "chupa-cabra" devido ao fato de que eram freqüentemente vistos acompanhando rebanhos de cabras e se acreditava que chupassem todo o leite delas à noite. Hoje sabemos que esses pássaros, na verdade, estavam caçando insetos hematófagos. Mas o nome ficou, substituindo seu nome comum, curiango que vem do quimbundo e significa "o que precede", muito mais adequado para uma ave que geralmente voa na frente dos caminheiros.

Um vapor fragrante sobe até meu rosto quando sorvo o chá e me dou conta de que logo chegará o auge do verão, no dia 23 de junho, dois dias após o solstício. Antigamente se dizia que esse era o *Sabbath* das bruxas, quando um feitiço maligno poderia arruinar a futura colheita. Naquela noite, se uma donzela colocasse ramos de milefólio embaixo do travesseiro, sonharia com o futuro marido. Naquela noite, se um homem tomasse banho com sementes de samambaia, ficaria invisível, e se alguém andasse de trás para a frente com um ramo de aveleira entre as pernas encontraria um tesouro. O solstício de verão é apenas um sabá do sol. Solstício vem do latim *solstitium*, "sol estático". Durante alguns dias, o sol se levanta e se põe quase no mesmo ponto do horizonte, um prelúdio para o dia mais longo do ano, após o qual o sol se arrastará por dias imperceptivelmente mais curtos, até o inverno, nesse momento ainda tão distante da imaginação.

Mas por enquanto estamos no começo de um verão excitante. O aroma de jasmim e pinho pesa no ar. Esporos caem feito maná dos céus. Ovos de faisão extraem vida da terra molhada. O verão condena qualquer paixão mais forte que a da terra, ao som da chuva que cai, em campo aberto, quando o chuvisco se transforma em torrente.

CAPÍTULO 7

O Asilo do Coração

De todos os desejos que nos afligem, a fome de comida é a mais versátil, concluo ao lavar uns pratos no Centro de Apoio antes de sair. As pessoas raramente se sentam sozinhas para comer. Gostamos de fazer outra coisa enquanto comemos: conversar com alguém, ler o jornal ou assistir a atores cantando sobre Dom Quixote num teatro. Sorrio ao imaginar Chris Johns empoleirado no topo de uma castanheira, câmeras a postos, enquanto almoça no meio dos esquilos. Isso sim é um verdadeiro espetáculo teatral — um *cirque du soleil* de acrobatas peludos. Os esquilos não são o que poderíamos chamar de comedores sociais, mas há muitos animais, de gorilas a hienas, que gostam de fazer suas refeições na companhia da família e dos amigos. Os humanos são os que enriquecem esse instinto básico das formas mais engenhosas. Embora nossos sentidos tenham evoluído para nos guiar através dos perigos da natureza, não somos criaturas simples, automáticas, presas na areia movediça emocional de nossa biologia. Pensamos, sonhamos, sentimos, desejamos. Dizemos "comida" como se fosse algo simples, como chuva ou rocha, mas, na verdade, trata-se de um complexo universo de prazeres, tanto fisiológicos quanto emocionais e que geralmente invoca memórias infantis de segurança, diversão e amor. Portanto, não surpreende que, ao buscar palavras que descrevam nossos sentimentos mais intensos, insanos, analíticos ou profundos, em geral apelemos para verbos relacionados ao ato de comer: temos fome de algo, nos apetece algo, devoramos, degustamos, consumimos, tragamos, saboreamos, digerimos, ruminamos. *Vou ter que digerir isso,* dizemos às vezes, pensando sobre uma situação particularmente difícil, como se pudéssemos triturar o problema com nossos molares, umedecê-lo com saliva e, finalmente, fazê-lo passar pela garganta. Como se nossos neurônios fossem capazes de sentir alguma coisa. Eles são mais cegos que toupeiras é o que sempre digo a mim mesma; não vêem, não ouvem, não sentem cheiros ou gostos. O cérebro é um lugar silencioso e escuro. As sensações não estão no cérebro, assim como as emoções não vivem no coração. Que criaturas estranhas somos nós, que vivemos de ilusão, amamos por obrigação, criamos a culpa e cometemos tanto pecados reais quanto imaginários.

Com o fim do meu turno matinal de hoje, sinto a necessidade de mastigar alguma coisa antes de ir para casa; então, paro para almoçar no Moosewood, um restaurante vegetariano local. Minha paixão pela comida vegetariana é algo que intriga Paul, que tem medo de não receber nada além de "ramos e folhas" para comer. Na verdade, ele jura que uma vez lhe serviram uma tigela de areia. Já eu adoro as refeições criativas que eles fazem. Ali, num ambiente rústico decorado com entalhes e desenhos de alces totêmicos, degusto minha salada com molho de missô[3] com gengibre e um prato de Hoppin' John (feijões à moda sulista com arroz integral, coberto com queijo cheddar, tomate e cebolinha), enquanto repenso um dos telefonemas da manhã. Melissa de novo. Por fim, ela encontrou a coragem para deixar o marido violento e mudar-se para um abrigo (providenciado pelo Serviço de Proteção às Mulheres) com os dois filhos pequenos, mas estava se sentindo um pouco

---

[3] Missô é uma pasta típica da culinária japonesa, resultante da fermentação de cereais (soja, trigo, centeio e arroz) com o *kooji* (um fermento natural) e sal. (N.T.)

perdida. Depois de alguns anos, até mesmo os casais infelizes estão unidos por tantos pontos que a separação é extremamente dolorosa. Ela sente como se estivesse assistindo à vida de outra pessoa — a desarticulação do casamento, as meias-mentiras desajeitadas para os filhos, a avalanche de providências legais e práticas, os novos rostos, o ambiente desconhecido, o medo constante da retaliação. Ela entrou com um pedido de liminar contra o marido, mas e se ele invadir essa sua nova zona de segurança? E se a matar, deixando os filhos órfãos de mãe? E se seqüestrar as crianças? Ela tinha assistido a um programa na televisão chamado *Mistérios Não Resolvidos*, que alertava os telespectadores a respeito de pais que haviam seqüestrado os filhos e fugido com eles. Ela imaginava o rostinho dos filhos nos avisos de "Criança Desaparecida" nas caixas de leite, as bochechas rosadas reduzidas a imagens em preto e branco.

Eu sabia que o Serviço de Proteção às Mulheres a ajudaria se quaisquer desses pesadelos se tornassem realidade. Ela havia telefonado para o SP num momento mais filosófico, o que me pegou de surpresa; antes, só havíamos conversado quando ela estava em profundo desespero, e eu precisava desacelerá-la, acalmá-la e deixar que ela mergulhasse em lembranças, algumas bastante duras. Pela primeira vez, ela dividiu comigo detalhes de uma infância marcada pela violência e pelo abandono, da qual ela escapava inventando uma vida secreta.

— Era minha única salvação — ela explicou. — Eu fugia para outro plano de existência onde ninguém podia me encontrar. Enquanto eu acreditasse ser uma super-heroína, cujo valor seria descoberto no decorrer do tempo, podia ignorar a terrível realidade da minha vida. Mas na minha casa eu não valia nada, eu era feia e estava sempre *errada*, de alguma maneira misteriosa que devia ser castigada. Só eu conhecia minha identidade secreta: a de uma pessoa bela, excitante, poderosa e amável.

Naquela vida de fantasia, ela liderava uma equipe de sete homens e mulheres que viajavam pelo mundo corrigindo injustiças, trabalhando contra as forças do mal, ajudando os oprimidos e protegendo o planeta da autodestruição. Pertenciam a uma organização secreta que ela chamava de "Triplo T" — nunca perguntei o que queria dizer —, que existia independentemente da política e das leis de qualquer país e que reunia os cientistas mais brilhantes e os pensadores mais criativos da Terra num submundo de proporções gigantescas. Após uma morte arranjada, que parecesse convincente, o cientista, humanista ou outra pessoa relevante se uniria às suas fileiras sabendo que jamais poderia voltar ao mundo exterior. Esse mundo secreto oferecia uma sociedade ideal repleta de pessoas fascinantes e conscientes. Algumas vezes, enquanto Melissa me contava sua história, deduzi que a Triplo T governasse uma sociedade subterrânea sofisticada; outras vezes, concluí que se localizava em algum lugar lindo, mas extremamente remoto, talvez no Himalaia ou na África. Ela e sua equipe constituíam a elite da divisão de espionagem da organização. Embora ela fosse capaz de matar com habilidade, quando necessário, de vencer qualquer um usando artes marciais, facas ou armas de fogo e tivesse dons de agilidade compatíveis com sua inteligência e coragem, era uma lutadora relutante e matava somente em legítima defesa; além disso, assim que feria um inimigo, procurava, se possível, "remendá-lo". Cada membro de sua equipe tinha uma ou duas especialidades. Ela era excelente para libertar pessoas e uma talentosíssima cirurgiã no campo de batalha. Naquele universo imaginário, onde ela se transformara num misto de guerreira e santa, lutando como homem, amando como mulher e conquistando o respeito e o carinho de todos, criara uma alternativa à sua vida doméstica, deteriorada pela rejeição e pela injustiça. A coisa mais difícil de admitir para mim era o fato de que, mesmo agora, já uma mulher adulta, ela às vezes fugia para aquele outro universo de fantasia. Mas eu era uma estranha, uma confidente benigna, sem rosto, e fiquei feliz que ela pudesse confiar que eu não iria rir dela ou julgá-la. Crianças vítimas de abuso geralmente inventam mundos secretos e ela havia mergulhado tão profundamente no seu, o único lugar onde era realmente importante, que tinha sorte em encontrar o caminho de volta. Alguns nunca encontram. Se ela fosse menos imaginativa ou tivesse um espírito mais fraco, teria, sem dúvida, se destruído nas ruínas de sua família. Em vez disso, havia construído uma via de escape; ego a ego, criara uma realidade mais saudável e essa tinha sido sua salvação. Sem se dar conta, ela *havia* triunfado sobre as forças do mal, *havia* salvado inocentes da injustiça, *havia* se tornado uma heroína. No entanto, considerava suas fantasias um segredo vergonhoso.

— Sabe aquele gesto que as crianças fazem, como se trancassem a boca com uma chave? — disse ela, chorosa. — Sinto como se tivesse passado a vida inteira trancando e trancando essa fechadura, escondendo quem realmente sou para que as pessoas me aceitassem, silenciando meu eu verdadeiro. Ou, imagino que deva dizer, meus *eus* verdadeiros. Com certeza, parece que tem um monte de gente dentro de mim. — Apesar da localização urbana, o abrigo de mulheres se transformou num refúgio onde Melissa podia analisar a própria vida.

— Isso que vou dizer pode parecer um tanto adolescente — ela disse, hesitante —, mas, na verdade, não sei mais quem eu sou. Parte do tempo sinto-me uma estranha em roupas conhecidas. Esta manhã, estou preocupada com o tipo de mãe que posso ser, já que ainda me sinto culpada por coisas que *eu* fiz quando era criança e, Deus sabe, sinto-me culpada por coisas que fiz como esposa. Esses também são meus eus, não são? Partes legítimas de mim. Ou será que essas coisas aconteceram com outra pessoa? — Ela riu, sem jeito. — Será que somos culpados pelos pecados que imaginamos?

O telefonema de Melissa me afetou por uma série de razões. Uma vida é feita de muitos eus, principalmente no início. Não deveria haver um estatuto que limitasse a culpabilidade? "Não sou responsável pelos atos cometidos por minhas personalidades passadas" é um lema segundo o qual às vezes gostaria que pudéssemos viver. As personalidades se acumulam quando ninguém está olhando e nem sempre agem de forma inteligente ou adequada. Não era o que eu imaginava quando era criança, crescendo no Meio-Oeste dos Estados Unidos, onde a neve chegava à altura dos ombros, podia-se mergulhar nos montes de folhas secas e a vida aparecia à minha frente como uma trajetória clara. Era o conto de fadas que haviam me ensinado a esperar: um Cavaleiro de Armadura Brilhante apareceria de repente para me guiar e curar minha vida; então eu teria dois filhos, compraria um cachorro, teria um emprego agradável e viveria para sempre num oásis de tranqüilidade. Como uma hóspede invisível da minha casa, eu tinha uma amiga imaginária que se tornou minha confidente. Às vezes eu fofocava com ela sobre a vida boêmia dos artistas, mas nunca sonhei que cresceria e levaria, eu mesma, aquele tipo de vida. Somente agora, na meia-idade, é que comecei a perceber que meus eus vêm se formando camada sobre camada, transparentes como a pele; e, assim como a pele, cada um deles desenvolveu uma certa "impressão digital" identificável, um sistema climático cheio de altos e baixos, giros e reviravoltas.

Sim — penso ao puxar a grossa faixa de casca de laranja, sentindo a fruta liberar um spray suave de suco sobre minhas bochechas e nariz —, minha caravana de eus provavelmente começou a se formar quando eu era pequena, inventando aventuras mentais nas quais eu era sempre a atriz principal. Minha vida cotidiana era insuportável. Eu poderia ter fugido, suponho, mas, em vez disso, fugia, mentalmente, pela Rota da Seda da imaginação. Uma fantasia recorrente era a de que eu não era humana, e sim extraterrestre, e que fazia parte de um grupo de artistas itinerantes que viajavam pelo universo. Em seu planeta de origem, a arte era profundamente reverenciada e valorizada e, acima de tudo, eles apreciavam a descoberta da arte produzida por outras formas de vida, posto que revelava muito a respeito de seus sentimentos e necessidades, valores e anseios. Cada artista itinerante nascia na civilização de um determinado planeta e crescia de forma absolutamente criativa, sem qualquer lembrança do planeta de origem. Como um desses artistas, minha tarefa era sentir. E eu sentia, de maneira penetrante, exultante, agonizante. Perscrutava, durante horas a fio, os recônditos secretos das coisas. Seguia os pensamentos para ver aonde levavam. E, com o tempo, criei um lindo mostruário de todos os sentimentos e experiências humanas. Então, ao me aproximar do que eu naturalmente imaginava ser o fim da minha vida, escutei uma voz que me dizia: "Venha até a janela. O ar da noite está tão perfumado..."

Seduzida pela beleza simples da noite, fui até a janela, aspirei o aroma de jasmim no ar e, de repente, me surpreendi em ver um alienígena ali, parado. Naquele instante, minha missão se tornou clara, eu soube que minha tarefa na Terra havia sido cumprida, que meu destino era descansar por algum tempo na pequena cidade-Estado na nave-mãe e, depois, nascer em outro planeta, em outra espécie, para vivenciar sentimentos extremos e criar formas de arte a partir de seu amálgama de privilégios e dificuldades. Saber que não era humana me chocou e entristeceu, e implorei para que me permitissem continuar sendo. A separação era uma tortura. Os seres humanos estão entre os mais emocionais e voláteis de todo o universo, mas ser humana era o que eu conhecia e amava, e não podia suportar a idéia de deixar o planeta Terra, com tanto ainda a explorar e expressar. "Já é suficiente", me asseguraram. "Existem outros mundos a explorar, outras vidas a viver." Então, segui o alienígena até a nave-mãe, além da órbita terrestre, e me reuni com minha trupe de artistas, alguns dos quais também estavam num intervalo entre vidas. Esse sonho sobrenatural assombrou meus anos de infância e adolescência e eu meio que esperava que, um dia, realmente seria convocada com um sussurro a penetrar a parte oculta do meu destino: "Venha até a janela. O ar da noite está tão perfumado..."

Conforme fui crescendo, o que mais queria era ser dez ou doze pessoas diferentes, cada uma passionalmente devotada a um campo diferente — ser bailarina, cirurgiã, carpinteira, compositora, astronauta, psicóloga, bioquímica e patinadora no gelo. Algumas dessas personalidades seriam masculinas, outras, femininas, e todas as sensações que experimentassem alimentariam uma fonte central. Certamente, então, eu conseguiria começar a entender a enormidade da vida, pois poderia experimentá-la a partir de diversos pontos de vista, através de vidas simultâneas. Eu vinha escrevendo ficção desde que aprendi a escrever. Se não podia realmente viver vidas simultâneas, talvez pudesse fazê-lo de forma serial, entregando-me apaixonadamente, de corpo e alma, àquilo que eu escrevia, transformando-me em meus personagens.

Meu eu mais recente vive numa cidadezinha cheia de árvores, cachoeiras e flores onde a maioria das pessoas se conhece ou, pelo menos, se reconhecem, e onde muitas de suas histórias se encontram. De vez em quando, viajo a lugares distantes em busca do extraordinário. Mas, afinal, o extraordinário é uma espécie de mato, que cresce em qualquer lugar, até mesmo nos quintais e nas trincheiras. Portanto, sempre retorno ao lar, aos amigos e entes queridos. Pelas muitas janelas de uma casa no bosque observo os feitos de veados, esquilos e pássaros, além da metamorfose das estações do ano. Penso muito a respeito do espetáculo que é o ser humano — o que sente, o que ama, pelo que sofre, pelo que se excita — enquanto trabalha, em silêncio, numa salinha, preenchendo folhas de papel em branco. É uma loucura solitária. Ainda assim, há ocasiões em que eu, completamente sozinha, poderia ser presa por formação de quadrilha.

—

Uma garçonete jovem passa apressada num short jeans usado por cima de um legging preto, sandálias e top branco pregueado; o cabelo negro e liso passa por cinco brincos de ouro, de um lado, e cai sobre o ombro, do outro. Ela me disse, uma vez, que está economizando para fazer alguns cursos universitários na área de zoologia. Segundo me lembro, conversamos sobre o rinoceronte branco enquanto eu comia um *goulash*. Hoje ela tem uma expressão preocupada e percebo que isso é o que acho mais frustrante ao conversar com alguém pelo telefone: não poder ver a pessoa. Como um verdadeiro semáforo de músculos e olhares, o rosto pode transmitir informações demasiado sutis para as palavras, e isso me faz falta. Essa garçonete tem um rosto em forma de coração com uma covinha no queixo e gotículas de suor se formaram sobre o lábio superior. Ela é uma graça. Mas tenho notado, ultimamente, que uma grande beleza interior irradia do rosto de toda mulher trabalhadora. Mulheres que trabalham ao ar livre desenvolvem uma autoconfiança dourada pelo sol, advinda de lidar com as forças da natureza, além de linhas de expressão que são tão eloqüentes quanto as músicas country mais infelizes. As que trabalham em lugares fechados desenvolvem um rosto forte e flexível no qual as tensões e as estratégias do dia-a-dia representam seus dramas. Às vezes pode-se *ver* a determinação em seu rosto, como água parada. O trabalho testa o espírito humano, ajuda a definir a personalidade e contribui amplamente para a aparência desta marquise de nossa vida interna que é o rosto. Valorizamos rostos jovens porque somos atraídos pela sereia da juventude, mas há poucas coisas que acho mais bonitas que uma mulher madura cujo rosto está cheio de vitalidade, personalidade, caráter, sensibilidade e emoção. "Você era bonita quando tinha seus vinte anos", ouvi, numa ocasião, um homem dizer à esposa de meia-idade, "mas é tão mais bonita agora que seu rosto tem personalidade. Reflete quem você é e tudo o que conquistou e viveu." Um rosto pode nos fazer lembrar de um primeiro amor, de um pai, professor, um artista de cinema, um amigo ou, talvez, de alguém que nos atemorizou ou traiu. Um rosto nos diz como a pessoa se sente — se está preocupada, maliciosa, ansiosa ou triste. Às vezes, um rosto revela, em seu mapa de linhas finas, uma vida inteira de sofrimento, teimosia ou riso fácil. Um rosto pode ser duro, receptivo, amável, rústico... mil coisas, dependendo da vida e do estado de espírito de seu dono. Revela muito a respeito de sua vida interior, assim como da época em que vive.

Por mais difícil que seja a vida, temos sorte de viver na segunda metade do século XX, e no Ocidente. Nos tempos antigos, as mulheres não passavam de terra cultivável para a "semeadura de herdeiros legítimos", como proclamou, sem rodeios, o pai de uma noiva durante uma cerimônia de casamento grega. Depois de um longo tempo, as mulheres conquistaram o direito de fazer algumas escolhas: com quem se casar, se e quando ter filhos, adorar ou não um deus, que plataforma política seguir e o que fazer com toda a agitação e toda a nostalgia que permeia sua vida; escolhas imensas e cheias de tensão que afetam o corpo e a alma, assim como aquelas pequenas escolhas do dia-a-dia, importantes de um ponto de vista atlético, só para manter a liberdade pessoal em atividade. O papel da mulher mudou drasticamente e seu rosto reflete essa mudança. As mulheres sempre trabalharam com dignidade e desembaraço em salas de reuniões e lojas de departamentos, nos campos e restaurantes, em palcos e estúdios de gravação, em suas próprias casas e nas casas dos outros, em fábricas e butiques, em hospitais e escolas. Mas o mero fato de levar em conta a beleza das mulheres trabalhadoras já é algo revolucionário, posto que, durante grande parte da história da humanidade, o ideal de beleza esteve no rosto da classe alta, das mulheres que não precisavam trabalhar. Ou das atrizes, mulheres-camaleoas que (felizmente para nós) podiam abandonar seu verdadeiro eu e se transformar nas fantasias dos outros. Nunca perguntamos por que ansiavam ser alguém diferente, ou por que queriam colocar sua autoestima no aplauso alheio, ou mesmo por que admiramos tais artistas, que mudam tão rapidamente de personalidade. No entanto, admiramos. Nos anos 30, quando o ideal eram as atrizes de cinema em vestidos de cetim, as mulheres da classe trabalhadora copiavam as sobrancelhas finas de Greta Garbo, as faces encovadas de Marlene Dietrich, a boca vermelha em forma de coração de Joan Crawford e o cabelo platinado de Jean Harlow. Durante a Segunda Guerra Mundial, quando as mulheres foram trabalhar nas fábricas, suprindo a matéria-prima do patriotismo e da vitória, os cartazes passaram a mostrar as operárias como mulheres fortes, confiantes e cheias de estilo. Nossos bombardeiros foram construídos quase que inteiramente por mulheres, que rebitavam, cortavam metal, faziam a montagem pesada, trabalhavam com os projetos e tomavam nota daquilo que os pilotos de prova reportavam pelo rádio. Elas trabalhavam o metal pesado, fabricando as nacelas[4] dos bombardeiros B-17 numa fábrica de sutiãs. No entanto, não eram retratadas como sendo pouco femininas; ao contrário, deram origem a um novo ideal de beleza que estava disponível a todas, inclusive a esta jovem garçonete do Moosewood. Ela parece preocupada com alguma coisa e seu rosto encerra centenas de pensamentos enquanto se concentra no trabalho ou quando relaxa num sorriso para os clientes.

Espalhando manteiga numa grossa fatia de pão integral, abençôo em silêncio todos os padeiros à moda antiga do mundo. Melissa disse que era bom morar no abrigo com outras mulheres, mas que ela, na verdade, sentia falta de assar pães e bolos em sua própria cozinha. Gostaria de saber como Melissa é. Eu a imagino com cabelo alourado, repartido do lado esquerdo e preso num rabo-de-cavalo baixo. Ou seria curto e despenteado? Daria qualquer coisa para ter indicações de aparência física quando atendo alguém, mas

---

[4] Nacela, um termo aeronáutico que se refere à parte do avião na qual está o assento do piloto. (N.T.)

o anonimato é exatamente o que as pessoas querem e, embora as impressões digitais, os registros de voz e o DNA sejam mais precisos, o rosto é o que mais define alguém. A pipa da verdadeira identidade da pessoa parece esvoaçar ao redor de seu rosto. Uma criança tímida esconde o rosto na saia da mãe. Quando alguém sente vergonha, esconde o rosto com as mãos. Por qualquer que seja a razão, as pessoas que nos telefonam parecem achar, de repente, que a vida é algo difícil de encarar.

—

No caminho para casa, paro no vizinho para deixar um livro que acho que ele vai gostar de ler no pós-operatório, um compêndio de excentricidades que dois pesquisadores britânicos malucos passaram a vida inteira reunindo. Precisamente o indicado para distrair uma mente em processo de cura. Saindo pelos degraus do jardim, tropeço, tombo para a frente e torço violentamente o tornozelo. A dor começa a latejar pelo lado direito do pé. Provavelmente distendi um tendão. Em casa, enfaixo o tornozelo, coloco gelo e mantenho o pé elevado. Na verdade, eu não caí, só virei o pé e o forcei. Mas, na manhã seguinte, descubro que é impossível caminhar e que o pé inchado e roxo dói de um jeito desconhecido, como se houvesse agulhas de gelo cutucando por baixo da pele. Por segurança, tiro uma radiografia numa clínica próxima. Há um médico atendendo, que também estuda e ensina a ciência da apicultura — como eu disse, nesta cidade todo mundo tem uma vida dupla —, e ele me mostra um tríptico de radiografias, apontando a terrível verdade: o quinto metatársico está quebrado, bem no meio. Se houvesse quebrado num ângulo oblíquo, ou num ponto mais denso, haveria mais matéria óssea para dar apoio. Mas não, minha sorte é tanta que o osso se fraturou num ponto frágil e com pouca circulação, lá nos cafundós do esqueleto. Isso significa que terei que usar uma bota de gesso, e não uma daquelas que permitem andar, veja bem; é daquelas que não se pode apoiar no chão. Exercer pressão nesse tipo de fratura poderia piorá-la e, se isso acontecer, somente um enxerto ósseo e um pino seriam capazes de consertá-la.

Estou condenada: oito semanas de imobilização. Nada de passeios de bicicleta com Cathy. Nada de caminhadas com a minha vizinha, Persis. Nada de perambular por cidadezinhas curiosas no norte do estado com Paul. Nada de ir fazer compras com Jeannie no Commons. Nada de ir de bicicleta todos os dias até o campo, até os riachos de Flat Rock, até os bosques em frente ao mercado de Ludgate, onde os falcões de cauda vermelha fazem seus ninhos. É um pesadelo.

Nos dias que seguem, conforme a impotência vai baixando sobre mim feito uma névoa, começo a afundar sob o peso de todos os *ds* que me atacam — sinto-me desolada, desanimada, deprimida e desmotivada. Não é apenas o fato de não poder sair para curtir o verão, visitar os amigos, fazer compras no supermercado, pagar as contas e ir a reuniões. Atender a linha de emergência certamente será impossível, já que há degraus na entrada do SP e dois lances de escada lá dentro. Para alguém tão atlética e independente como eu, o que poderia ser pior que se tornar inválida de repente? Preso pelas rédeas curtas da enfermidade é que se descobre quanto do mundo está fora de alcance. Imagine-se sentado num sofá, morrendo de frio, sem poder fechar a porta que fica no outro lado da sala. Imagine não ser capaz de alcançar a comida ou outras coisas, não ser capaz de manobrar dentro do banheiro ou tomar um banho. O pavor da paralisia me atinge com força e, logo, me preocupo que meus amigos se cansem com a minha situação e me abandonem. Dois dias após a queda, presa a uma cadeira de rodas que se enrosca no tapete da sala, felpudo demais para que eu tenha força de me impulsionar, começo a chorar. Tudo que quero é chegar até a porta de tela para respirar o ar do verão e receber um pouco de luz do sol, mas não consigo sequer me deslocar por três metros e meio. Não posso ver os cardeais fazendo seus ninhos no teixo. Não posso alimentar os esquilos, cujas vidas começaram a entrelaçar-se à minha. Não posso ir à feira nas manhãs de sábado para ver os produtos maravilhosos que os agricultores locais colheram. Não posso caminhar descalça no canteiro de manjericão. Não posso nadar sentindo o sol às minhas costas. E, o pior de tudo, não posso passear de bicicleta com Cathy. Não tinha me dado conta de quão simbólicos haviam se tornado esses passeios. Bicicleta sempre significou liberdade, descoberta, amizade e independência. Finalmente, sei como devem se sentir as pessoas inválidas que nos telefonam: excluídas da vida normal, impotentes e sozinhas. Se eu não trabalhasse no Centro de Apoio, telefonaria para lá com o que, para mim, é uma crise terrível.

Como não posso fazer uma visita ao roseiral cercado que fica no fundo do quintal, Paul colhe para mim duas rosas do tipo "Othello", de cor vermelho-púrpura, e a minha favorita deste ano, uma "Abraham Darby" enorme, coralamarelado-rósea, cujas pétalas grossas parecem crepe-da-china. Ele as arruma num vaso de terracota. Enfeitando a penteadeira do banheiro azulejado com seu toque de cor, as rosas se refletem no amplo espelho e emanam seu perfume. Transformando-se, subitamente, numa combinação de cozinheiro e office-boy, Paul toma conta de todos os afazeres domésticos, pega uma carona com o vizinho até o supermercado e dá conta da tarefa colossal de fazer compras, buscar coisas, preparar o jantar, limpar a casa e cuidar de mim. Ele reclama de ter que acrescentar minhas obrigações às dele. Odeio ser inválida. Odeio ser o passageiro.

Apesar dos meus temores, meus amigos queridos se reúnem à minha volta. Jeannie e Steve me levam e trazem do hospital. Cathy chega, no sábado à tarde, desta vez sem a bicicleta, para me presentear com uma alma-gêmea — uma minúscula sereia de metal sentada com a cauda erguida graciosamente no ar. Sua pose deixa ver um busto farto, o cabelo cascateando pelas costas e o rosto que se inclina para cima numa combinação de prazer e determinação. Uma sereia. Precisamente. Que presente mais atencioso. Então Cathy me empurra na cadeira de rodas por quase um quilômetro até uma delicatéssen, onde comemos grandes *cookies* recém-tirados do forno. Em pouco tempo, estamos tagarelando e rindo como de costume e não resisto a compartilhar com ela uma descoberta recente: a quantidade de animais do zoológico que tomam Prozac.

— Nãããão! — ela diz, o queixo caído. — Que animais?

— Bem, tem o Gus, o urso-polar do zoológico do Central Park que estava deprimido...

— Espera um pouco — ela interrompe. — Como eles sabiam que o urso-polar estava deprimido? — Ela dá uma mordida no *cookie* e toma um gole de Coca Light. O nome disso é *fazer e desfazer.*

— Primeiro, porque ele passava o dia inteiro nadando.

— Comportamento obsessivo-compulsivo — ela diz, balançando a cabeça numa paródia freudiana. — Continue.

Uma surpresa boa: batizaram meu chá gelado com um pouco de suco de pêssego. Não tinha notado aquilo quando fiz o pedido. — E daí houve o truque estranho que ele começou a usar com as crianças — explico entre um gole e outro. — Toda vez que ele via crianças pressionando o rosto contra a vidraça, corria em direção a elas com as garras de fora, num ataque repentino e assustador, parando milímetros antes de atingir o vidro. Quase matava as crianças de susto.

— Inacreditável! — Ela ri.

— Quando não estava nadando compulsivamente, parecia apático, ou andava muito de um lado para outro, ou fazia qualquer outra coisa neurótica, como mordiscar o cercado, balançar a cabeça, transformar-se num tarado sexual, brincar com o próprio excremento, ferir-se de propósito... você sabe, as mesmas coisas que as pessoas severamente perturbadas fazem... Então, deram Prozac para ele.

— E nem tentaram fazer umas sessões de terapia primeiro? — ela pergunta ironicamente.

À idéia de um urso-polar fazendo terapia — um urso enorme, recostado num divã de couro preto, gesticulando com uma pata enquanto conta de quando era um filhotinho urso —, nós duas começamos a gargalhar tão alto que as pessoas se viraram para olhar. De que estaria rindo tanto uma mulher presa a uma cadeira de rodas?

O princípio, porém, é bastante sério. Animais em cativeiro com freqüência ficam neuróticos, ansiosos e deprimidos. Assim como nós, também sofrem com o confinamento, o tédio, o estresse, a perda, a tristeza e a ansiedade. E quando ursos, que normalmente vagam por muitos quilômetros quadrados, se vêem apinhados como moradores urbanos ou condenados ao confinamento solitário por anos a fio, será que deveríamos nos surpreender com sua falta de ânimo? Pode ser que as freiras "não se incomodem com as celas pequenas do convento", como alega Wordsworth. Mas existe uma grande diferença entre um cavalo num estábulo pequeno, mordiscando as ripas de madeira que o cercam (baia é como isso se chama) ou balançando para frente e para trás o dia inteiro, como se ao ritmo de um samba inaudível, e uma colegial estressada que cutuca compulsivamente as cutículas ou torce e arranca, de maneira automática, mechas do próprio cabelo o dia todo. Todos os animais enfrentam crises, algumas exclusivas da própria espécie, outras bastante familiares aos humanos. Quando seus instintos lhe dizem uma coisa e seus captores (ou os captores invisíveis da sociedade) dizem outra, enfrentam o estresse adicional provido por uma crise de identidade. Portanto, não fico surpresa que muitos veterinários estejam prescrevendo antidepressivos para seus pacientes animais, nem que exista um crescente número de terapeutas de animais, cujo trabalho é analisar comportamentos neuróticos, comparar as condições de vida deles com as que seriam normalmente encontradas na natureza e tentar desenvolver uma solução, dadas as restrições, atitudes e preferências da sociedade humana. Animais domésticos com freqüência têm que viver de acordo com a programação humana de dia e noite, alimentação e jejum, quando e onde seus intestinos podem funcionar. Retire um macaco ou um golfinho de seu próprio ambiente e ele perderá suas atitudes, ficará cada vez mais inconsolável. E não há um consulado do mundo selvagem aonde ele possa ir para desertar.

Seguros e confortáveis em nossas casas limpas e bem iluminadas, a um metro de distância do matagal caótico do lado de fora, não mais vítimas do clima e da natureza, também podemos perder nossa bússola interior. A parte mais difícil de estar machucada, para mim, é como isso me afasta da natureza, cujo hino verdejante me emociona, cujos humores me fascinam, cujas pedras e pássaros me ajudam a definir o sentido de pertencer ao mundo. Mesmo quando estou para baixo, sempre encontro consolo na natureza, um tônico que me ajuda a lidar com a dor. A admiração cura através de uma alquimia cerebral. Porém, exilada do paraíso, para onde mais posso me voltar? Uma vez tendo feito parte da tapeçaria da natureza, sinto como se estivesse lentamente me descosturando. Pode ser que a posição ereta seja nossa marca, além de ser um imenso progresso, mas, às vezes, os ossos, juntas e a coluna não agüentam o baque e agem de maneira subversiva. "Casa de ossos" era como os poetas elisabetanos chamavam o corpo humano. Presa por minha necessidade de me curar, anseio pelo ar livre. Para sarar preciso repousar, ficar quieta, adiar coisas, restringir meus movimentos, estar disposta a sacrificar o prazer em nome da recuperação.

Gratificação adiada é como isso se chama. Uma idéia exclusivamente humana, dizem alguns, um exemplo de nosso dom superior para o planejamento e a contenção. Mas notei um esquilo-vermelho no meu quintal que faz exatamente a mesma coisa. Ele aparece na hora do café-da-manhã, todos os dias, junto com os esquilos-cinzentos, mas não se detém, como eles, para satisfazer sua fome avassaladora. Em vez disso, agarra uma noz e corre uns noventa metros pelo quintal, até subir em seu pinheiro (onde o perco de vista). Ele faz estoque. Adia a gratificação. Foi só recentemente que o mundo das nozes fora de temporada se abriu para ele. Tenho certeza de que esse banqueiro ruivo sente tanta fome quanto os cinzentos. Mas apenas quando sua cota parece ter sido alcançada é que ele descansa, apanha uma das avelãs deixadas pelos cinzentos e começa a roer ruidosamente a casca. Assim como muitos animais (à exceção dos cinzentos), o esquilo-vermelho emite um ruído alto que parece dizer *Caramba! Encontrei comida!*, repetidas vezes, enquanto come. Estou certa de que a última coisa que ele deseja é ter que dividir qualquer coisa com seus rivais, mas não consegue controlar o mecanismo que alerta os demais para a presença de comida. Espirrando, peidando e trinando ao mesmo tempo, ele é barulhento como o diabo, extremamente irritante. Batizei-o de Red Rodney, em homenagem ao trompetista ruivo que tocava na banda de Charlie Parker. Red Rodney nunca teve muita voz, mas podia troar uma música animada num estranho som gorgolejante.

Em comparação a ele, os esquilos-cinzentos parecem quase serenos, como gigantes vagarosos. Eles ainda competem e desafiam uns aos outros por questões sociais, mas sempre evitam conflito com os vermelhos. Suportam os esquilos coreanos, menores que eles e que, silenciosamente, roubam sua comida. Mantêm distância dos corvos que, por sua vez, também mantêm distância deles. E ignoram os curiangos. Os esquilos-vermelhos, no entanto, são mais abusados, e Red Rodney faz de tudo para aterrorizar aqueles que possam eventualmente representar ameaça, erguendo-se sobre uma pedra e atirando-lhes todo tipo de desaforo. Não há nada como a histeria barulhenta dos esquilos-vermelhos, que parecem disparar como o alarme de um despertador quando se sentem ameaçados. Eles tremem, balançam, se sacodem e gritam, tudo ao mesmo tempo, e sempre atacam primeiro, à expectativa de serem atacados.

Posso dizer, pela reação dos cinzentos — que estremecem ao se afastar dos gritos dos vermelhos —, que eles os consideram profundamente irritantes. Mas preferem não enfrentar Red Rodney. Ele é miúdo, dentuço, rápido e grita feito gente grande. Se o tamanho fosse proporcional às ameaças, ele seria um pelotão de problemas. Ele se aventura na janela de trás quando os esquilos-cinzentos estão ali, se alimentando. Às vezes, ele tromba com um deles, recua para expor as garras de estilete e a briga está armada, com Red Rodney escapulindo antes que se machuque. Sua tática favorita é a de arremeter com todas as armas prontas, emitindo sons estrepitosos de *Não se meta comigo! Eu sou durão!* Durante a Guerra da Coréia, os soldados inimigos acompanhavam seus ataques com gritos, uivos e palavrões tão arrepiantes que os soldados americanos, acostumados a combater em silêncio, ficavam aterrorizados. Seria o barulho uma tática para provocar pânico ou para fortalecer o próprio ânimo, eliminando o medo através de uma avalanche de ruídos violentos? É uma estratégia que funciona para Red Rodney entre os esquilos-cinzentos. Apesar de os cinzentos raramente atacarem os esquilos coreanos. Seu lema parece ser "coma e deixe comer" — exceto com relação aos de sua própria espécie, é claro. Porque, então, não é apenas a comida que está em jogo — eles poderiam perder a honra, o direito de posse e outras coisas inexprimíveis.

Uma fêmea vermelha mais velha, que batizei como "Franjinha" por causa do bico-de-viúva de cor café-com-leite que ela tem na fronte, e outra mais jovem, tímida, a quem chamei de "Mocinha", são um pouco mais reservadas. Se não há ninguém perto das frutas secas, elas se apressam a, silenciosamente, apanhar as nozes (que lutam para erguer, já que a noz é quase do tamanho da cabeça de um esquilo-vermelho). De alguma forma, elas conseguem carregá-las para longe, segurando-as a centímetros do chão. Quando os cinzentos estão por perto, porém, até mesmo essas fêmeas vêm cheias de empáfia, dando rédeas a uma gritaria desenfreada aguda, estridente e repetitiva, que aumenta de volume e velocidade segundo a segundo. Às vezes, os vermelhos se sentam com uma noz, arrulhando de contentamento — é um som suave, felino —, enquanto giram o fruto procurando um ponto por onde abri-lo. Ou gorgolejam e falam sozinhos. Parece que engoliram uma agulha de vitrola. Se um curiango pousar ali perto, ansioso por uma noz, um esquilo-vermelho virá correndo espantá-lo com um cacarejo de galo.

Mas Red Rodney é hostil demais, mesmo para um esquilo-vermelho. É tudo blefe, claro, a falação típica de um sargento ("Como você se atreve a me responder?"), mas realmente funciona. Quando alguns cinzentos estão comendo e se recusam a dar o fora, ele pára bem no meio deles e gira como um cata-vento, gritando impropérios a cada um deles de forma individual. Uma vez, para ver o que aconteceria, Paul colocou uma caixa rasa de frutas secas e, como dois e dois são quatro, os cinzentos se aproximaram cuidadosamente, pegaram uma fruta e se afastaram para comê-la. Quando Red Rodney chegou, pulou para dentro da caixa, começou a gritar com os cinzentos e ficou tão obcecado em defender seu tesouro que nem sequer parou para comer. Por fim, os cinzentos o expulsaram e ele teve que recuar sem uma noz sequer. Mas isso tudo depois de uma meia hora, uma série de ataques e de um gasto enorme de energia que não lhe rendeu absolutamente nada. Era mais vital possuir as frutas que comê-las. Mais importante atacar os outros que se alimentar. Na maioria das vezes, é essa natureza violenta que lhe permite sobreviver num mundo cruel de gigantes. Desta vez, porém, a violência se tornou um fim em si mesma e ele foi a única vítima. Red Rodney pode ser um mini-Napoleão de boca grande, mas, como costumo dizer, os esquilos-vermelhos são oradores natos. E são belos como um quadro de Rubens.

Aparentados aos esquilos-cinzentos, os vermelhos se destacam pelos tons de bordô, mogno e ferrugem, com um claro anel branco ao redor de cada olho. São esquilos pequenos, que temem os humanos e que, ocasionalmente, se misturam aos inimigos, os cinzentos. Para mim, é como observar duas espécies de primatas, próximas em parentesco, mas estranhas entre si e desconfiadas umas das outras. Como os vermelhos são raros, poucos neste quintal, e não têm medo de enfrentar um desvario alimentício dos cinzentos, às vezes jogo uma noz de modo que caia bem aos pés de uma fêmea vermelha. O maná caído dos céus a surpreende; ela olha para a noz, sem se mover, durante uma fração de segundo; então, a agarra e dispara. Ao correr, seus passos são mais amplos que os dos cinzentos e ela parece uma pintura do século XIX de cavalos galopando. Antes da invenção da câmera fotográfica, os cavalos eram retratados nas pinturas com as pernas estiradas e abertas. Foi somente quando a câmera congelou a imagem que as pessoas puderam ver, para seu espanto, como as quatro patas de um cavalo atingiam o chão uma de cada vez e sob o corpo. O ritmo do galope é um pouco como o de um apostador atirando dados, ou de um jogador de beisebol arremessando a bola; a diferença, é claro, é que o que está sendo liberado não é um objeto, mas sim o próprio movimento.

Cinco vezes, durante esta manhã, Mocinha passou cantando pneus pelo quintal e, cinco vezes, atirei-lhe uma noz e a observei carregá-la pelo gramado, atravessar o roseiral, subir uma pedra, escalar o mourão da cerca, descer por uma muda de salgueiro e ir direto à base de um alto pinheiro avermelhado no bosque que fica nos limites da propriedade, a sudeste. Então, ela fez uma pausa para comer uma ou duas frutas, imagino, antes de recomeçar o ir-e-vir; é uma expedição que a fez penetrar o assustador mundo dos cinzentos, além do mítico universo dos primatas gigantes. Já vi os três esquilos-vermelhos juntos, mas sei que a família é maior. Os mamilos da Franjinha ficaram maiores e a pelagem ao redor deles está amassada — sinal definitivo de que ela está amamentando. Rezo para que sobrevivam. Mesmo com a perna engessada, manco até a janela da sala do jardim todas as manhãs, usando uma fileira de cadeiras como arquipélago, para alimentar e observar os esquilos um pouco; então deixo-os com seu mundo, suas famílias e disputas.

—

Após alguns dias de choque e negação, decido assumir meu destino e alugo andadores e uma scooter elétrica. "Tom Swift e sua Motoca Elétrica", digo a meus amigos quando me perguntam o que ando aprontando. Uma manhã, Persis e eu saímos para fazer nossa caminhada pela rota de costume, subindo e descendo a ladeira, passando pela igreja católica e contornando um bosquezinho. Empurrando-me na cadeira de rodas, ela não parece nem um pouco sobrecarregada pelo esforço e me sinto aliviada quando comenta alegremente, no final: — Foi moleza! Graças a Deus podemos fazer nossas caminhadas de verão.

Em nossa próxima saída, na semana seguinte, uso a scooter elétrica, o que torna as coisas ainda mais fáceis. Às vezes, vou até a mercearia, que fica a uns 800 metros e doze minutos de distância; a melhora de mobilidade, por menor que seja, faz muito bem para o meu ânimo. Sei que devo ter sido uma visão do além, um dia em que estava indo para casa em meio a uma chuvinha fina, usando um vestido florido e segurando um guarda-chuva. Mary Poppins?, sugeriu uma amiga. Paul perguntou: "Seria uma gueixa flutuando sob uma sombrinha?" Estupefatos, os cachorros da vizinhança olhavam em silêncio, como os astecas vendo Cortez a cavalo pela primeira vez — onde terminava o humano e começava a outra criatura? Porém, as muitas crianças da rua, acostumadas a me ver sair de bicicleta no inverno, com uma roupa que parece um uniforme ninja, levaram numa boa. Pelo menos agora posso me aventurar fora de casa e curtir a luz do dia.

De vez em quando "passeio" um pouco no sol e, depois, paro embaixo de uma árvore do jardim. Há poucas coisas tão deliciosas, num sufocante dia de verão, quanto mergulhar numa laguna de sombra. A sombra debaixo de uma árvore é particularmente fresca; podemos nos esparramar no solo fresco e úmido e saborear cada toque da brisa como se fosse um sopro do Ártico. E, é claro, a sombra é o ponto tradicional dos namorados de verão, que transformam até mesmo o canteiro mais sem graça num oásis. Mães, às vezes, usam o próprio corpo para fazer sombra para o rosto de seu frágil e acalorado bebê. No Amazonas, garças socozinho ficam de costas para o sol, pois assim podem enxergar e caçar mais claramente usando a própria sombra. Dizemos que um fantasma é uma sombra porque vive no mundo das sombras, é como uma miragem e não carrega senão um semblante humano. Colocamos cortinas para fazer sombra em nossas janelas para que as possamos fechar, como pálpebras. A sombra é um artigo de luxo precioso. Pode ser diminuta (a sombra de uma folha invernal) ou gigantesca (a noite sobre a Terra). A sombra é como uma compressa fria na testa de um dia quente de verão. Nos balneários, os vendedores geralmente oferecem sombra para vender — sejam guarda-sóis ou tendas. No poema de Josephine Jacobsen "The Shade Seller" ("O Vendedor de Sombras"), há homens que vendem "sombra" para os turistas numa escaldante praia do México. Um dia ela os ouve dizer que *No hay sombra* e percebe, horrorizada, que já não há mais sombra para vender.

Como seria a vida sem esses abrigos frescos e temporários? Ou sem os calorosos e úmidos? O escritor francês do século XIX Pierre Louÿs, sensual e erótico, descreve as partes pudendas como "a caverna úmida, o abrigo sempre cálido, o refúgio no qual o homem descansa a caminho da morte". Existem tantos tipos de asilo, desde a sombra de uma folha grande de lírio sob a qual um esquilo pode se refrescar num dia quente, até o asilo político que a Holanda ofereceu aos judeus durante a Segunda Guerra Mundial, o qual foi um asilo duplo: um óbvio, outro microscópico, pois os holandeses estavam protegendo não só a vida daqueles indivíduos, como também sua reserva genética. A própria palavra *asilo* nos brinda com uma sensação de alívio e pode representar um delicioso antídoto a uma metáfora desgastada. Gosto destas, por exemplo: *o asilo de um olhar, o asilo da família burguesa, o amor é o asilo do coração, ela se sentiu muito segura no asilo dos seus braços.* A criança tímida pode encontrar asilo nas dobras da saia de sua mãe. Neste mundo de terremotos, sofrimentos, rivalidades e tiroteios, guardamos com carinho a idéia de um lugar seguro. Um lugar como um esconderijo, mas público. Um ponto de sombra mental e emocional. Buscamos asilo.

Ainda assim, é irônico que muitas pessoas se refiram aos hospitais psiquiátricos como *asilos de doidos.* Eles realmente protegem seus internos contra as intempéries do mundo, dão uma certa anistia, permitem-lhes refugiar-se da vida enquanto se curam. No entanto, nosso preconceito com relação às doenças mentais, assim como nosso temor a elas, confere à palavra uma dose de terror. *Você deveria estar internado num asilo!*, grita um homem, furioso.

Arrastaram-no para um asilo, sussurra uma mulher à amiga. A palavra perdeu sua calma e dignidade fundamentais. Originalmente, significava uma igreja ou algum outro lugar sagrado que fosse inviolável, onde não se poderia ser capturado por estranhos. E pelo que a substituímos? "Instituição psiquiátrica?" O cérebro é uma instituição psiquiátrica, um pequeno parlamento de células. O eufemismo que usamos com quem nos telefona no Serviço de Prevenção ao Suicídio é "hospital". Acha que se sentiria mais seguro num hospital?, podemos perguntar a um suicida. Não poderíamos dizer "asilo", pois a pessoa logo imaginaria celas infestadas de ratos com prisioneiros se contorcendo em camisas-de-força. Asilo é uma palavra rica que soa até mesmo segura, como um santuário feito de grossas paredes de pedra. Se pelo menos as pessoas não a usassem juntamente com *doido* ou *maluco.*

—

Paul tem que viajar a negócios por uma semana, então uma amiga minha viaja de Long Island para ficar uns dias comigo, o que é uma bênção. No cruzeiro marítimo do eclipse, em que Frank Drake me contou de seus anos de atendimento no SP, eu e ela passamos uma semana inesquecível no mar, saboreando um fenômeno natural que aterrorizava nossos antepassados e que, freqüentemente, mudava o rumo da história. Na Ásia e no Oriente Médio, assim como na Europa medieval, as pessoas juravam terem visto um dragão devorando o sol; na Alemanha, eram os lobos as bestas devoradoras do sol; nas Índias Orientais, a luz do sol havia sido arrancada por um monstro parte águia, parte leão. Algumas culturas achavam que o sol e a lua eram amantes engajados numa violenta relação sexual. Os antigos sacerdotes sabiam a respeito do ciclo dos eclipses, mas geralmente mantinham aquela verdade arcana em segredo. Então, num determinado ano, previam que haveria uma catástrofe com o sol, que traria a morte das plantações e dos rebanhos e a escuridão reinaria para todo o sempre — a não ser que as pessoas fizessem exatamente o que eles mandassem para apaziguar os deuses. Os chineses espantavam o dragão com danças ferozes, acompanhadas do som alto de tambores e gongos. Os japoneses cobriam seus poços para que as águas não fossem contaminadas. Os inuítes viravam seus caldeirões de cozinha de cabeça para baixo para evitar que as substâncias malignas os contaminassem. Mas os sacerdotes faziam outras exigências, mais convincentes: feitiços, sacrifícios de animais (às vezes de humanos), pequenas fortunas, promessas de lealdade, guerra ou paz.

Nas mentes antigas, não era uma bola de fogo celestial que estava sendo apaziguada, e sim um deus ou uma deusa e, sem dúvida, eles imaginavam a possível hecatombe com riqueza de detalhes arrepiantes. Afinal, eles também caçavam e matavam animais, portanto sabiam como os lobos e os leões esquartejavam suas presas, membro a membro. Sentindo seu sopro quente sobre o corpo todos os dias, os antigos confiavam no sol como se fosse uma divindade suprema, uma fonte de calor e de luz vivificante e fertilizadora. Uma divindade capaz de cegar. Aqueles que observam um eclipse podem ficar com cicatrizes em formato de crescente na retina. É difícil imaginar o quão assustadoramente real deve ter parecido o assassinato iminente daquela divindade ou o sangue pútrido que imaginavam que espirraria como conseqüência de sua morte. Enquanto ficamos no convés, observando a transformação do céu, o ar foi ficando cada vez mais ameno e úmido e uma escuridão sepulcral caiu sobre o oceano. Ficou fácil entender como as pessoas podiam fazer juramentos, sacrifícios, pagamentos, cessões e compensações para trazer a luz de volta. Nós duas estávamos ali a trabalho: a *Travel Holiday* havia pedido à minha amiga que escrevesse um artigo sobre o eclipse e, a mim, que escrevesse um poema; os dois seriam publicados lado a lado na revista. No poema, tentei capturar um pouco do medo, da magia e da ferocidade do eclipse, o desespero que as pessoas devem ter sentido em recuperar o sol, mas era também um poema sobre o eclipse emocional, sobre como a depressão pode ser brutal e sobre o alívio de voltar a um humor melhor, num mundo iluminado pelo sol.

ECLIPSE

Os cães negros do inferno
perseguem o sol
cujos cornos derramam luz,
cascos soltam fagulhas,
olhos derramam a seiva clemente
que flui por nossas veias,
que faz o coração funcionar
e as estações se equilibrarem.

O mensageiro vacila.

O ar se endurece como uma tumba
A luz sacrificada tremula
por sobre o mar. Então o dia falha,
o tempo solta as rédeas
e, com esforço, o mundo
vira de cabeça para baixo.
Estrelas ofegam no horizonte
como um regimento de lobos.

O mensageiro vacila.

A escuridão chega ao meio-dia.
Os frios tecidos da noite
cascateiam pelos céus
fantásticos e sombrios.
Um cortejo de nuvens desfila
sobre as ruínas ancestrais
onde planetas surgem
como batidas silenciosas de tambor.

O mensageiro vacila.

Uma porta se abre para as cidades fantasmas
de nosso passado e rezamos
para que nada interrompa o sol
de ondular
pelas plantações,
de regular nossos relógios,
de varrer os pesadelos
de nossos sonhos.

O mensageiro vacila.

Sacrificaríamos qualquer coisa —
riquezas, membros,
poder, família —

para resgatar o companheiro infernal
de sangue quente, tão precipitado
e incontrolável, maior que a vida,
o doce traidor, a luz selvagem.

O mensageiro vacila.

Apesar da desolação do poema, escrito a partir de memórias assustadoras, a viagem foi um idílio marítimo repleto de diversão e descoberta. Em meu escritório tenho uma fotografia emoldurada, tirada nesse cruzeiro: nós duas de braços dados no convés, vestidas em camisetas pretas de eclipse e calça branca, usando "óculos de eclipse" berrantes cor-de-rosa e prata para proteger os olhos do sol; em nosso rosto, sorrisos que só crianças de dez anos de idade são capazes de produzir.

O fato de ela vir agora para cá funciona como um tônico, como ela certamente sabe que seria. Jogando minha cadeira de rodas no porta-malas do carro, ela me leva até o centro da cidade, até o refúgio de aves, para ver os filhotes de gansos canadenses — fofos e bamboleantes, com ossos delicados como gravetos —, além de me levar em passeios pelos meandros dos campos em flor.

CAPÍTULO 8

A Escuridão do Nosso Tempo

O verão começa cedo, com uma luz suave que se insinua entre as árvores e samambaias, ressaltando o rosado dos gerânios selvagens e as campânulas das aqüilégias. Não é a luz intensa do outono, nem a luz débil do inverno, é uma luminosidade suave, pantanosa e fértil. O céu geralmente úmido está denso de pólen, insetos e outras coisas voadoras. Podemos vê-las, tocá-las, juntamente com as mesmas moléculas um dia inaladas por Shakespeare, Colette, Leonardo. A terra não desperdiça nada, nem sua água nem seu ar. A vida galopa através de todas as coisas vivas, fixa as flores em suas raízes, faz com que barrigas cresçam. Cada ser vivo se abre, se alonga, sente o fluxo em suas veias, corre riscos. Os longos dias de julho alimentam nossa fome de luz, saturam a pequena glândula pineal localizada na testa e nos sentimos mais saudáveis e cheios de vida que nunca. *Procrie*, nos diz a voz silenciosa da célula, *agora é o momento.*

O barulho insano de um ferreiro há dias vem enchendo o ar, e os vizinhos estão reclamando uns para os outros a respeito deste trabalhador sem consideração que começa tão cedo; então, vou atrás do ruído para ver o que está acontecendo. Para meu deleite, bem no limite do jardim da frente encontro um pica-pau de cabeça escarlate usando freneticamente um sinal de trânsito metálico como caixa de ressonância para suas canções de acasalamento. É um guitarrista de rock em forma de pássaro. Dois esquilos correndo ruidosamente pelo telhado me lembram de servir o café-da-manhã. Guardando os binóculos, vou mancando até a sala do jardim, abro a janela e jogo alguns amendoins e sementes de girassol. Dez esquilos aparecem como por encanto e começam a comer em silêncio, lado a lado. Um tremor de folhas e plantas atrai meu olhar e vejo um esquilo alquebrado e temeroso que olha, hesitante, para as frutas. Um grande tufo de pêlos está faltando nas costas e na cabeça, onde se pode ver a pele em carne viva. Ao ver a marca em sua orelha, fico feliz e triste ao mesmo tempo. É o Pidão, tristemente vencido, tendo perdido todo o espírito. Abro a janela. Ele não vem. É doloroso vê-lo assim, tão enfraquecido e doente. Mesmo que recupere as forças com os frutos e as sementes, se atreveria a passar por aquele quintal que os outros agora dominam?

Finalmente, o Pidão se aproxima, com dificuldade, depois que a maioria dos outros esquilos já se alimentou. Jogo frutas secas para ele, que come algumas devagar, pacientemente, como se num transe. Os demais esquilos grunhem para ele, um ataca e ele salta para uma muda de árvore. Então volta, come mais uma fruta e vai embora. O ferimento em suas costas revela carne inflamada; seus olhos estão opacos, não são brilhantes e alertas. A mudança na personalidade é surpreendente. Durante algum tempo, pareciam não haver nozes suficientes no mundo. Ele as queria todas, ilimitadamente, e podia afastar qualquer esquilo que o importunasse. Agora parece letárgico, hesitante e frágil, sem apetite. Quando ameaçado por outros esquilos, ele se encolhe. Devagar, sobe por uma castanheira alta e descansa num galho, parecendo cansado e enfraquecido, enquanto os outros se alimentam lá embaixo. Se fosse um ser humano nessas condições, diríamos que está deprimido.

A sirene do departamento de bombeiros voluntários soa e, quase instantaneamente, sirenes menores soam a distância, como reflexos. Embora eu saiba que se trata de sirenes, o cinema da minha mente exibe a imagem de focas urrando umas para as outras, do alto de suas rochas nas Ilhas Falkland. Sorrio. Isso foi anos atrás, na volta de uma viagem à Antártida. Um criador de ovelhas das Ilhas Falkland me disse que os ratos locais pescavam na arrebentação, ficando de costas para o mar e sacudindo a cauda na água, à espera da mordida do peixe. Meio que acreditei e, desde então, perguntei a todos os especialistas em roedores a quem conheci (e conheci um monte) se já tinham ouvido falar nisso. Ficava sempre nos limites da possibilidade. Os ratos são inteligentes, adaptáveis e, ao contrário de nós, não são capazes de vomitar comidas venenosas, o que significa que devem ficar atentos quando os demais estão comendo e que correm riscos durante toda sua vida para conseguir sobreviver. Eles observavam os esquilos comerem sementes de moranga e de girassol e, como não viam nenhum deles cair com as patas para cima, julgavam a refeição segura. Não duvido nada que haja um rato cauteloso observando nesse momento.

Tudo que quero é ir de um canto a outro da casa; não é uma coisa na qual eu pense com freqüência, uma questão de minutos. Mas meus esforços desajeitados, vergonhosos e lentos mudaram a relação do tempo. O tempo se quebrou. Os banhos são atos elaborados, demorados e cheios de malabarismos. Com as muletas, pulo num pé só como um pássaro que não voa. Tenho que planejar cada excursão pela casa, pensar de forma econômica, reservar tempo extra de deslocamento. Depois de uma odisséia de quinze minutos, usando a cadeira de rodas e o andador, vencendo pequenas etapas e mancando através de uma porta de incêndio de molas pesadas até a garagem, finalmente subo na scooter e vou até a casa vizinha para falar com Persis. O filho de quatro anos, cabelos encaracolados e sardas no nariz me vê primeiro e faz o que se supõe ser um ataque assustador dos Power Rangers. Suas sandálias são decoradas com escudos dos personagens e até o remendo no joelho de sua calça é, como ele diz, "um remendo secreto especial dos Power Rangers". Pois é, ele é um desses fãs obcecados.

— Você *morfa*? — pergunto, séria, referindo-me ao poder Power Ranger de mudar de forma física.

— Não — diz ele, mas explica que, como todos os Power Rangers, ele viaja, disfarçado, para combater as forças do mal. Fascinado por todo tipo de veículos, como qualquer garoto pequeno (ver tratores o deixa extasiado), mostro como funciona minha scooter e deixo que toque a buzina, o que produz um bipe sem muita vontade.

— A que velocidade chega? — ele pergunta, esperançoso. Na potência máxima, chego a me arrastar, o que o deixa profundamente decepcionado. Então, o rostinho brilha. — Você tem que dizer "AVANTE POWER RANGERS!" — grita ele, pulando com o punho fechado golpeando para cima. É assim que os Power Rangers vão à velocidade da luz.

— "AVANTE POWER RANGERS!" — grito, para a alegria de Joseph, e vou descendo a rua com Persis, a 2 km/h.

A mania de Joseph não me surpreende. A fantasia de cada geração de crianças parece ser o vingador secreto, o justiceiro, o mensageiro do bem. Pequenos e relativamente indefesos perante o mundo, cientes dos limites da família, mas não ainda dos da natureza, as crianças têm sonhos inquebrantáveis de grandeza. Que quase sempre incluem feitos heróicos impossíveis: voar, tornar-se invisível, combater sozinho uma horda de malfeitores ou desviar-se de balas. Aprisionados em nosso corpo, amaldiçoados e abençoados com uma mente desejosa de extremos onipotentes, competimos uns contra os outros para atingir esses extremos, o que, por alguma razão, chamamos de perfeição; fantasiamos em superar o melhor, romper os limites de nossa carne e nos tornarmos algo diferente daquilo que somos, algo mais nobre, pensamos, algo mais talentoso, diferente de nosso ser insípido e maculado, algo que não polua seu corpo com comida ou que evacue a sujeira de seus intestinos, algo que não pegue um resfriado e que não perca a sanidade mental, algo que sejamos nós, mas que não sejamos nós, seres capazes de desafiar o tempo e de enganar a morte. Toda criança redescobre esse desejo, de ser o imperador mágico de um império fantástico, no qual seu nascimento é de grande importância, seus desejos são atendidos e sua extrema carência está mascarada pela habilidade de distribuir recompensas. Nessa representação de fantasia e desejo, patrocinamos o bem, eliminamos o mal, somos o filho favorito de todos os pais e acrescentamos medalhas aos uniformes de nossa auto-estima. Não são apenas as crianças que confundem o real e o irreal, acontece que as crianças têm permissão de fazê-lo. Não é irônico que a única situação em que toleramos a grandiosidade seja quando parte dos mais frágeis e pequenos dentre nós? Sempre achei um paradoxo curioso o fato de que, em geral, quanto mais alto o homem, mais sucesso terá, ao passo que, quando se trata da verdadeira grandeza — na arte, filosofia, política —, os heróis tendem a ser baixos como crianças que não ultrapassaram o tamanho de seus sonhos grandiosos.

Em tempos de guerra, o mal apresenta um aspecto familiar; devem-se combater nazistas ou bárbaros. Em períodos de paz, à falta de inimigos concretos, é preciso inventar forças satânicas, subjugar os infiéis. A luta, porém, sempre contrapõe o bem e o mal, nós contra eles, nosso estilo saudável e iluminado contra as almas putrefatas das criaturas da noite. Por que será que vivemos eternamente representando essa rinha entre o bem e o mal? Por que valorizar a bondade, o altruísmo, a honestidade, a retidão, a justiça e a lealdade? Ao folhear um álbum de família, é fácil ver de quem se herdou o cabelo, a cintura fina ou o queixo quadrado. Não é tão fácil, porém, compilar um álbum de família com os traços de personalidade, embora seja altamente provável que os parentes digam que você é cabeça quente como seu pai, extrovertido como sua mãe ou que tem o senso de humor de seu tio. Mas onde está o álbum de família no qual todos os seres humanos podem olhar para entender os redemoinhos de sua natureza? Tenho sorte de viver numa época em que as pessoas começaram a fazer essas perguntas: *Evoluir? Dos macacos? Os humores e as personalidades?* Há apenas um século, essa linha de pensamento era considerada heresia. Hoje buscamos uma cartografia detalhada dos recantos misteriosos do cérebro.

Quando retornamos de nosso passeio, Persis entra em casa para amamentar Rose, de um ano de idade. Pergunto-me se é verdade o que Melanie Klein afirmou, que nossos anseios emocionais se devem à lembrança do "seio bom", um fantasma a que perseguimos durante toda nossa vida. Durante os últimos oito anos, vi, freqüentemente, Persis amamentando um de seus três filhos. Será que eles estão armazenando poderosas lembranças de uma felicidade-que-nunca-mais-será-encontrada? Conforme ela entra em casa, olho-a com atenção: os lindos olhos castanhos, o nariz pequeno, a testa ampla cheia de inteligência. Ter tanto poder. Lembro-me da resposta de um cirurgião da Interplast em Honduras, quando perguntei se ele pensava na criança que estava operando, durante a cirurgia: — Deus do céu! — disse ele, espantado. — Se eu fizesse isso, ficaria petrificado!

—

Novamente em casa, mal me acomodo numa cadeira e escuto o grito mais horrível, um uivo agudíssimo de disparar o coração. Quando olho pela janela da cozinha, vejo um corvo com uma criaturinha peluda nas garras. De repente o corvo voa para o quintal de Persis, para despachar sua presa. Um rato? As orelhas são mais longas. Talvez um rato-canguru? Volto para minha cadeira. Minutos depois, ouço o mesmo grito enregelante. De novo, manco até a janela. Para meu profundo espanto, vejo um esquilo coreano abocanhando um filhote de coelho, do mesmo tamanho que ele, pelo pescoço. Um esquilo tentando matar um filhote de coelho! Nesse momento, os gritos do coelho são de furar os tímpanos. Saio cambaleando o mais rápido que consigo e espanto o esquilo; então, me aproximo do coelho, congelado feito uma estátua, chocado e trêmulo.

— Fuja — gentilmente o encorajo. Mas ele continua estupefato. Quando o cutuco com a ponta emborrachada da minha muleta, ele salta para baixo das folhas largas de um caládio. Talvez se esconda ali pelo resto do dia, recupere suas forças e tenha um futuro melhor amanhã. Volto para dentro.

Minutos depois, ouço os mesmos gritos mortais e já sei o massacre que me aguarda. De fato, ao sair pela porta da frente, encontro o esquilo novamente com o coelho pelo pescoço. Assusto o esquilo e vou mancando atrás do coelho. Desta vez, tento perseguir o bicho até o quintal do vizinho, fora do território do esquilo, mas o coelho é jovem demais para saber como fugir. Corre na minha direção, em vez de para longe de mim, e, ao deparar-se com uma parede, fica mais confuso ainda. Volto mancando até a cozinha, pego uma grande tigela de plástico e saio novamente, para encontrar o coelho meio escondido sob as folhas de um lírio. Cutuco-o com a ponta da muleta para que entre na tigela. Daí tapo a tigela com uma das muletas e sigo, cambaleando, até o quintal do vizinho, bem no momento em que a pequena Cornelia aparece correndo, as tranças esvoaçando.

— Não espante os coelhinhos para o quintal! — ela grita, a voz tensa de preocupação. — Os corvos irão comê-los!

Seus olhos ficam arregalados quando mostro o que tenho nas mãos: uma tigela cheia de coelho assustado.

— Não estou espantando os coelhos — explico e conto a ela sobre o esquilo carnívoro e o coelhinho bebê. — Você poderia levá-lo até o seu quintal e soltá-lo lá?

— Os corvos irão pegá-lo — ela diz angustiada. Então, seu rosto se ilumina. — Vou levá-lo para casa — ela diz. — Talvez possa ficar com ele.

— Ótima idéia. — Entrego a ela o coelhinho, uma coisinha adorável e trêmula, com pêlos castanho-acinzentados e orelhinhas pontudas. É tão pequeno e sozinho, tão confuso e assustado. Não é de surpreender que os coelhos tenham tantas crias; a taxa de perda entre os filhotes deve ser imensa. No entanto... esquilos carnívoros? Eu não fazia idéia de que eles comessem carne. Nem que caçavam coelhinhos do mesmo jeito que os leões do Serengeti fazem com suas vítimas, enterrando as presas no pescoço do animal e arrastando-o.

Novamente volto para dentro de casa. Mas logo aparece Cornelia, desta vez acompanhada por duas garotas vizinhas. O pai de Cornelia, que constrói máquinas de synchrotron durante o dia, fez uma casa temporária de papelão para o coelhinho, e a mãe dela lhe deu um pouco de alface. O plano de Cornelia é telefonar no dia seguinte para a Sociedade Protetora dos Animais e perguntar se eles gostariam de levar o animalzinho para um abrigo, ou se existe algum lugar onde pudessem libertá-lo em segurança. Ela promete cuidar do coelhinho e me contar, depois, o destino que lhe foi dado.

Até os coelhos precisam de sorte, penso ao entrar em casa. Aqueles gritos de morte ressoaram por toda a vizinhança. Às vezes, à noite, ouço gritos semelhantes vindo do bosque e sempre pensei que fosse um guaxinim estrangulando um mamífero menor. Agora sei que era o ruído de um coelho tendo espasmos mortais. Imagino que aquele guincho assustador seja o último som emitido por um animal, uma tentativa derradeira de espantar o atacante ou de chamar ajuda. Uma aposta desesperada. Desta vez funcionou de uma maneira inesperada, fazendo com que seres humanos piedosos viessem correndo.

—

Depois de tanta agitação, decido passar uma tarde tranqüila no pátio atrás da casa — um verdadeiro aeródromo de mariposas e libélulas — e sou recompensada pela visita de meia dúzia de beija-flores, sobre os quais vou escrever um artigo na *The New York Times Magazine.* Isso me força a escancarar as portas dos sentidos e a prestar atenção nas lições ensinadas na sala de aula da natureza. Eu teria assistido à aula, de qualquer forma, mas sempre nos esforçamos mais quando tem uma prova aguardando no final do período. O beija-flor, um de meus pássaros favoritos, maníaco e belo, lembra-me o preço oculto da criatividade, algo que decido não mencionar no artigo. Apesar de sua vivacidade e beleza, os beija-flores levam uma vida de perigo. Além disso, existe um fato a respeito dos beija-flores que continua me surpreendendo.

Muitos deles morrem dormindo. Como uma minúscula explosão de cores, o beija-flor passa o dia todo à velocidade da luz, zunindo e rodopiando entre milhares de flores carregadas de néctar. Têm um coração enorme e precisam de quantidades colossais de energia para seus vôos; portanto, vivem num processo contínuo de busca por comida. Tendem a preferir as flores vermelhas, em forma de trompete, das quais o néctar brota copiosamente; além disso, têm que se alimentar a cada quinze minutos. Sugam o néctar usando sua língua em forma de W, lambendo como fazem os gatos (só que muito mais rápido). Como um minirrufar de tambores, seu coração bate quinhentas vezes por minuto. Se assustado, dispara a mais de 1.200 batimentos por minuto. Comendo e voando, namorando e duelando, os beija-flores consomem a um ritmo febril. Nenhum animal de sangue quente gasta tanta energia. Isso, porém, os coloca em grande risco. Ao final do dia, consumido e exausto, o beija-flor praticamente colapsa de cansaço.

Então, na noite escura, ao afundar num estado de torpor, como um zumbi, sua respiração fica cada vez mais superficial e o coração desacelera a apenas trinta e seis batimentos por minuto. Quando amanhece o dia sobre as fúcsias e as aqüilégias, os beija-flores têm que fazer o coração pegar no tranco, elevar sua temperatura corporal e disparar os músculos para outro dia de vôos em ritmo de tudo-ou-nada. Esse processo exige um esforço monumental de que muitos não dão conta. Portanto, há muitos beija-flores que morrem dormindo.

A maioria, porém, consegue se reacionar. É por isso que nos mitos e lendas dos índios norte-americanos os beija-flores são freqüentemente retratados como símbolos da ressurreição, posto que parecem morrer e voltar à vida no dia seguinte, ou na estação seguinte. O deus asteca da guerra chamava-se Huitzilopochtli, um nome composto cujo significado é "ser brilhante cuja arma parece um espinho de cacto" e "feiticeiro que cospe fogo". Os guerreiros astecas lutavam sabendo que, se caíssem em batalha, reencarnariam na forma de um beija-flor cintilante e corajoso. Os machos dessa espécie eram glorificados por sua ferocidade em batalha. E suas penas rebrilhavam ao sol como se fossem escudos incrustados de pedras preciosas. Os governantes astecas vestiam trajes cerimoniais feitos de penas de beija-flor. Conforme caminhavam, as cores dançavam em seus ombros e os banhavam em um espetáculo de luzes sobrenatural.

Ao contrário da maioria dos pássaros, que estrelam uma opereta de vez em quando, os beija-flores são mudos. Vozes tão delicadas não iriam mesmo muito longe, então eles geralmente não se dão ao trabalho de cantar. Se não podem fazer uma serenata para o ser amado, nem lançar gritos de guerra a um rival, como fazem, então, para representar os dramas essenciais da vida? É simples: eles dançam. Comunicam suas intenções e sentimentos usando a linguagem corporal, assim como as abelhas, os vaga-lumes e as dançarinas de hula-hula. Para os beija-flores, isso significa balés aéreos elaborados nos quais os machos giram, lançam desafios, aplicam golpes furtivos e saem dando cambalhotas. Insolentes e agressivos, eles enfrentam, inclusive, adversários muito maiores, como gatos, cachorros e seres humanos.

Persis me contou, uma vez, que já havia sido alfinetada por beija-flores. Quando morava em San Francisco, ela era freqüentemente atacada por beija-flores em frente a seu prédio de apartamentos. Da perspectiva das aves, era ela quem estava invadindo a propriedade *deles*, e não o contrário, e eles voavam ao redor da cabeça da pobre mulher tentando espantá-la. Meus encontros com os beija-flores sempre foram mais benignos. Todas as vezes que percorri florestas tropicais da América do Sul, com o cabelo trançado e preso por uma fita vermelha, os beija-flores presumiram que a fita fosse uma flor suculenta e sondaram repetidas vezes meu cabelo tentando encontrar néctar. O toque deles é tão delicado quanto o de uma abelhinha. Mas era o ruído próximo à minha orelha que me fazia estremecer. Depois de algum tempo, eles iam embora, mas por alguns momentos eu me sentia aquele personagem do gibi *Ferdinando,* cujo nome tinha alguma coisa a ver com "Zumbido". Em português, o nome dessa ave se refere ao ato de beijar a flor, mas na maioria dos idiomas, porém, são identificados como "jóias voadoras". Foram os colonos norte-americanos, práticos e trabalhadores, os primeiros a imaginar que o pássaro cantarolava, emitindo um zunido musical, enquanto cumpria suas tarefas.

No verão passado, minha amiga Jeanne teve um encontro íntimo com uma fêmea de beija-flor. Ao longo dos anos, Jeanne várias vezes se chocou ao ver sua gata, Beltaine, aparecer com ratos silvestres, pássaros e até mesmo filhotes de coelho. Existem poucas coisas que se igualem ao apetite por sangue de um gato malhado. Um dia, porém, Beltaine trouxe algo raro e lustroso: um resistente beija-flor. As penas estavam revoltas, havia um pouco de sangue no peito, mas a ave ainda parecia alerta e viva. Então, Jeanne improvisou um ninho numa pequena cesta de arame forrada com tecido e alimentou a ave com água açucarada, usando um conta-gotas, a intervalos regulares. Para seu espanto, ela viu que a ave soltou uma pequenina pérola. Os ovos do beija-flor são do tamanho de grãos de café e as fêmeas geralmente carregam dois de cada vez. Portanto,

Jeanne sabia que deveria haver outro em segurança lá dentro. Após uma noite tranqüila, a beija-flor parecia mais forte e, quando ela levou a cesta para fora, ao amanhecer, a pequena vítima acidentada saiu voando.

Foi um beija-flor-rubi, aquele de que Jeanne cuidou, o único nativo da Costa Leste dos Estados Unidos. No inverno, eles migram por milhares de quilômetros, cruzando montanhas e mar aberto até o México e a América do Sul. É bem possível que ela tenha recebido a visita de uma espécie conhecida pelos astecas. Ao todo, existem dezesseis espécies de beija-flor na América do Norte, principalmente perto do equador, onde podem se alimentar de um verdadeiro bufê de flores. O menor deles, o beija-flor-abelha cubano, é o menor animal de sangue quente do mundo. Mede somente seis centímetros, do bico à cauda, é menor que a garra de uma águia e seus ovos parecem sementes. Não existem beija-flores em outras partes do mundo. São um fenômeno do Novo Mundo. Assim como a baunilha, cuja história está relacionada à dos beija-flores. Quando os primeiros exploradores voltaram para casa, trazendo suas riquezas do Ocidente, para sua profunda frustração viram que era impossível cultivar as sementes de baunilha em qualquer outra região. Demorou muito até que descobrissem que os beija-flores é quem eram os agentes polinizadores das orquídeas da baunilha e, então, criaram bicos artificiais com bambu para fazer o trabalho dos pássaros.

Agora que o verão chegou ao fim, passo dias privilegiados observando o movimento peculiar dos beija-flores. A melhor maneira de observá-los é ficar contra a luz para que as aves fiquem de frente para o sol. As cores tremeluzentes não são pigmentos reais e sim o resultado da luz sobre células transparentes que funcionam como prismas. *Iridescer,* outro daqueles verbos de significado completo, como *suicidar-se.* Os beija-flores iridescem pelo mesmo motivo que as bolhas de sabão. Cada pena contém minúsculas bolhas de ar separadas por espaços vazios. A luz reflete nas bolhas de ar em diferentes ângulos, o que faz com que as cores flamejantes pareçam tão variadas e vivas. No fim, tudo é vaidade. O brilho do macho atrai a fêmea para o acasalamento. Mas isso não importa muito para nós, os jardineiros, que observamos os beija-flores patrulharem as flores como se a aurora boreal houvesse, de repente, caído à Terra.

—

Após o jantar, tomo um táxi para o centro da cidade, até o Centro de Apoio, e manobro pelas escadas da entrada apoiada em meu andador, subindo os dois lances de escadas internas pulando num pé só. Com os músculos tremendo, paro no meio do caminho para descansar. Sentada no degrau, vejo um lance de escadas para baixo e outro para cima; é como se estivesse numa gravura de Escher. Não adianta chamar o orientador que está de serviço; posso ouvi-lo falando baixinho ao telefone. O próximo lance de escadas é um pouco mais rápido, e quando, finalmente, abro a porta empurrando-a com o ombro e entro cambaleando na sala de atendimento, vermelha e suando, um homem encorpado de óculos se vira na cadeira e sorri. Por um momento, seu rosto fica em dúvida sobre o que fazer. A pessoa do outro lado da linha precisa de ajuda, mas sua companheira orientadora também parece precisar. Seu corpo tenta se levantar e penso que ele planeja, de alguma forma, continuar ao telefone enquanto me ajuda a sentar; então sinalizo que estou bem. Ele assente e diz, ao telefone: — Deixe-me ver se estou entendendo direito; você descobriu que sua ex-mulher grampeou seu telefone e está editando suas conversas para parecer que você falou algo diferente? E que ela leva um minigravador toda vez que vocês conversam? Hum-hum... e ela monta as conversas tão bem assim? O que ela fez você dizer?... Puxa vida, entendo por que está tão preocupado... Não sei se aceitariam isso num tribunal de família; você precisaria perguntar a um advogado... Como se sente quando ela conversa com você e grava tudo numa fita?

Parece uma chamada interessante. Acomodando-me numa cadeira próxima, leio o Alerta Vermelho, o Boletim da Sexta-Feira, e verifico o mural de avisos. Há um cartão-postal da Jamaica que diz: "Por fim um lugar onde consigo dormir em paz. Saudações tropicais a todos, Jack." É Jack Smythe, um orientador que só conheço de ouvir falar. Um dia, há alguns anos, Jack estava num turno da noite, apesar da gripe e da febre, e, quando se deitou para cochilar um pouco, caiu num sono profundo como a morte. Durante a noite, Hank, uma daquelas pessoas que telefonavam com freqüência para o SP, ligou diversas vezes e ficou preocupado pelo fato de ninguém atender. Talvez ele tivesse discado o número errado. Ligou novamente. Ainda nada. Como aquilo podia acontecer numa linha de emergência vinte e quatro horas? Já fazia anos que Hank telefonava para cá, considerava os orientadores seus amigos e, conforme a noite foi passando, ele foi ficando mais e mais preocupado. Finalmente, em pânico, ele avisou à polícia, que contactou Marian van Soest, que, por sua vez, telefonou para o SP; ao não obter resposta, ela pediu à polícia que a encontrasse na central de atendimento. Correndo pelas escadas, eles encontraram a porta trancada. Apesar de baterem fortemente, não houve resposta.

Voltando rapidamente para baixo, os dois policiais estacionaram a viatura sob a janela do segundo andar, subiram no teto do carro e entraram pela janela do escritório. Destrancaram a porta de acesso ao segundo andar para que Marian entrasse e os três se puseram a gritar e bater à porta trancada da sala de atendimento. Será que o orientador tivera um ataque cardíaco? Após uma busca minuciosa, encontraram a chave da sala de atendimento na gaveta da escrivaninha de um dos escritórios. Temendo o pior, ela e os policiais entraram, deparando-se com Jack a sono solto no sofá. Quando Marian tocou de leve sua perna, ele despertou, dizendo automaticamente: — Serviço de Prevenção ao Suicídio e de Apoio Emocional. Posso ajudar?

Quando Jim encerra sua conversa telefônica, levanto-me no meu andador e avanço lentamente. — Sinto-me tão selvagem hoje que trouxe minha própria jaula — explico.

Rindo, Jim me ajuda a me acomodar na escrivaninha. — Como foi que você conseguiu fazer isso? — ele pergunta. Por um momento, sinto-me tentada a inventar uma história, dizer que estava participando de uma orgia de jacarés e um deles reclamou, ou que estava realizando um antigo sonho de trabalhar como equilibrista num circo. Em vez disso, conto a simples verdade: alguns degraus bobos, seguidos por uma porção de lágrimas igualmente bobas. Advogado de meia-idade, bom coração e divorciado, Jim freqüentemente assume os turnos da noite de Natal, de Ano-novo ou do Dia de Ação de Graças. Existe uma bondade paciente em Jim, além do que, imagino, seja uma batalha diária contra a solidão. Costumo telefonar nos feriados, sabendo que ele estará de serviço, só para dizer olá e desejar tudo de bom.

— Foram os degraus da sua casa ou de outra pessoa? — ele pergunta, fingindo tom profissional.

— Deixa pra lá!

Ele ergue os braços num gesto que diz *Tá bom, então não vou mandar uma citação judicial* e me dá um tapinha solidário no ombro ao sair.

Minha primeira chamada da noite é de uma mulher de vinte anos que quer discutir o fato de ser prostituta. Objetiva e desinibida, com um leve sotaque espanhol, ela explica que se divorciou há menos de um ano de um médico residente de trinta e quatro anos. Ela se descreve como uma ruiva alta, sardenta e de seios grandes. Em agosto, conheceu uma mulher num restaurante que a recrutou para trabalhar como garota de programa, e a maioria de seus clientes é de médicos. Conforme se desenrola a história — o recrutamento pela cafetina, o tipo de homens que a contratam — vou ficando cada vez mais boquiaberta. Um serviço de acompanhante especializado em médicos locais? Eu não fazia idéia que isso existisse! Rapidamente passo vários rostos pela memória... será que *ele* contratou os serviços dela? E *ele*? Ou *ele*? Ela descreve detalhadamente a forma como a prostituição a faz sentir-se mais feminina, mais completa. Então me dou conta que não estou prestando a devida atenção, em vez disso estou chocada e fascinada pelos fatos. Os fatos são irrelevantes, eles apenas servem para alimentar minha curiosidade lasciva. O que importa é a pessoa do outro lado do telefone. Nesse ponto, retomo o passo com ela e tento entender por que uma coisa que a maioria das mulheres acharia degradante tem o efeito contrário nela, fazendo-a se sentir mais feminina e mais completa. Seu novo namorado, Edgar, sacia seu corpo e ela diz que eles têm uma vida sexual satisfatória. Por que a atenção luxuriosa de uma horda de estranhos faz com que ela se sinta bem consigo mesma? É um mistério. Veja bem, ser uma prostituta de classe é uma fantasia freqüente das mulheres, daí a popularidade de filmes como *A Bela da Tarde*, em que Catherine Deneuve faz o papel de uma dona-de-casa entediada que se diverte durante o dia, enquanto o marido está no trabalho.

A jovem ao telefone morre de medo que seu filho descubra, detesta ter que enganá-lo, se julga com severidade e precisa "resolver essa situação". Ela diz que prefere os clientes grandes, fortões, e descreve a primeira experiência que teve com um destes; como ela sentiu, ao estar ali deitada, com as pernas abertas e ele a ponto de penetrá-la, que algo poético iria acontecer em sua vida, uma mudança drástica. Num tom de voz casual e usando um linguajar francamente anatômico, ela descreve a cena. O cliente tinha um pênis grande e ameaçava parti-la ao meio com suas investidas, dizendo-lhe sem parar que iria matá-la com aquilo. Ela descreve como a linguagem violenta foi excitante, como ela se sentiu quando ele enfiou o pênis nela e como ela ficou deliciosamente dolorida depois. Instantaneamente vejo a cena, imaginando-a a partir de diferentes perspectivas: a dela, a do cliente, a de um *voyeur*. Será que caí num *film noir*? Sentindo o tesão do homem, o cheiro de seu suor, imaginando suas investidas violentas, não digo nada, não pergunto nada. Não acho que sua intenção, ao telefonar, tenha sido a de fazer um telefonema obsceno. Acredito no que ela diz. Acontece que é sexy pra caramba.

A partir daí, exploramos alguns temas que pode ser que ela os queira analisar com a ajuda de um terapeuta. Estaria ela tentando sabotar o próprio futuro? Será que se casou jovem demais? Até que ponto a submissão (à mulher que funciona como sua cafetina e aos clientes) funciona como atrativo da prostituição? Por que ela se sente "cuidada", "mais feminina" e "completa" quando está sendo "comida" por um homem depois do outro numa festa de arromba? Desconfio que ela se sinta, de certo modo, sem personalidade, como a esposa dedicada de um médico mais velho e que sua vida dupla lhe dê poder sobre o ex-marido e os homens em geral. Desconfio que ela tenha um passado complicado e triste. Mas esses assuntos são tão obviamente temas de terapia que a encorajo a telefonar para a Associação de Psicologia e encontrar um terapeuta que trabalhe com ela, já que parece disposta a entender seus motivos e deseja mudar um comportamento em que acabou se viciando. Para encerrar a chamada, aconselho-a a telefonar novamente para conversar, e ela agradece perguntando-me quando estarei novamente de serviço. Como não tenho permissão de lhe dizer, asseguro-lhe que irá encontrar outros orientadores igualmente atenciosos. A verdade é que alguns serão mais atenciosos que outros, mas ninguém a julgará. Pode ser que queiram ter o mesmo problema que ela, ou que queiram sair com ela, mas não irão julgá-la.

— Preciso de uma ducha gelada — digo em voz alta para ninguém, quando a conversa termina, e começo a escrever o relatório.

Quinze minutos depois, um homem sem energia e de fala desconexa telefona num estado de ânimo desolado. Seu maior desejo, e também sua maior frustração, é a ânsia de vivenciar uma gravidez. Quando vai a uma loja de departamentos, é imediatamente atraído pelas roupinhas de bebê. — São as touquinhas e os sapatinhos que me cortam o coração — diz ele.

E, embora ocasionalmente cuide dos dois filhos da irmã, ele anseia por carregar uma vida dentro de si, senti-la chutar, a alegria de dar à luz, segurar seu bebê nos braços, alimentá-lo com seus seios. A amamentação é o que mais o atrai. De novo a história do seio bom. Persis entenderia. Em muitos aspectos, é um telefonema meigo e comovedor, que poderia vir tanto de uma mulher quanto de um homem; portanto, procuro tratar o assunto de forma neutra. Não sei se ele é gay, mas não importa. Mulheres sem filhos às vezes sentem o mesmo tipo de desejo, que pode atacar como raios que cruzam a alma e fazem com que o mundo pareça, temporariamente, um lugar mais triste e vazio. Durante algum tempo, ele dá vazão à sua decepção secreta, a qual sente profundamente, sem poder contar a ninguém. As mulheres costumam conversar entre si sobre isso, mas os homens não. Quem entenderia? Por fim, ele parece dizer tudo o que é capaz de dizer no momento e desligamos. Ele telefonou porque se sentia sozinho e em desacordo com a vida, o que me parece motivo suficiente.

Quando coloco o telefone no gancho, ele toca imediatamente. Uma mulher está preocupada a respeito de sua medicação, que funcionou bem como antidepressivo no último mês, mas que, esta semana, está lhe provocando terríveis enxaquecas. Seu psiquiatra trabalha numa clínica que está fechada esta noite, e ela se sente muito sozinha e assustada. Ofereço-me para localizá-lo — ou a outra pessoa igualmente capaz —, para ajudá-la, e tento acalmá-la, garantindo-lhe que os antidepressivos podem ter efeitos colaterais assustadores e confusos, mas que, no entanto, não representam qualquer ameaça à vida. Telefono para a clínica, mas cai na secretária eletrônica. O número do médico dela não consta da lista telefônica. Então telefono para um terapeuta de plantão, que me informa que o medicamento Paxil pode realmente causar enxaqueca. Ela pode deixar de tomar o medicamento hoje, sem qualquer problema, ele diz, e ligar para o médico no dia seguinte. Eu telefono para ela, explico-lhe tudo e ela parece aliviada. Poucas coisas são tão aterrorizantes quanto tratar-se com uma medicação que parece provocar reações perigosas, sem poder chamar ninguém e sem ter a menor idéia do que é considerado "normal" com relação ao remédio.

Paxil, Prozac e outros similares são inibidores seletivos de recaptação de serotonina (SSRI em inglês), drogas que combatem a depressão aumentando a quantidade de serotonina no cérebro. Muitas pessoas acreditam que a depressão ataca com mais freqüência quando os níveis de serotonina no cérebro caem. De fato, pesquisadores que estudam o cérebro de vítimas de suicídio encontraram níveis muito mais baixos de serotonina que o normal. A pergunta é: o que vem primeiro, a depressão ou a baixa de serotonina? Quando acontece algo devastador, pode ser que fiquemos deprimidos — o acontecimento choca nosso sistema e diminui o nível de serotonina, entre outras mudanças fisiológicas. Ou será que é o baixo nível de serotonina que faz com que achemos devastadoras situações normalmente suportáveis?

O funcionamento desses medicamentos SSRI me intriga. No cérebro, a informação viaja de um neurônio a outro e eu imagino o ponto em que eles se encontram como a fronteira entre dois países. Na minha mente, são como as cidades portuárias do Norte da Europa durante o Renascimento, com um rio que flui entre elas, através do qual a carga deve viajar. A serotonina aguarda nos armazéns da costa leste e, a um sinal, os barcos são carregados e atravessam o rio. No outro lado, os moradores locais se regozijam ao ver tanta serotonina chegando. Seu ânimo se eleva à mera visão de tamanha riqueza. Nesse ponto, a missão da serotonina está terminada. Os navios a carregam de volta à costa leste, onde é novamente armazenada nos depósitos até que haja outro pedido vindo do outro lado do rio. Nessa metáfora, o rio é uma *ligação sináptica*. A carga de serotonina é um *neurotransmissor*. A volta para a costa leste e o rearmazenamento da serotonina é a *recaptação*. Os SSRIs agem inibindo a recaptação. Nos termos da nossa metáfora, os portos se fecham, de repente, e os barcos cheios de serotonina acabam ficando no meio do rio. Da perspectiva das pessoas na costa oeste, é uma mina de ouro — um suprimento enorme de serotonina bem ao seu alcance.

Quando experimentei o Prozac, há mais ou menos cinco anos, meu ânimo se elevou, como era de esperar; de fato, fez com que eu me sentisse extremamente bem. Porém, aconteceu a coisa mais extraordinária. Para minha surpresa, o medicamento alterou, temporariamente, o modo como eu pensava. Pela primeira vez na vida tornei-me uma pessoa de pensamento linear. Era capaz de organizar, estruturar, planejar, analisar, explicar, ser prática e eficiente o quanto quisesse. Se meu pensamento já fosse linear antes, isso teria amplificado minhas habilidades naturais e teria dado um impulso verdadeiro ao meu trabalho. No entanto, devido aos mistérios da mente e da matéria, nasci com a sensibilidade de um poeta e o Prozac tornou-me impossível fazer aquilo que antes era tão natural — pensar de forma metafórica, alusiva, e explorar as conexões ocultas entre coisas que, aparentemente, não têm qualquer conexão. Uma gaiola de aço caiu sobre a minha imaginação. Pensamentos efervescentes foram decantados até se transformarem em vinho suave. Isso aconteceu de forma tão mecânica que nem sequer me alarmou, pois não havia qualquer questionamento sobre o que tinha ocorrido. Não parecia bloqueio de escritor, por exemplo, nem aquele período ansioso, porém irritante, que antecede o começo de um livro novo, no qual estou, principalmente, deixando que o poço das idéias se encha. Esse não era nenhum daqueles estados naturais. Era como se alguém tivesse entrado no salão de baile da imaginação no meio de uma festa de réveillon e cortado a energia elétrica. Os dançarinos e os músicos continuavam lá, mas ninguém dançava ou tocava.

Com o Prozac, eu podia escrever orações diretas como essa. Mas no minuto em que procurava as pinças da metáfora para apanhar um fragmento indefinido da vida e trazê-lo à vista, nada acontecia. Era como estar à beira de um precipício e estender a mão para pegar o ar... em oposição a estender a mão e apanhar um falcão. Se você sabe que os falcões estão ali, sabe que pode apanhá-los, estica a mão e só encontra o ar, é desconcertante. Claro, foi absolutamente fascinante observar um pouco como funciona a sensibilidade. Mas eu não conseguia levar uma vida normal daquele jeito, então parei de tomar Prozac e, no minuto seguinte, o salão de baile voltou à vida, tão repentina e automaticamente como antes, o ar cheio de falcões e eu de volta a um mundo conhecido.

Anos depois, compartilhando essa lembrança com um amigo neurocientista, ele assentiu e disse: — Acho que sei o que deve ter acontecido. Uma das coisas que o Prozac faz é elevar o limiar do neurotransmissor dopamina no cérebro. Para determinadas pessoas criativas, isso pode ser um obstáculo.

Para continuar usando a metáfora das duas cidades portuárias renascentistas, é como se os suprimentos de dopamina também estivessem armazenados, prontos para serem carregados e transportados até o outro lado do rio quando, então, promulgou-se uma nova lei. Em vez de os barcos partirem com um carregamento de uma tonelada, teriam que esperar até que tivessem cinco toneladas. A dopamina continuaria atravessando o rio, mas demoraria muito mais até que isso acontecesse. Por que a dopamina é importante? Ela parece estar associada ao processamento de novos dados. Assim como todos os neurotransmissores, seu excesso é tão prejudicial quanto a falta. Há os que defendam que os esquizofrênicos têm dopamina em excesso e se vêem sobrecarregados com mais informações que o necessário.[5] Alguns cientistas acreditam que a falta de dopamina pode estar por trás daquilo que consideramos como uma imensa excentricidade. De acordo com essa teoria, as pessoas excêntricas não são capazes de processar as informações básicas sobre como

---

[5] Existem muitas escolas de pensamento sobre as causas da esquizofrenia, uma enfermidade calamitosa que afeta 2,3 milhões de pessoas só nos Estados Unidos. A maioria dos pesquisadores acredita que uma anormalidade no desenvolvimento do cérebro do feto é a principal responsável. Quando o cérebro do bebê está sendo formado, importantes células nervosas migram para o lugar equivocado. Com as conexões errôneas, o cérebro desenvolve a realidade adulterada da esquizofrenia. Porém, o que faz com que os neurônios se movam de maneira errada? Alguns estudiosos crêem que a causa fundamental seja genética, outros alegam que é ambiental, devido à mãe que tenha sido contaminada com um vírus durante uma fase crítica da gravidez.

se comportar em sociedade. Muitos excêntricos são alegres, charmosos e muito amados por amigos compreensivos, que apreciam sua singularidade e seu senso de humor peculiar. Há outros, porém, que se queixam de solidão e de sentir que estão sempre de fora. Quando medicados com anfetaminas, que aumentam a dopamina no cérebro, eles ficam mais aptos a decifrar as regras sutis da sociabilidade, o que lhes permite, finalmente, adaptar-se. Estudos fascinantes como esses representam volumes inteiros sobre a personalidade e, além disso, nos mostram como a mente é flexível e treinável. A princípio, a depressão, a ansiedade, a paranóia e outros estados mentais incômodos podem ser amenizados através da manipulação dos neurotransmissores. Então, até mesmo o "Cachorro Negro", como se referia Winston Churchill a seu eterno horror à depressão, retornaria ao canil. No entanto, a depressão surge de muitas fontes.

Num estudo *post-mortem* realizado em pessoas que haviam cometido suicídio, os pesquisadores encontraram uma série de anormalidades bioquímicas. Como eu disse, elas tinham níveis muito mais baixos de serotonina que o normal, uma condição não apenas associada à depressão, mas também a um maior grau de impulsividade. Se você se sente mal, faz alguma coisa a respeito. Igualmente intrigante é o fato de que, nessas pessoas, as células cerebrais que controlavam prazer e dor eram diferentes. Na superfície de algumas células cerebrais, receptores opióides respondem a químicos similares ao ópio que são produzidos naturalmente pelo corpo e têm um papel vital em nosso sentido de prazer, dor ou bem-estar. Precisamos de um nível básico de sensações de conforto, satisfação e ausência de dor para acreditarmos que a vida é boa e que vale a pena viver. Sem esse mínimo de felicidade as pessoas não teriam desejo de sobreviver; portanto, ao longo dos milênios, isso foi selecionado e acrescentado ao baú transbordante da personalidade humana.

Porém, no cérebro das vítimas de suicídio que, supostamente, estavam deprimidas, foi encontrado um nível entre 100% e 800% maior de um determinado receptor opióide, e apenas 50% de outro receptor opióide. Como o cérebro destes indivíduos apresentava algumas conexões diferentes, a vida se tornara um deserto onde a sede podia assumir proporções abstratas insuportáveis. "Não suporto mais" é o que quase sempre dizem as pessoas deprimidas, referindo-se a uma fratura profunda na alma, uma dor que parece atingir o corpo inteiro e, ao mesmo tempo, nenhum ponto definido. Não é físico, mas um espectro em seus neurônios, como a dor fantasma de um membro amputado. Se conseguissem, em algum momento, processar prazer e dor separadamente, não estariam deprimidas. Muitas pessoas deprimidas também sofrem de dores físicas crônicas (há uma ligação, por exemplo, entre depressão e enxaqueca, ou dores na parte baixa da espinha dorsal). Alguma coisa com mau contato no sistema opióide, talvez em pessoas predispostas, pode facilmente disparar a depressão. Acho suspeita a forma como as pessoas com depressão freqüentemente descrevem seu sofrimento como uma "dor". Elas se sentem impotentes e desesperançadas, mas a sensação é a de uma dor aguda. Por que fica registrado assim no cérebro?

Foi precisamente esse tipo de pergunta ingenuamente desanimadora que me fez ir à universidade. Lembro-me do momento exato em que tais pensamentos começaram a me assombrar. Eu tinha dezesseis anos, estava nas férias de verão e ainda não se falava de câncer de pele. Os filmes de rock-and-roll na praia nos incentivavam a tomar sol e a cantar, e a moda era escrever o nome do namorado com fita adesiva nas costas e deitar ao sol por horas, até ficar marcada com o nome dele. Um dia eu estava tomando sol no parque perto de casa, lendo o jornal, quando me deparei com um artigo curto que dizia que o suor das pessoas esquizofrênicas tinha um cheiro diferente. Como se atingida por um raio, comecei a achar as implicações eletrizantes. Era como se houvesse aranhas de gelo subindo pela minha nuca. Será que todas as doenças mentais eram peculiaridades químicas? Ou, quem sabe, um vírus? E quanto à criatividade, a agressividade, o otimismo, a melancolia? Então, o que é, exatamente, a personalidade, e como é que o cérebro se transforma na mente?

Quando estava no primeiro ano na Universidade de Boston, pretendia me formar no que, então, era chamado de psicologia fisiológica, para buscar respostas a algumas daquelas questões intrigantes. Por uma série de razões, durante o segundo ano fui transferida à Universidade Penn State, cujo sistema me colocou, erroneamente, no curso de inglês; como eu já vinha escrevendo entusiasticamente, ainda que de forma tímida, durante toda a minha vida, considerei aquilo como obra do destino. Mas sempre mantive meu fascínio original pela natureza humana, fascínio que é com freqüência compensado atualmente, já que os biopsicólogos estão sempre trazendo à tona pistas e conclusões bastante provocativas. Por exemplo, cerca de 8% das pessoas hospitalizadas por problemas psiquiátricos ou que cometem suicídio têm um gene "Wolfram" que pode predispô-las à tristeza. As pessoas que têm esse gene (cerca de 1% da população — mais de um milhão de indivíduos) têm uma probabilidade oito vezes maior de precisar desse tipo de cuidado psiquiátrico ou de cometer suicídio. Existe também o vírus chamado "BDV", existente em alguns cavalos, que tem sido associado à enfermidade mental nos seres humanos. Pessoas com baixo nível de colesterol têm duas vezes maior probabilidade de suicidar-se que aquelas cujo nível de colesterol é alto. Curioso isso. Os cientistas se perguntam se o colesterol baixo poderia desacelerar a transmissão de serotonina. Quando se pediu a pessoas conectadas a uma máquina de Tomografia de Emissão Positrônica (PET em inglês) que pensassem em coisas tristes — o que fizeram de imediato, algumas inclusive chegando às lágrimas —, o córtex orbital frontal do cérebro se ativou. Nos homens, porém, apenas o lado esquerdo do cérebro foi estimulado; nas mulheres, ambos os lados do cérebro participaram. Sabemos, através de experimentos, que as mulheres reconhecem com maior facilidade a tristeza no semblante alheio, tanto de outras mulheres quanto de homens. Quando algumas mulheres se queixam que seu companheiro é insensível com relação a elas, pode ser que tenham razão, mas não porque os homens não se importem. Os homens, em geral, são um tanto daltônicos no que se refere às expressões de tristeza.

Portanto, será que as mulheres ficam tristes de maneira distinta ou com maior freqüência que os homens? Mais mulheres relatam sentirem-se vulneráveis à depressão e, certamente, há motivos sociais para isso. As mulheres têm sido indefesas por mais tempo, sempre tiveram menos oportunidades, engoliram mais injustiças e tratamentos desumanos. Mas pode haver razões biológicas também. Deparados com o estresse, os homens, que sempre foram caçadores e lutadores, precisavam reagir com rapidez, com atitudes que levavam à ação, ainda que aquilo significasse gastar energia numa briga com um animal ou com outro homem, ainda que significasse arriscar-se à morte. Como alimentadoras, as mulheres tinham que permanecer com vida para gerar e alimentar bebês; portanto, quando *elas* se deparavam com situações estressantes, se beneficiariam mais com estratégias que visassem a economia de energia, ou seja, aquelas que as tornavam mais sensíveis aos sentimentos do outro para que, então, pudessem evitar o perigo sempre que possível.

Além disso, as mulheres tendem a aceitar tanto relacionamentos dolorosos quanto degradantes, os quais, às vezes, se tornam masoquistas. Muitas das mulheres que telefonam para o SP vivem casamentos abusivos dos quais não conseguem escapar. As razões são muitas, mas os homens saem de um relacionamento ruim com muito mais freqüência que as mulheres. Perseguidores, espancadores e outros cônjuges violentos são quase sempre do sexo masculino. Isso ocorre em parte porque, devido à sua evolução, os homens se expressam e resolvem problemas de forma mais violenta do que as mulheres; outro fator é que as mulheres valorizam mais as ligações emocionais e a dependência do que os homens. Isso não facilita em nada quando uma mulher desesperada nos telefona. Não adiantaria nada dizer-lhe que parte do seu desespero é fóssil, que é a herança genética que a está prejudicando. Freud disse, uma vez, que quando um casal se encontra há sempre seis pessoas presentes: o casal e seus respectivos pais invisíveis. Acho que é mais do que isso. Um sem-número de antepassados também ronda por ali, atrapalhando, mesmo numa cidade do século XX.

—

Ao passar uma hora sem nenhum telefonema, me ponho a pensar sobre a última pessoa que atendi. Espero que sua enxaqueca passe, mas, principalmente, que ela faça as pazes com a medicação e que seus temores se acalmem. Quem não ficaria assustado nessa situação? Pensamos no corpo com fascínio e horror, fascínio quanto à sua sutileza complexa e horror ao fato de que nossa consciência esteja presa à vida por fibras tão grosseiras e, ao mesmo tempo, tão frágeis. Esperando que o telefone toque, debruço-me na janela e olho para o céu. É uma noite polvilhada de nuvens. O momento perfeito para um ataque dos Power Rangers de Joseph. Na batalha do bem contra o mal, os malvados geralmente correm pelas sombras, feito ratazanas, cometendo crimes atrozes sob o manto da escuridão.

As Plêiades, um aglomerado aberto de estrelas, cintilam na constelação do Touro. Localizo-o procurando um grupo de moscas nas costas do touro. Embora não consiga ver a olho nu, sei que ali vive uma "anã marrom", uma sutil figurante do espaço, grande demais para ser um planeta, pequena demais para ser uma estrela. Anãs marrons, que são formadas a partir de nuvens de gás e poeira que se contraem, são sóis que, por alguma razão, não incandesceram. Frígidas no núcleo, não são suficientemente brilhantes para serem vistas e são detectáveis apenas devido à sua abundante quantidade de lítio. Lítio, o elemento químico que os maníaco-depressivos tomam para estabilizar seu humor. Aposto que os maníaco-depressivos iriam gostar de saber que compartilham um químico elementar com enormes objetos dos extremos longínquos do universo, objetos fantásticos localizados e definidos precisamente graças à sua quantidade de lítio. Em estrelas como o nosso Sol, o lítio se funde numa fornalha nuclear onde é destruído. Como as anãs marrons não são suficientemente quentes para se agitar e ferver, o lítio permanece na superfície, o que se torna sua principal característica. Se olhar com atenção, posso contar apenas seis Plêiades esta noite. Olhando através de binóculos, já fui presenteada com a visão de dúzias de estrelas branco-azuladas, numa colméia provocante que eu sei que contém duas mil estrelas, ou, como escreveu Alfred, Lord Tennyson, em seu poema *Locksley Hall,* "uma miríade de vaga-lumes presos numa única trança". Visíveis para 80% da população mundial, as Plêiades foram adoradas, mitificadas ou celebradas pelos egípcios, chineses, persas, maias, aborígines australianos, gregos e japoneses, entre várias outras culturas. Os antigos japoneses deram às Plêiades o nome de "Subaru" e, quando seis companhias se uniram em 1953 para fabricar carros, usaram um grupo de estrelas estilizadas como logotipo. Na coleção de kachinas hopis de Paul (as kachinas são bonecas típicas do povo hopi; feitas de madeira de choupo-do-canadá pintada e decorada, os hopis as esculpiam para ensinar aos filhos sobre o mundo), existe uma preta e branca chamada "Mastop". É a kachina do céu, que tem a impressão de uma mão branca na fronte simbolizando a marca humana no universo. A um lado de sua face há onze pontos brancos representando as Plêiades. Por alguma razão, sete das estrelas mais brilhantes das Plêiades sempre foram consideradas femininas — as Sete Irmãs, a Galinha com seus Pintinhos, um alter-ego da deusa Ísis, as Virgens ou as Donzelas. O que haverá de feminino num bando de estrelas por trás de um véu transparente? Será que as pessoas acham que sua forma lembra uma vulva? Ou que é amplo, fluido e fértil como um torso feminino? Algo para se pensar num dia quente de verão, sentada à sombra de uma árvore. Nossos antepassados admiravam as Plêiades, mas as estrelas que a constituem não são particularmente antigas. Como revela sua cor azulada, provavelmente são estrelas jovens, quentes e instáveis, contorcendo-se num frenesi, dando voltas e fluindo rodeadas por gás. Os dinossauros são mais antigos que elas; os humanos são praticamente da mesma idade. Uma pena que sua acompanhante baixinha, morena e cheia de lítio seja invisível. Se eu olhar com força, meus olhos tensos poderão vê-la de relance. Imagino que não devemos nos surpreender por estarmos conectados às estrelas. Cada átomo de ouro ou de prata foi criado numa supernova. A água que bebemos, o ar que respiramos, o solo que pisamos, a coleção complicada de fluidos, sais minerais e ossos que somos — tudo foi forjado num caos primitivo do nosso Sol. Acho que foi o astrofísico John Wheeler que observou que nós somos a forma pela qual o Sol pensa sobre si mesmo.

Gostaria que Frank Drake estivesse aqui para eu dividir com ele esse pensamento, sob a luz das estrelas. Há quarenta anos, Frank fez sua tese de doutorado sobre as Plêiades, as quais observou do Observatório de Oak Ridge, na periferia de Boston. Ali ele direcionou um radiotelescópio de dois metros até o coração das Plêiades e se pôs a escutar. Era como se apanhasse o universo com uma enorme mão de metal em concha e escutasse, escutasse, durante a noite mais longa que se pode imaginar, a noite que se estende entre a vida e o tempo das estrelas. Ele ansiava por ouvir os sussurros urgentes do cosmos, outras entidades chamando de seus postos distantes. Todas as noites ele seguia a mesma rotina, preparando a maquinaria e escutando atentamente. Então, uma noite, o milagre aconteceu: ele ouviu um sinal, um sinal inteligente, regular e repetitivo. Imagine a excitação de, aos vinte e seis anos de idade, ser a primeira pessoa na Terra a detectar formas de vida alienígena, a espionar inteligências de outros mundos. Drake ficou ofegante, trêmulo, suando frio, a instantes do que, ele sabia, significaria uma mudança enorme na história da humanidade, e *ele* era a única pessoa na Terra que sabia. Segundo Frank, foi naquele momento excruciante que seus cabelos começaram a ficar brancos, um processo que se completaria antes dos seus trinta anos. O sinal continuava chegando através da banda de hidrogênio, uma escolha lógica para uma civilização alienígena, já que o hidrogênio é abundante em todo o universo. Como parte de uma seqüência normal de identificação do sinal, ele desviou o telescópio das Plêiades e, então, aconteceu a coisa mais chocante: o sinal se deslocou com ele. Desanimado, ele se deu conta de imediato que não se tratava de algum tipo de comunicação alienígena, mas somente uma espécie de interferência, provavelmente de origem militar. Não era extraterrestre, não era uma voz das Plêiades. A esperança se corroeu em decepção, ali, nas suas mãos. Isso sim que é uma montanha-russa de sentimentos, indo da euforia à depressão; em questão de minutos ele se elevou às alturas sem igual e mergulhou até o fundo do poço. Frank sempre foi um bom ouvinte, de pessoas e de estrelas, pacientemente sintonizado, escutando na escuridão em busca de outras vozes, outras realidades, capaz de filtrar ruído de sentido. Duas sextas-feiras por mês, ele passa a noite no SP. Quem melhor que um astrônomo para assumir o turno da noite, aquele período do dia que confunde ou assusta a maioria das pessoas?

Eu adoro o mundo noturno, terra de paisagens lunares e sombras, patrulhada pelos olhos cintilantes das criaturas da noite e adornada por um xale de estrelas. Mas sei que sou incomum nesse aspecto. A maior parte das pessoas associa a noite aos malfeitos, ou ao misto de oficina mecânica e cinema conhecido como "sono". Que criaturas estranhas somos nós, que passamos um terço do dia deitados no escuro. Durante o sono, o corpo parece estar calmo, um jarro que foi esvaziado da cerveja da consciência. Mas, durante todo o tempo, o cérebro viaja, conta histórias, se enfurece, brinca com emoções fortes e mergulha na noite perolada de fantasmas. Aquilo que chamamos de "noite" é o tempo que passamos encarando os recônditos secretos do espaço onde outros sistemas solares e, talvez, outros seres tementes à noite se ocultam. As únicas sombras que vemos à noite são aquelas produzidas pela lua ou por luz artificial; porém, a noite em si mesma é uma sombra.

Devido à sua capacidade de confundir nossos sentidos, o mundo da noite nos fascina e assombra. Durante o dia, nossos sentidos nos alertam, seduzem e direcionam. Mas, à noite, eles se debatem e nos tornamos presas vulneráveis. Outras criaturas dominam esse mundo — morcegos, cobras, ratos, insetos, leões. Seres que vivem à noite, que vivem fora do universo do tempo normal e, portanto, parecem viver fora do universo do bem e do mal. Terminamos por associar os habitantes da noite a pessoas malignas, pessoas que levam vantagem sobre o resto de nós e que desafiam a natureza e seu ritmo de vinte e quatro horas. Se tivéssemos que viver nas selvas tropicais e nos proteger contra predadores noturnos, viveríamos parcialmente aterrorizados, como nossos ancestrais. Como ainda acontece às vezes, à noite, em nossas selvas de concreto mal iluminadas. Mesmo ao despertar, imaginamos monstros que se movem por um universo de sonhos no qual a realidade está entremeada. Considerar morcegos e outras feras como senhores da noite ameaça a segurança que damos como certa todos os dias. Suspeitamos que qualquer coisa que viva fora das regras normais seja criminosa, detestável. Não importa que existam lindas e benignas mariposas que cruzam o céu noturno das florestas tropicais. Não estamos acordados para vê-las. Elas não passam de rumores para a maioria de nós e, se as víssemos, à luz do crepúsculo ou da lua, elas nos pareceriam estranhas, indefinidas, talvez mágicas. Em filmes de monstros, há lobos e extraterrestres que nos espreitam na noite. Fica claro que não estamos à vontade nem mesmo no topo da cadeia alimentar, pois a noite ainda nos faz lembrar de nossas maravilhosas fragilidades. Lembre-se, para fazer com que o Inferno parecesse ainda mais terrível, os teólogos o retratavam como um mundo iluminado por nada além de chamas tremeluzentes. Incapazes de interpretar a mancha difusa de tinta que é a noite, tentamos personalizá-la com nossos próprios monstros. Para reprimir o medo, transformamos a noite num evento completo, com discotecas, restaurantes vinte e quatro horas, parques de diversão, cassinos e cidades inteiras, como Las Vegas, com sua tempestade de luzes.

À noite, quando se desligam do fluxo sensorial do dia, com o trabalho cumprido, ninguém para ver e nenhum lugar aonde ir, as pessoas parecem ficar mais solitárias. Bebem até encher a mente de escuridão ou fantasiam em se tornar, para sempre, parte dela. As pessoas que telefonam para o SP de suas mansões da noite freqüentemente parecem ter se extraviado para além do tempo, perdido seu mapa e sua bússola, e estão vagando fora do imenso pêndulo da noite e do dia. Elas sofrem da loucura pré-amanhecer. Como escreveu F. Scott Fitzgerald em *O colapso*: "Na noite escura da alma são sempre três horas da manhã." Se pelo menos conseguirem sobreviver até o raiar do dia, a escuridão diminuirá um pouco e as pessoas e rotinas familiares oferecerão alguma esperança. Seria melhor se conseguissem encontrar um caminho de estrelas que conduzisse de volta à casa; mas, no universo da noite, os abismos estão por toda parte.

CAPÍTULO 9

Assim Desce a Glória

Os turnos não são sempre movimentados, nem mesmo os da noite. Durante os intervalos, é fácil ficar entediado e rezar por uma chamada para quebrar o isolamento, algo novo e dramático. Olho para o telefone, alerta aos primeiros sinais de movimento. Então me sinto culpada, porque, de fato, significa desejar que alguém tenha problemas. "Bom serviço", diz o orientador que está de saída, em geral, ao próximo a assumir o turno, e imagino que queira dizer *Que o telefone toque várias vezes e que você atenda bem todas as chamadas para que sinta que o tempo que passou aqui valeu a pena.* No entanto, mantemos a coisa um tanto vaga, pois o que deveríamos dizer é *Que ninguém sofra hoje nem precise de você.* Ao contrário de um centro de atendimento de cidade grande, que deve receber centenas de telefonemas por dia (como o de San Francisco), no SP pode-se dizer que o dia foi cheio e movimentado se houve trinta chamadas. E ainda assim já trabalhei em turnos nos quais telefonaram cinco ou seis pessoas por hora.

Para passar o tempo, leio Alertas Vermelhos antigos, alguns com novas reportagens grampeadas. Três eventos recentemente exigiram o envolvimento do SP: dois suicídios e um assassinato. O assassinato também foi um ato de autodestruição, pois um rapaz de vinte e quatro anos matou o novo namorado de sua ex-namorada, condenando-se, com isso, a uma vida na prisão. O suicídio de um garoto de dezesseis anos que se matou com um tiro dentro do carro. Pai adolescente de um bebê deficiente, ele havia se sentido incapaz de sustentar sua família e de lidar com o dilúvio repentino de responsabilidades. Esse foi o segundo suicídio no mesmo colégio, no último ano, e parte do trabalho atual do SP é descobrir formas de abordar o tema na escola onde seu irmão também estuda. Queremos conscientizar os alunos do fato de que eles podem telefonar para o SP, mas não queremos causar uma comoção tal que faça com que o irmão fique estigmatizado. A equipe de intervenção pós-traumática do SP reuniu os membros da família e conversou com eles porque é comum que, após um suicídio, os membros da família se culpem pelo ocorrido e achem que deveriam ter ido a não sei que evento que o garoto queria, ou que não deveriam ter dito isso ou aquilo, ou que deveriam ter lhe dado uma coisa que ele pedira, ou que deveriam ter prestado mais atenção ao que ele dizia. Ficam presos a uma fase de "e se" e não conseguem dar seguimento ao processo natural de luto pela perda. Nesse caso, a família estava em processo de negação e não podia compreender por que o garoto havia se matado. Uma investigação, porém, fez surgir motivos claros: tratava-se de um adolescente sobrecarregado pelo casamento e pela paternidade, terminando a escola, tentando sustentar sua nova família e, além disso, fazendo uso abusivo de bebidas alcoólicas e de drogas. A esse procedimento investigativo se dá o nome de autópsia psicológica. Quando comecei a trabalhar no SP, um novo amigo me confidenciou que havia sido orientador numa filial do Serviço de Prevenção ao Suicídio, em Los Angeles, na época em que Marilyn Monroe morrera, e que fizera parte da equipe de autópsia psicológica na análise daquele caso controverso. Imagine só fazer parte da misteriosa morte de um ícone desnudo. Embora as circunstâncias da morte de Marilyn fossem confusas e houvesse rumores de que ela fora assassinada, meu amigo estava convencido de que ela havia, sem dúvida, dado fim à própria vida.

Mais recortes de jornal. Há apenas alguns meses, uma mulher de vinte e dois anos se matou com um tiro em frente à casa do namorado depois que ele rompeu com ela. Por mais jovem que ela fosse, o futuro lhe parecera intolerável sem ele. A família da jovem estava passada com o choque e com a perda. Poucos meses antes, um homem de trinta anos havia tido uma discussão com a namorada, fora até seu caminhão, pegara um rifle de caça e atirara contra si mesmo. Ela tinha corrido atrás dele, mas chegara tarde demais. Encontrar o corpo a havia deixado horrorizada, como faria com qualquer pessoa, e ela precisava de uma dose considerável de orientação.

Orientadores pós-traumáticos, ao trabalhar com os sobreviventes, procuram extrair lembranças de fatos físicos, em vez de emoções, dos detalhes sensoriais que fazem com que determinado evento seja inesquecível, pois é assim que as memórias traumáticas ficam armazenadas no cérebro — de forma indireta. Coisas incidentais podem ser tornar obstáculos. Por exemplo, se uma mulher está cozinhando massa e recebe um telefonema informando-lhe sobre o suicídio da irmã, pode ser que passe a sentir tristeza sempre que cozinhar massa, embora não consiga entender por quê. Existe um termo técnico para esse fenômeno: *dependência de estado*. Se recebermos uma informação num cenário específico, nos lembraremos daquilo sempre que o cenário se repetir. Principalmente algo traumático. Se não se repete aquele estado por um longo período, a memória poderá permanecer dormente, como uma mina terrestre não detonada.

O telefone continua em silêncio sobre a mesa. *Não queira que ele toque,* alerto a mim mesma, enquanto analiso uma pilha de revistas. Folheando uma edição da *New Scientist,* deparo com um artigo que me faz sorrir. Pesquisadores deram a algumas mulheres camisetas que haviam sido usadas durante duas noites por homens e, então, perguntaram a elas quais lhe atraíam mais. As mulheres, uniformemente, escolheram as camisetas de homens cujo sistema imunológico era diferente do seu. Houve apenas uma exceção: as mulheres que estavam tomando pílula anticoncepcional escolheram homens com sistema imunológico semelhante. Por que será que a evolução determinou que pistas inconscientes, como o cheiro, definissem nossa atração por um parceiro? Porque se você se casa com alguém com um sistema imunológico diferente, seus filhos terão maiores probabilidades de herdar resistências por parte dos dois pais e, assim, terão mais chances de sobrevivência. No entanto, as mulheres grávidas têm necessidades especiais: mais do que um novo parceiro, elas precisam da ajuda dos machos próximos que irão cuidar e proteger o bebê. É claro. Mais uma peça do quebra-cabeça. Mais uma foto para o álbum da família humana. Se juntar fragmentos suficientes do comportamento, será que finalmente conseguirei enxergar o panorama completo? Dobrando o canto da página, ponho a revista em cima do sofá para não me esquecer de copiar o artigo antes de ir embora. E agora?

Toca, digo para o telefone. *Nada mortal. Alguma coisa resolvível.* Silêncio, quilômetros e quilômetros de silêncio.

Papel-alumínio prateado cintila dentro de um pote de vidro sobre a mesa. Enfiando a mão, pego um punhado de deliciosos bombons kisses da Hershey's, cada um deles moldado perfeitamente na forma de um seio, a verdadeira essência da sucção. Aposto que se formou uma comissão de marqueteiros pós-freudianos para criar esse bombom.

Da minha mochila, tiro uma edição amarelada e cheia de orelhas de *Folhas de relva,* de Walt Whitman, e passeio por trechos conhecidos, parando nas minhas linhas favoritas:

> "De uma vida cheia de paixão, pulso e poder"... "Também ascendemos ofuscantes e tremendos como o sol"... "Uma tendência ampla e fresca como a Criação me preenche"... "Onde o jacaré empolado dorme no riacho"... "Estirada e quieta está a meia-noite"... "a bandeira da minha disposição, tecida sem o verde-esperança"... "Por muito tempo você tem vagado, segurando-se a uma tábua na beira da praia"... "Deixe que sua alma permaneça fria e controlada ante um milhão de universos"... "Através de mim muitas vozes há muito emudecidas"... "o banho das minhas paixões"... "Vida... a sobra de muitas mortes"...

Recostando-me na cadeira e olhando para as rachaduras no teto, lembro-me da visita que fiz à casa onde Whitman nasceu, surpresa em encontrá-la numa rua silenciosa em Huntington, Long Island, como um oásis escondido no deserto da expansão urbana. Deve ter sido uma grande e desconjuntada casa de fazenda em 1810, coberta por tábuas de cedro natural que ondulavam, inchavam e rachavam ao secar e adquirir o tom de sangue coagulado. O pai de Whitman, carpinteiro, havia construído a casa com as próprias mãos e ela apresenta muitas de suas preferências estilísticas, como as portas holandesas, as chaminés de modilhão e, principalmente, o batalhão de janelas extravagantes, imprudentemente pouco econômicas, através das quais jorra a luz do sol.

No interior, a casa irrompe em movimento, da escadaria de carvalho, cujos nós foram cuidadosamente arranjados na beirada dos degraus, até a faixa de cor azulada bordejando as paredes caiadas, as lareiras, o marco ao redor das portas e as próprias portas. Uma casa cujo exterior está vestido de madeira e que, no interior, respira com a luz do sol e as cores do oceano tão próximo — uma nuvem de paredes brancas e o azul metálico do mar. As tábuas do assoalho estão fixadas por pregos forjados, mas as vigas do sótão foram cavilhadas. No tempo de Whitman, os colonos chegavam às vezes a ponto de queimar suas casas e recolher os pregos quando se mudavam. A madeira era fácil de encontrar; já o metal forjado à mão era mais raro que o ouro.

Descobri que a maioria dos cômodos tem duas ou três janelas altas, de doze placas de vidro, feito artesanalmente, sobre oito placas, cada uma do tamanho correspondente a um quarto da outra, assim como as páginas da primeira edição de *Folhas de relva*. As vidraças originais são delicadamente imperfeitas e lembram lentes; emitiram um vapor visual quando espiei através delas, imaginando como Whitman havia refrescado a cabeça ali durante o verão.

Quando me detive do lado de fora da casa, observando a alma da casa através de suas janelas, tudo era escuridão. Não se podia ver nenhum Whitman, em lugar algum — nem o robusto garoto solitário que apanhava enguias e ovos de gaivota na beira do mar, nem o sensível homem solitário que, em seus cadernos, mantinha uma contagem de seus relacionamentos amorosos, anotando traços faciais, idades e interesses, com medo de chegar a um ponto da vida em que esqueceria como era amar e ser amado, nem o livre-pensador de cabeça quente, que teve dezenas de empregos diferentes, como professor, tipógrafo e repórter, chegando a fundar, ele mesmo, alguns jornais, nem o leitor e poeta onívoro, abençoado com paixão e que, anos antes de *A origem das espécies*, de Darwin, havia escrito sobre a evolução, bem como sobre "os continentes ancestrais agrupados", nem o fanático pela saúde, que dava mergulhos diários na água gelada, nem o enfermeiro da Guerra Civil, que viajou pelos hospitais dos campos de batalha e se tornou um dos melhores correspondentes de guerra que já existiram, ao mesmo tempo que cuidava dos doentes e moribundos com a convicção de um santo. Mas quando, desde o lado de dentro, olhei para *fora* das mesmas janelas, o mundo entrou em foco e se transformou num desfile de cores, de vitalidade e de detalhes, como havia sido para Whitman. Era muito mais fácil olhar para fora da casa que para dentro dela, sabendo tão pouco a respeito do homem, mas profundamente interessada em sua visão.

Os Estados Unidos produziram muitos poetas antes de Walt Whitman, mas nunca houve um poeta verdadeiramente *americano* antes que ele tomasse o país no abraço de costa a costa de sua imaginação, citasse suas maravilhas como se fosse um Adão moderno, proclamasse que seus homens e mulheres nativos tinham uma vida cheia de beleza e de dignidade, julgasse aquele país uma terra boa e, então, a revelasse em todo seu panorama agitado, inquieto, pioneiro, atribulado, amplo, crescente e eclético. Ele amava particularmente a "turbulência" social dos Estados Unidos, a qual representava sua essência e também o paralelo perfeito às suas paisagens selvagens e sem limites. O retrato feito por Whitman dos Estados Unidos era rico em sensações e incomodamente complexo, mas ele também viu o todo, como uma só estrutura democrática na qual uma grande ação pessoal teria espaço para crescer.

Devido ao surgimento de uma nova raça de americanos à superfície das rápidas águas do século XIX, Whitman decidiu inventar uma linguagem poética radicalmente nova, traduzindo o mosaico acelerado dos jornais diários numa poesia repleta de conversas de rua e acontecimentos do dia-a-dia, uma poesia tão plural que buscava resumir os Estados Unidos, uma poesia agressivamente íntima que obriga o leitor a prestar atenção, que chora com ele e o corteja, uma poesia escrita num estilo ofegante e extático, através da qual flui a eletricidade de sua imensa visão, uma poesia que celebra o corpo humano com riqueza de detalhes sexuais, uma poesia de catálogos e imagens em desfile, uma poesia que mudou drasticamente o idioma da poesia, acrescentando-lhe todo tipo de coisas pouco tradicionais, como a astronomia, a egiptologia, a carpintaria, a ópera, os épicos hindus e os relatórios de recenseamento — a total e completa confusão efervescente da vida.

Whitman foi o primeiro poeta americano a quem o universo não amedrontava. Ele o tomava de forma literal, como um só *verso*, e queria tocar e ser tocado por ele, deixando sua marca por toda a sua superfície. Voluptuosamente apaixonado pela vida, sua mente era insaciável e nômade, sempre armando a barraca da curiosidade em algum lugar novo. Ele acreditava que a tarefa da poesia era a de mudar a vida das pessoas, ensinando-as a enxergar e atirando um balde de luz sobre as coisas mais comuns. E também acreditava que o aperfeiçoamento de sua própria vida era essencial para o aperfeiçoamento de sua arte. De fato, tornou-se a encarnação do ideal de século XIX, o "self-made man",[6] e era independente, robusto e obcecado com o físico; *Folhas de relva* é, entre outras coisas, uma jornada de autodescobrimento cuja mensagem é a de que você pode mudar sua personalidade, mudar seu destino e inventar a pessoa que quiser ser.

O acontecimento central da vida de Whitman foi a Guerra Civil. Em 1863, ele visitou seu irmão, que estava ferido, num hospital improvisado, e a primeira coisa que viu foi uma pilha de membros amputados. Rígido de horror, mas bravamente compadecido, deu início a seu trabalho de visitar diariamente os hospitais de guerra para cuidar dos jovens soldados à beira da morte. "Nunca meus sentimentos foram absorvidos de forma tão profunda e permanente", escreveu ele uma vez, "quanto por essas enormes massas de garotos feridos, doentes, moribundos e tão queridos." À noite, ele ia de cama em cama, escrevendo cartas a pedido dos rapazes ou alimentando-os com colheradas de frutas em compota ou geléia. Mas, acima de tudo, ele os brindava com sua extraordinária presença: um homem grande e saudável, cheio de magnetismo e carregado de energia, de barbas brancas como o Deus do Antigo Testamento. Ele segurava suas mãos e os beijava. Às vezes dizia a um rapaz moribundo que ele, Walt, era a encarnação da Morte, e que ele não deveria ter medo. Que extraordinário ato de misericórdia transformar a morte em algo físico e gentil para aquele que estava morrendo. Sim, penso, deixando meus olhos percorrerem as rachaduras do teto até o ponto onde todas se unem, como as linhas da palma da mão esperando para serem lidas, foi ali que ele realmente conheceu os Estados Unidos que apareciam em seus poemas, através dos garotos arrancados de suas cidades natais para lutar uns contra os outros.

Durante algum tempo, ele foi o atendente de um asilo, um orientador às portas da morte.

O trabalho na linha de emergência também se parece, ocasionalmente, a um campo de batalha, em que as pessoas se encontram presas em suas próprias guerras civis. Com freqüência criam uma espécie de poesia em suas chamadas, monólogos dramáticos sussurrados de coração para coração. Não têm a intenção de ser poéticas, não procuram ser perfeitamente ou comovedoramente humanas. Simplesmente não podem evitar. O que essas pessoas me ensinaram está fadado a influenciar os poemas que escrevo, mesmo os que não são sobre elas, e já ampliou minha noção de sofrimento, coragem e nobreza.

---

[6] Literalmente, aquele que vence pelos próprios esforços. (N.T.)

Whitman, na verdade, escreveu apenas um poema, embora tenha feito acréscimos a ele ao longo de toda a vida e de, às vezes, tê-lo dividido em livros separados. Foi um grande poema sobre a existência, um grande épico da vida nos Estados Unidos no século XIX, no sistema solar, na Via Láctea, nos infinitos recônditos do espaço. Ele começou olhando por um microscópio, focado na beleza do mais diminuto dos milagres — uma folha de relva, digamos —, e, então, expandiu o olhar até a beleza da nebulosa mais distante. Ele não costumava freqüentar a igreja, mas era profundamente religioso. Se não existe um Paraíso com fundo musical em seus poemas, também não existe a morte: "Eu me entrego como pó para crescer da grama que amo,/ Se vocês me quiserem de novo procurem por mim na sola de suas botas." Ele ensinou a seus contemporâneos e a crianças modernas, como Loren Eiseley e eu, uma nova maneira de rezar.

Um escandalizador de sua época, na qual o puritanismo vitoriano procurava calar sua doutrina do corpo e sua relação sensual com o universo, Whitman eletrificou a idéia que o país tinha de sua própria estrutura insípida. Não muito depois de sua morte, os estudantes passaram a ler *Folhas de relva* como um texto americano sagrado sobre a bondade essencial do ser humano, a dignidade das pessoas comuns, a santidade do corpo humano, analisado de perto e sem disfarces, a necessidade de forjar o próprio destino e a obrigação que todos têm de redescobrir o mundo, vivendo em perene estado de assombro ante os infinitos milagres com que nos deparamos todos os dias. Ele nos lembrou que "um rato é um milagre suficiente para assombrar sextilhões de incrédulos". Ainda hoje, a visão de Whitman é uma que se ensina às crianças na escola, uma que valorizamos como a grande ópera da vida americana. Tomando as praias, canyons, montanhas, campos e cidades, ele os uniu numa vista abrangente que começa e termina em si mesma. Como deve ser, pergunto-me, criar uma paisagem mental na qual seus vizinhos, seus conterrâneos e mesmo as futuras gerações se sintam *representados* e em casa?

Que triste que ele tenha se sentido obrigado a mudar o sexo de seus amantes quando escrevia sobre eles em seus diários, escrevendo "ele" apenas para apagar, depois, e substituir por "ela", apagando e recolocando "ele", depois "ela" e assim por diante. Se ele vivesse aqui, poderia ser uma das pessoas que nos telefonam, muitas das quais lutam com questões de identidade sexual. Homens casados com medo de revelarem que são bissexuais, homens solteiros com medo de perder o emprego se souberem que são gays, homens e mulheres confusos sobre os primeiros sinais de homossexualidade ou sobre como lidar com a família e com uma longa lista de problemas de relacionamento de todo tipo. Se ele nos telefonasse para falar sobre o problema dos seus diários, algo que claramente o preocupava, sentindo-se ambivalente ou inseguro a respeito de sua homossexualidade, como eu o trataria? Se reconhecesse sua voz ou sua história, será que teria de lembrar-me de que se tratava de Walt Whitman, já que não se pode separar um artista de sua vida? Ou o fato de ser sua admiradora tornaria mais difícil ajudá-lo? Como ele poderia se sentir compreendido, valorizado e levado a sério se eu não transmitisse minha enorme fé em seu talento e em sua visão? Ou isso seria um erro, pois o coração não possui etiquetas e não veste uniformes, e um banqueiro solitário é tão solitário quanto um poeta solitário? Será que eu deveria considerar sua criatividade um trabalho como qualquer outro, importante para o trabalhador, mas, durante a chamada, irrelevante à sua tristeza? Se eu ignorasse sua criatividade, ele seria, finalmente, o Homem Comum a quem tanto personificava e amava? Um artista esconde muito de seu eu privado por trás de seu eu público, o que pode levar a um sentimento de falsificação, de dúvida a respeito de si mesmo, um sentimento de "se soubessem a verdade a meu respeito", e à crença de que é composto de eus separados: um público e admirável, outro privado e deplorável. Portanto, será que eu não deveria considerar o homem como um todo? Considerar o interior criativo e o pacote de confusão como um universo único de mente e matéria, autêntico, problemático, porém triunfante e profundamente enredado?

Numa cidade cheia de atores, músicos e artesãos, com freqüência recebemos telefonemas de pessoas criativas com as quais, ocasionalmente, tenho dificuldade de lidar. Não posso revelar quão intimamente entendo sua luta, ou como acho sua mente fascinante. Quando recebo telefonemas de escritores, sinto-me tentada a aconselhá-los, embora, obviamente, não deva fazê-lo. Por exemplo, um aluno do primeiro ano da universidade telefonou dizendo que seus pais o estavam forçando a estudar medicina, mas que ele adorava escrever e queria, de alguma maneira, trabalhar com artes e ciências, simultaneamente; porém, sequer tinha certeza se aquilo era possível. Um telefonema bastante frustrante aquele. É claro que é possível, eu queria dizer, *acho que Diane Ackerman mora aqui na cidade. Por que você não liga para ela, para pedir conselho?* Afinal, eu poderia compartilhar minhas próprias experiências com ele, dar sugestões de cursos que ele deveria fazer e de caminhos interdisciplinares que poderia explorar. Foi difícil resistir. Mas ele não estava telefonando para pedir meus conselhos profissionais, estava telefonando porque sentia medo, vergonha e ansiedade, entre outras coisas. Estava telefonando para desabafar suas frustrações, suas tristezas e temores e, então, conversamos sobre como ele se sentia em decepcionar os pais e qual era a melhor forma de lidar com a próxima visita deles e com o inevitável confronto. Apesar de, no fim, ter gentilmente direcionado o rapaz ao departamento interdisciplinar de sua universidade, ao desligar, eu me sentia frustrada. Todo o conhecimento e todas as informações que não podia dividir com ele! É incrível como o ego da gente pode atrapalhar. Lembro-me de Nina Miller (primeira diretora do serviço e também escritora de ficção) aconselhando aos orientadores, durante o treinamento, que "existem ocasiões em que conversamos com uma pessoa e a conexão é tão pura que fica difícil não sentir *Oh, que sorte tem essa pessoa que eu a tenha atendido, veja só como nos conectamos.* Uma vez eu estava no meio de uma conversa assim", admitiu ela, "sentindo-me o máximo ao falar com aquele cara tão inteligente, tão literário, e, quando ele citou um trecho de poesia, não pude me conter e disse: 'Ah, é de Keats', ou algo parecido. E perdi a chamada. Ele parou de falar sobre aquilo que havia motivado seu telefonema, aquilo sobre o qual tanto precisava conversar, tudo por causa da necessidade do *meu* ego. É por isso que devemos ficar muito atentos ao compartilhar qualquer tipo de informação pessoal. A pessoa não está telefonando para saber sobre o orientador".

Levou muito tempo para que eu soubesse estimar o que Nina quis dizer. Uma necessidade natural de se conectar e de provar que você entende pode tentá-lo a revelar experiências pessoais que são similares ao que a pessoa está vivendo. Então, a identidade que você conseguiu com tanto sucesso deixar guardadinha num armário começa a deslizar da prateleira e a se esparramar, como o tecido escorregadio que é. Basta um minuto de desatenção e ela cai pelo chão — um caos de cores e formas que nos distrai. É melhor resistir e manter a vida privada às margens. Mas é difícil quando se trata de almas semelhantes.

Uma manhã, telefonou uma jovem poeta que estava deprimida e desesperada, queixando-se de que não suportava a intensidade que tanto desejava. Entendo exatamente o que ela queria dizer com aquele paradoxo. Sentia a mesma coisa quando tinha meus vinte anos, quando o sol estava sempre a pino. Útil criativamente, mas impossível emocionalmente, era um estado traiçoeiro, ao mesmo tempo glorioso e infernal. Eis uma anotação no meu diário que escrevi quando tinha vinte e quatro anos:

> Esses dias sou como uma urtiga sob a minha própria pele. Se eu pudesse, cobriria minha vida com um lençol e ficaria quietinha, deixaria tudo. O quintal é infinitamente distrativo. Há uma trupe de corvos gordos fazendo piquenique numa moita, vergando os galhos como lustrosas frutas negras. Comecei a me sentir uma estranha novamente, passando por longas fases de controle, depois por esses períodos mais curtos de tamanho desamparo, paralisia, indignidade. Minha sensibilidade alucinatória, que eu adoro, da qual me alimento, mas com a qual não consigo viver... Ouço o assovio de algum pássaro, como um portão enferrujado se fechando, vejo as folhas tremeluzindo como moedas à luz do sol, o céu branco como papel. Dois curiangos voaram até o sicômoro. Há sombras enormes nas árvores, que os caprichos da luz e do relevo tornam angulosas. O ar se enche com os apitos, estalos e canções como de uma banda de jardim-da-infância: chocalhos, tambores, sinos, flautas. O calor cintila na vidraça da janela... Deixei que tudo desmoronasse: palavras, trabalho, casa. A vida parece intratável, como lama. Obviamente, há uma ilusão de perspectiva, um sistema de superação, uma frieza, um afastamento, uma maneira de se manter no fogo sem se queimar. Eu ainda não a encontrei. Hoje não morrerei como uma mosca ou uma andorinha. Há tanta luz no bosque que as folhas amareladas parecem dolorosamente expostas. Parece que não consigo viver a meias-medidas, fazer com que meu coração se acalme o suficiente para trabalhar. As copas das árvores parecem máscaras africanas, sarças ardentes, balões meteorológicos. Pássaros provocam o movimento das folhas através da paisagem como um sinal elétrico. A luz do sol no bosque lhe confere um ar de lucidez, como se apenas eu fosse capaz de olhar com mais atenção, pudesse ver o lado mais distante da folhagem. Eu olho, mas nada se move, nada se adianta, nada se abre silenciosamente à vista. O que é a vida, que deve incluir esse tormento, assim como a discussão dos pássaros na folhagem de sempre-viva?... Não tenho forças suficientes para cumprir minhas tarefas, comer, telefonar para o eletricista, renovar o empréstimo do meu livro da biblioteca, me vestir ou mesmo dormir. Estou perdendo peso descontroladamente. Li em algum lugar que a falta de sol deixa a pessoa indisposta, então tirei a roupa e fui para o quintal. Os raios são como vitaminas líquidas que tomei uma vez, quando era pequena. Minha mãe inclinava minha cabeça para trás como se eu fosse um filhote de passarinho e deixava cair o líquido dourado... Meu arquivo está terrivelmente lotado e caótico. Deixei tudo desmoronar, tudo desmo-

ronar... As árvores agora são escuras como Goyas. Um esporo ocasional flutua pelo ar. Estou ficando enjoada de observar uma folha girar em seu pecíolo, girar e girar. Posso ouvir o desbotamento urgente da tinta. Uma linda libélula vermelha, cujo corpo delgado aponta como um mergulhador no ar, está pousada na cadeira já há alguns minutos. Ela estende as asas duplas como um biplano e, assim como rezo para que faça meu espírito enlutado, alça vôo.

Não me lembro de ter escrito aquele parágrafo, cuja cascata contínua de imagens e desespero, jorrando sem mudança de ânimo ou de velocidade, me assusta um pouco, mesmo em retrospectiva. Mas, Deus do céu, eu me lembro exatamente como aqueles dias eram exaustivos, quando a mesma carga emocional se aplicava a tudo. Também percebo naquela passagem um esforço persistente e saudável, embora não o soubesse então, para prender-me ao mundo real, para me estabilizar usando apoios feitos de folhas, pássaros e céu, desesperada por ancorá-los em palavras. Arrastando-me de volta a dramas fascinantes e externos, devo ter entendido, instintivamente, o poder redentor de se banhar no aspecto mais radiante da natureza, um ato que excita a mente ao mesmo tempo que esfria o sangue. Somente os oximoros são capazes de descrever a forma como a natureza me afeta: uma calma alerta e estimulante, uma excitação sedativa.

Felizmente, essa fase de intensidade sublime e insuportável às vezes passa, conforme os jovens poetas vão aprendendo a conhecer e a controlar melhor sua criatividade, e, além disso, quando a química de seus corpos em crescimento se estabiliza. Hoje sinto o mundo praticamente da mesma forma que quando era adolescente ou quando tinha meus vinte anos. Observando a natureza, provavelmente registrarei algumas daquelas mesmas imagens. Mas agora processo o mundo de maneira diferente. As sensações excessivas não me assustam. A intensidade não mudou, mas se tornou familiar e controlável e já não me sinto tão à sua mercê; às vezes, posso convocá-la e, às vezes, ignorá-la. Porém, não restam dúvidas de que os anos da adolescência e da juventude testam nosso valor. Se conseguirmos sobreviver às primeiras corredeiras, quando descobrimos ter um relacionamento assustadoramente íntimo com o mundo, então poderemos nos acostumar a ele, a valorizá-lo, e a vida poderá, com o tempo, ficar mais tranqüila. Infelizmente, para alguns artistas aquele estágio tempestivo continua até levá-los a uma morte precoce. Foi o caso de Sylvia Plath, uma poeta imensamente talentosa e subversivamente colérica, viciada no ritual da ressurreição. Ao longo de um casamento tumultuado e a despeito de seus dois filhos pequenos, ela continuou tentando se matar até que, finalmente, conseguiu. Entretanto, que amante do mundo ela era, uma das observadoras e festejadoras mais fiéis da vida. Suas imagens precisas e surpreendentes me deixam sem fôlego. Quando eu estava na Universidade de Cornell, as mulheres poetas eram obcecadas por ela. Se a vida podia sobrecarregar alguém que tinha tamanho talento e paixão, que esperança elas poderiam ter? Muitas lhe escreveram poemas epistolários. Algumas a romantizaram *precisamente* por haver se suicidado, considerando invejável uma paixão tão intensa que fosse capaz de levar à morte. Estava visitando a Sala de Livros Raros da Biblioteca da Universidade Penn State um dia quando o curador apareceu com um livro nas mãos. — Tenho aqui algo que você pode achar interessante — ele disse casualmente. Era uma tradução de *Fausto,* de Goethe, uma edição universitária padrão. Ao abrir a capa, meu coração deu um salto. Tinha pertencido a Sylvia Plath. Rapidamente, e com um sorriso, percebi que ela tinha lido o livro inteiro, atrevendo-se a melhorar a linguagem, afiando algumas imagens e transformando linhas confusas em frases memoráveis. Também havia sublinhado partes relacionadas à morte, à destruição e ao tormento — um tema que visivelmente a obcecava. Arrepiei-me ao perceber sinais alarmantes de seu suicídio, tão claro agora, em retrospectiva. Mais tarde, escrevi o seguinte poema para ela:

ANÁLISE DA EDIÇÃO DE *FAUSTO,* DE GOETHE, DE PROPRIEDADE DE SYLVIA PLATH

Você grifou "os malabarismos das chamas"
com tinta sólida e negra como uma pantera.
Pensando sobre as cinzas, quis detalhar,
quis vasculhar a louca confeitaria da alma,
atenta ao apetite de Fausto, não à beleza de Helena.
Familiarizada com escalpelos e jardins,
colecionou abelhas, aprendeu a cozinhar,
vestia-se com simplicidade e despia a carne
em espelhos de palavras. Armada e perigosa
com o cassetete do desejo,
tornou-se a boneca de percepção que conhecemos,

para quem quase todas as poetisas escrevem,
um Papai Noel mórbido capaz de morrer na hora certa.
Você possuía o dom da ira e um desejo selvagem.
Queria que a vida te enlouquecesse,
queria experimentar sua força real, queria
ser uma palavra nos lábios do abismo.
Você queria destrancar o sistema climático
das suas células, e um dia você conseguiu.

Nunca amei a dor que você vestia como uma mortalha,
mas seu olhar afiado de naturalista,
ávido e vagante, sua curiosidade nômade
e a facilidade destemida com que sua mente
deslizava para dentro da carne tenra da idéia.
Pensei que você encontrasse serenidade no mergulho
de uma imagem quente em palavras frias.
Pensei que tivesse feito a promessa
que a luz do sol faz às coisas vivas
e pudesse sentir-se espantada até a alegria
pelas dragonas verdes de um lírio.
Mas você era sua própria demonologia,
equilibrando a faca do terror em um só dedo,
até que adormeceu e a lâmina se soltou.

Mais tarde, ao atender a jovem poeta que telefonou, eu sabia exatamente o perigo que ela estava enfrentando. Meu lado maternal ansiava por tomá-la sob a asa, acalmá-la e confortá-la. Infelizmente, só podia ouvir e me mostrar solidária; juntas, tentamos avaliar seus recursos. Porém, como orientadora do SP, eu não podia agir como confidente, nem como professora. Revelar-me poderia ser temporariamente mais útil para ela, mas e nas horas que precedem o amanhecer, quando os lingotes do medo começam a pesar cada vez mais? Ou quando ela for atingida pela rejeição inevitável? A vida de um artista é sempre aceitação ou rejeição, abundância ou miséria. E então? Meu trabalho era ajudá-la a encontrar consolo toda vez que ela telefonasse para o SP, devia permitir que o serviço, e não eu, se tornasse seu esteio. Ela precisava sentir que tinha a possibilidade de desabafar suas emoções com alguém, em algum lugar, de forma anônima, toda vez que os demônios a atacassem, a despeito de quem estivesse de plantão para atendê-la.

Suponhamos que durante o meu turno telefonasse alguém absurdamente talentoso, como Sylvia Plath ou Whitman. Pelo que eu sei, ele ou ela bem poderia ser uma das pessoas que nos telefonam. A questão a respeito de Whitman é que, apesar de todo seu talento, sucesso e conhecimento do mundo, ele se preocupava com relacionamentos comuns, esteve exposto a tantos traumas de guerra e, por vezes, em rompantes de alucinação ou megalomania, como diriam alguns, ele se iludia o suficiente para se mostrar como a Morte encarnada. Ainda que inseparáveis, seus lados brilhante e escuro eram raramente visíveis ao mesmo tempo. Na maior parte do tempo, seu êxtase era público, enquanto seu tumulto, privado. Devo tentar ter isso em mente quando telefonarem pessoas furiosamente deprimidas. A parte de suas pessoas que eu não escuto pode ser exatamente aquela brilhante, alegre e poderosa que escreveria *Folhas de relva.* É muito difícil lembrar-se disso quando alguém telefona em desespero, principalmente se for um desespero duradouro, insistente e mortífero. Difícil lembrar que uma faceta dessas pessoas pode ser indomável, gloriosa e absolutamente acrobática. É o trabalho do terapeuta ajudá-las a esclarecer e a integrar seus lados sombrios, ágeis e dinâmicos. Nesse sentido, suponho que a terapia se pareça à limpeza ritual e à purgação religiosa primitiva que faziam parte da "jornada da alma". Nossa tarefa, por outro lado, é muito mais simples, ainda que possa parecer complexa: nos esforçamos em trazer a pessoa para o presente, por algum tempo, um tempo bastante curto, só por mais uma hora, mais um dia. Pode parecer uma bebida gelada na imensidão de seu sofrimento, ou um intervalo que dura apenas algumas batidas do coração. "O que você vai fazer com o dia de hoje?", perguntei a Louise uma vez, ao fim de uma conversa agonizante. "Não são os dias que me preocupam", ela havia dito. "São as horas."

O telefone toca e me assusto tanto que chego a hesitar. Meu coração dispara. Tento me recompor, pigarreio e respondo, no terceiro toque: — Serviço de Prevenção ao Suicídio e de Apoio Emocional. Posso ajudar? — Um clique alto. Apanho o livro de registros e anoto: "Desligou." — Droga — digo a ninguém em particular e tamborilo os dedos na mesa. Talvez liguem de novo. Meu coração volta ao normal.

Esperar que o telefone toque — um incômodo bastante familiar, coisa que os humanos fazem. Quantas vezes já esperei, ansiosamente, que a pessoa amada telefonasse? Acabo rindo ao pensar nas adolescentes, com sua visão telecinética, olhando fixamente para o telefone mudo e tentando fazer com que ele entre em ação. E há aqueles telefonemas tarde da noite, quando você já está na cama, o telefone frio contra o rosto morno enquanto conversa, sonolenta, com o namorado. Não é nenhuma surpresa que existam tantos religiosos entre os fundadores do SP. Com seus pequeninos furos, o bocal de um telefone parece com a tela de um confessionário. Na igreja, as pessoas entram num lugar que lembra uma cabine telefônica e, de forma anônima, pedem ajuda ao padre. Muitos dos usuários do SP telefonam de cabines públicas. Nesses dois atos anônimos, nos quais a vida e a morte estão em jogo e, às vezes, também o céu e o inferno, as vozes de duas pessoas se tocam através de uma tela fina. O telefone é menor, só isso. As vozes atravessam aqueles minúsculos furos como se fossem fragmentos de nada e, ainda assim, carregam em si dramas imensos. Despejamos nosso coração nos pequenos confessionários do telefone. Mas onde estarão todos os corações doloridos hoje?

Quando empurro a cadeira e pego meu andador, uma dor aguda atinge meu dedinho do pé esquerdo e recuo. Há três dias, tivemos um dia extremamente quente, então tirei os sapatos e meias por um tempinho enquanto trabalhava no meu escritório. Tentando alcançar um livro, movendo-me na cadeira giratória com o pé bom, de alguma forma, consegui passar a rodinha da frente por cima do dedinho do pé, quebrando-o. Agora não só estou com o quinto metatársico do pé direito quebrado, mas também o dedo mindinho do pé esquerdo. Se não doesse tanto, seria engraçado, um verdadeiro festival de desastres. O pé humano tem vinte e seis ossos, trinta e três juntas, uma centena de ligamentos. É uma porção de andaimes. Quebre alguma de suas vigas ou de suas amarras e a estrutura inteira desmorona. Agora, todo meu peso se apóia no calcanhar e no meio do pé esquerdo, o que faz com que pular num pé só seja um ordálio, posicionar-me na cadeira de rodas e na scooter, um sacrifício, e subir as escadas do SP, um verdadeiro exercício militar. Não obstante, venho nadando durante meia hora, todos os dias, sustentada por um colete de isopor enquanto bato suavemente os pés (ainda que somente no plano vertical). Se tiver sorte, as duas fraturas ficarão curadas ao mesmo tempo.

Quase todas as manhãs, penduro uma sacola de compras com um vaso plástico e tesouras de jardinagem no ombro e saio cambaleando com o andador para ir colher flores. Às vezes fico melancólica, olhando para um vaso numa prateleira que não consigo alcançar, mas logo me conformo ao lembrar-me que as crianças, os idosos e muitas pessoas deficientes convivem com inúmeras frustrações todos os dias. Graças a Deus minha limitação é temporária. Não me preocupo mais com o tempo que levo para fazer coisas simples; recalibrei minha balança e meus relógios mentais, assim como meus objetivos físicos. Agora que descobri como ganhar do governador na scooter elétrica, consigo zunir até a mercearia a 3 km/h, e não mais a dois, o que significa demorar doze minutos, em vez de dezoito. Desenvolvi um nível confortável de audácia para pedir a estranhos que me ajudem a abrir portas ou atravessar ruas. É incrível quantas pessoas oferecem ajuda de forma espontânea. Pensamentos complicados tomam conta da face delas e fica claro que estão tentando estimar minha deficiência (pessoas com ossos quebrados em geral usam muletas, não scooters ou cadeiras de rodas). Nunca me perguntam sobre a lesão. Esforçando-se para parecerem animadoras, tentam não agir de forma condescendente e sim atingir um equilíbrio entre solidariedade e pena. Acho isso tocante. Algumas das pessoas que telefonam para o SP também são deficientes físicos e convivem com todas essas frustrações e com a dependência de uma cadeira de rodas. Muitos deles foram vítimas de zombaria e de escárnio, não de compaixão. Em alguns passeios com amigos, fiquei chocada ao descobrir a escassez de acessos para cadeiras de rodas nas lojas, restaurantes, cinemas, edifícios públicos e até mesmo clínicas médicas. Alguns lugares possuem rampas que são muito inclinadas para que se possa subir sozinho, outros têm rampas para entrar no edifício, mas degraus para acessar os banheiros. Minhas lesões me proporcionaram uma maior compreensão do que enfrentam os deficientes. É claro, algumas pessoas que nos telefonam sofrem de deficiências invisíveis, as quais geralmente não são notadas por ninguém, o que deve ser ainda mais difícil.

Na cozinha do Centro de Apoio, acrescento água a uma caneca de sopa de milho e coloco no microondas. Alguém colou um pôster na parede contendo uma lista de nomes impressos em diferentes estilos de letras elegantes: *Abraham Lincoln, Virginia Woolf, Lionel Aldridge, Eugene O'Neill, Ludwig von Beethoven, Gaetano Donizetti, Robert Schumann, Leon Tolstoi, Vaslav Nijinsky, John Keats, Edgar Allan Poe, Vincent van Gogh, Isaac Newton, Ernest Hemingway, Sylvia Plath, Michelangelo, Winston Churchill, Vivien Leigh, Imperador Norton I, Jimmy Piersall, Patty Duke, Michael Faraday.* Sob essa lista há um estandarte vermelho:

PESSOAS COM PROBLEMAS MENTAIS ENRIQUECEM NOSSA VIDA

Abaixo disso, uma longa linha vermelha e, então, uma nota:

Essas pessoas sofriam das principais enfermidades mentais — esquizofrenia e/ou distúrbios maníaco-depressivos. Para maiores informações: 1-800-950 – FACT. Associação em Prol dos Mentalmente Enfermos do Estado de Nova York.

É um pôster que chama a atenção, notável por não citar todos os artistas e cientistas brilhantemente criativos e igualmente afetados por esses problemas: Hieronymus Bosch, Wassily Kandinsky, Albrecht Dürer, Johannes Kepler, Tycho Brahe, Hugo Wolf, Camille Saint-Saëns, August Strindberg, Arthur Rimbaud, Charles Lamb, Guy de Maupassant, Theodore Roethke, T. S. Eliot, Hart Crane, John Berryman, Robert Lowell, Anne Sexton, Jonathan Swift, Serge Rachmaninoff, Lewis Carroll (Charles Dodgson), William Blake, Martin Luther King, Rod Steiger, Dick Cavett, Joni Mitchell, Beatrix Potter, Charles Baudelaire, Edvard Grieg, Arthur Schopenhauer, Randall Jarrell, Delmore Schwartz, Lawrence Ferlinghetti, William Styron, Tennessee Williams e Friedrich Nietzsche, só para citar alguns. Na verdade, é difícil pensar em muitos artistas cuja vida não tenha sido perturbada pelo alcoolismo e/ou por problemas mentais. Será que, como Aristóteles insistia, "nenhum grande gênio estava livre de um toque de insanidade"? Atacado por baixas de ânimo suicidas e elevações de humor estratosféricas, será que o compositor do século XIX Robert Schumann precisava de seus terríveis surtos maníaco-depressivos para produzir obras-primas? Os estudiosos de Schumann descobriram, através de sua correspondência e de seus registros médicos, que ele escreveu a maioria de suas músicas em períodos maníacos. Por exemplo, em 1839, uma época de profunda depressão, ele criou quatro obras; no ano seguinte, numa fase maníaca, criou vinte e cinco. Um aspecto importante de sua genialidade é o fato de que compôs obras triunfantes nos dois estados. Embora compusesse mais durante os anos de mania, escreveu muitas obras regulares, e algumas brilhantes, praticamente na mesma proporção de quando estava deprimido. A única diferença está na produtividade. A fase maníaca lhe dava maior energia, não maior percepção, paixão ou sensibilidade.

Gênio artístico requer sensibilidade aumentada, mais riscos, maior impulsividade, uma crença de que o mundo espera que você acrescente sua visão à Criação, a fé que você pode pintar o salgueiro com um olhar. Nem todas as pessoas criativas lutam contra depressão, transtorno maníaco-depressivo ou psicose. No entanto, pesquisas feitas com artistas em três países demonstram maior incidência de alcoolismo, esquizofrenia e depressão entre eles. Qual seria a razão evolutiva disso? Por que diabos um artista como Van Gogh teria criatividade e doença mental em sua bagagem genética? Certamente, não há qualquer valor em termos de sobrevivência, posto que pode levar ao suicídio precoce. Doses moderadas de criatividade podem ser ótimas para ajudar a encontrar novas formas de caçar e de colher, de organizar pessoas, atrair parceiros, prever perigos e adaptar-se diante deles. Para nossos antepassados, teria sido uma qualidade útil, capaz até mesmo de salvar sua vida. Já a criatividade intensa, embora produza magníficas obras de arte, não seria tão aproveitável. Portanto, a tendência ao alcoolismo e à agonia psíquica pode ser apenas um infeliz efeito colateral do gene da criatividade, não muito preocupante naquelas pessoas moderadamente criativas, mas intensificado naquelas cuja criatividade seja maior. Apesar disso, a grande maioria dos artistas não sofre dessas doenças. Se analisarmos uma família com atenção, podemos geralmente ver que a criatividade se expressa em doses diferentes. Na minha família, por exemplo, o lado da minha mãe inclui o pai dela, imigrante, que era inventor nas horas livres (inventou o colete tipo frente-única, entre outras coisas), que aprendeu sozinho cinco idiomas e serviu de tradutor entre os ciganos durante vários anos, há dois tios que são inventores de aparelhos eletrônicos, extremamente inteligentes, uma tia que compõe canções e que, aos oitenta e cinco anos, continua praticando dança do ventre, e minha mãe, que sempre quis ser arquiteta e que passou a vida inteira montando e criando coisas. Sei pouco a respeito da mãe *dela,* a não ser que, na Europa, ela ganhava a vida bordando coletes (só a parte da frente) e vendendo torrões de açúcar aos homens que tomavam café enquanto jogavam dominó. O lado paterno da minha família é composto, em geral, por pessoas mais práticas, boas com os números e menos artísticas. Eu saí poeta; meu irmão é empresário.

Por outro lado, os artistas são pessoas que costumam ter dois ou três empregos, enfrentam a rejeição e a indiferença, geralmente vivem na pobreza, não têm os mesmos horários e rotinas que a maioria das pessoas, não se ajustam às normas de uma vida operária, são mais introspectivas que as demais, nutrem idéias ou pontos de vista incomuns como forma de vida, têm sentimentos profundos por profissão e, geralmente, recebem pouca compreensão e respeito, a não ser que se tornem famosos, caso em que passam a ser constantemente julgados — pois cada trabalho tem que ser tão bom quanto o anterior e bom exatamente da mesma maneira. Não parece um estilo de vida inerentemente estável. "A solidão acarreta o original, a ousadia, o estranhamente belo, o poema", escreveu Thomas Mann em *Morte em Veneza*. Pode ser que os artistas precisem do isolamento para trabalhar, mas onde termina o isolamento e começa a solidão? Acrescente a isso a forma como os artistas às vezes romantizam os extremos de consciência. Para alguns, a criatividade é uma arte caprichosa, dependente de uma visão cínica e de muitos rituais sutis de desespero. Para mim, é geralmente uma forma de celebração, investigação e de oração, mas acredito que, quanto a isso, sou um tanto incomum. Muitos artistas vêm de uma infância problemática e produzem a arte como forma de salvação pessoal. Segundo Georges Simenon: "Escrever não é uma profissão, mas uma vocação para a infelicidade." Poucos artistas não foram levados à arte pelo sofrimento. Portanto, decidi que nem a natureza nem a nutrição representam a principal fonte de impulso à vida criativa de uma pessoa. Pode ser um *pas de deux* no qual às vezes é a natureza que conduz e, outras vezes, a nutrição. Imagino os dois planetas mais distantes, Netuno e Plutão, cujas órbitas se sobrepõem de tal maneira que trocam de lugar, de tempos em tempos. No momento, Plutão está mais distante, mas, não muito tempo atrás, era Netuno. Dadas as matérias-primas da personalidade e do talento, quem sabe aonde conduzirão? Dada a gravidade da vida familiar, quem sabe o que ela irá moldar?

Estou convencida, no entanto, de que a parte do artista que se torna deprimida, esquizofrênica, viciada ou mentalmente desequilibrada está separada da parte responsável pela criação. Esta fica à espera, durante a bebedeira, a tristeza, a mania, a alucinação, a narcose, até a volta de uma relativa clareza e estabilidade, um ponto estável no qual possa criar. A criação ocorre paralelamente à agonia psíquica. Outros poderão discordar, mas eu acredito que até mesmo os artistas mais perturbados criaram suas obras em fases de saúde e força. William Faulkner escreveu romances apesar de seu alcoolismo, em momentos de sobriedade parcial ou (ocasionalmente) completa. De fato, ao passo que seu alcoolismo foi piorando, ele raramente conseguia escrever, até que o álcool, finalmente, substituísse de vez a tinta como fluido principal de sua vida. O mesmo aconteceu com Eugene O'Neill, John Steinbeck, Dylan Thomas, Lillian Hellman, Tennessee Williams, Ernest Hemingway, Victor Hugo, Malcolm Lowry, F. Scott Fitzgerald, Stephen Crane, Jack London, O. Henry, Truman Capote e tantos outros escritores alcoólatras, cujo dom não vinha de uma garrafa, mas apesar dela, e que teriam escrito ainda mais e melhor sem ela. Fugir do fantasma da depressão também pode funcionar como um tônico. Com medo de serem paralisadas pelo desespero, é freqüente que pessoas depressivas se atirem numa atividade frenética. Esperando manter a tristeza afastada, trabalham até cair, parecem ter estoques inumanos de energia e produzem arte de forma ininterrupta. Não podem se dar ao luxo de parar. Se diminuírem a velocidade, o míssil da depressão poderá alcançá-las.

—

Mexendo a sopa de milho quente e densa, volto mancando até a sala de atendimento e me instalo cuidadosamente na escrivaninha, um pé sobre o genuflexório, o outro em cima de uma cadeira. De todos os nomes naquele pôster na cozinha, Churchill talvez seja o que mais surpreenda. Durante a maior parte de sua vida, ele sofreu os repetidos ataques de uma depressão tão familiar, tão gritante e tão invencível que ele a chamava de seu "Cachorro Negro" — suponho que por ser algo que o perseguia, como um cão de caça. Era algo com vida e exigências próprias, algo intransigentemente brutal e que se tornou um monstruoso membro da família a quem sempre todos tinham que levar em conta. Parece ter sido uma doença compartilhada com diversos de seus antepassados, incluindo seu pai, que sofria do que ele chamava de "melancolia". Um garoto pequeno, franzino, perseguido na escola e negligenciado por seus distantes e glamourosos pais de alta sociedade, Churchill se transformou num homem dinâmico, cheio de energia, assertividade, dono de uma coragem que beirava a imprudência, agressividade, ambição extrema, uma infinidade de idéias, força de vontade, uma violência que se alternava com compaixão, gostos artísticos, egolatria e uma inclinação por aventuras ousadas. A privação que sentiu na infância pode ter servido de combustível para suas ambições, mas, não tendo qualquer senso nato de valor, ele era uma presa fácil para os exércitos da depressão, que o atormentaram durante toda a sua vida.

Com um fardo pesado, imprevisível e assustador como esse, como foi que Churchill criou filhos, se alçou na política, pintou lindos quadros, escreveu com sagacidade e confiança e liderou uma nação durante a guerra? No fascinante estudo de personalidade escrito pelo psiquiatra Anthony Storr sobre Churchill, ele defende que, em 1940, quando todas as probabilidades estavam contra a Grã-Bretanha, foi preciso que Churchill demonstrasse uma grande dose de convicção para fazer com que o povo britânico se reunisse; no entanto, "foi porque durante toda sua vida ele havia liderado uma batalha contra seu próprio desespero que pôde transmitir aos outros que o desespero pode ser superado". Storr vê na história de Churchill uma relação clássica entre depressão e hostilidade na qual uma criança emocionalmente negligenciada se ressente daqueles que a negligenciaram, mas não pode arriscar-se a demonstrar raiva ou irritação, já que precisa desesperadamente destas mesmas pessoas que o torturam. A depressão é resultante de direcionar essa hostilidade contra si mesmo. Às vezes, tais pessoas dirigem sua hostilidade contra oponentes no mundo exterior. Como observa Storr: "É um grande alívio encontrar um inimigo sobre o qual seja justificável despejar a ira." No caso de Churchill, "o combate contra os inimigos tinha um forte apelo para ele... e quando ele finalmente se viu confrontado por um inimigo que considerava totalmente mau, foi um alívio que lhe conferiu enorme vitalidade".

Nos últimos cinco anos de sua longa vida, Churchill sentou-se numa poltrona frente ao fogo, parcialmente paralisado por um derrame e completamente desmoralizado pela depressão. Ele parou de ler e raramente falava. O Cachorro Negro o havia finalmente alcançado e saltado sobre ele, esmagando-o sob seu peso brutal. Mas que dínamo ele havia sido, tão inventivo, tão corajoso, tão resiliente. Uma vida difícil, histórica. Sim, acho que é o que todos vivemos, em arenas menores, talvez; uma vida às vezes resplandecente, às vezes difícil, que muda a história para muitas das pessoas com quem entramos em contato. Não é estranho que um animal de cérebro grande possa alterar o rumo da vida de outro, alterar o que o outro vê quando olha seu reflexo no espelho, ou no espelho da mente? Que espécie de seres somos nós, que partimos em peregrinações simbólicas, paramos em cidades mentais, encontramos com outros que, às vezes mesmo sem saber, podem nos desviar ou redirecionar por anos a fio? Que criaturas tão mágicas e improváveis. Quem poderia conhecê-las no decurso de uma vida somente? Quando começo a pensar dessa forma, o espanto lança seus rebites em meus ossos, sinto-me iluminada por um sentimento de graça e todos os meus pensamentos se transformam em louvor.

Nenhum telefonema ainda. Os telefones parecem pregados à escrivaninha. Talvez, se eu usar um, o outro acorde.

Será que Cathy está em casa hoje à noite? Pode ser uma boa hora para planejar um futuro passeio de bicicleta. Enquanto o tempo está bom, poderíamos tentar a estrada de Sodus Point — sessenta e quatro quilômetros pelas margens do Lago Ontário. O guia *20 Bicycle Tours in the Finger Lakes* descreve esse percurso como um terreno praticamente reto, salpicado de pomares perfumados com ameixas, pêssegos, maçãs e peras.

Disco o número de Cathy e dá sinal de ocupado.

Sessenta e quatro quilômetros são mais do que qualquer outro passeio que eu já tenha feito, mas no relevo plano os quilômetros fluem como a água de um riacho. Seria um instante. Bem, talvez um instante longo e lento, suado e absolutamente cansativo. Será que poderíamos dirigir até lá, voltar e andar os sessenta e quatro quilômetros num só dia? Acho que não. Teríamos que ficar lá, numa pousada. Um sorriso se insinua em meu rosto. A última vez que passamos a noite fora com nossas bicicletas foi em agosto passado, quando dirigimos até Cooperstown, andamos de bicicleta à tarde, dormimos numa pousada e, no dia seguinte, pedalamos por trinta e cinco quilômetros de montanhas, cruzando florestas antigas, fazendas deliciosas, lagos e uma contínua beleza natural. Relembrando o misticismo sereno daquele passeio, deslizo-o em minha memória como um jorro estimulante de sensações:

Nas horas lilases após o amanhecer, antes que o sol salte ao palco azul do céu para começar sua ópera de luz e calor que aquece a alma, saímos de bicicleta para circunavegar o Lago Otsego que, contornado por densas florestas, jaz plano como o metal forjado, profundamente violeta-acinzentado, com uma leve bruma que flutua e cuja água translúcida ondula como a superfície de um espelho antigo — o lago a que os índios deram o nome de "Vidro Reluzente". Pedalamos fortemente por uma subida inclinada, enquanto a temperatura de nosso corpo e o dia se elevavam em conjunto e, dentro do tecido arroxeado da floresta, gravetos estalavam, confetes de luz caíam entre as folhas, pequenas criaturas zuniam entre os troncos das árvores e, ocasionalmente, um barulho ou movimento fazia com que nossos olhos voltassem um milhão de anos pelos vários túneis do instinto até as sombras onde, automaticamente, procurávamos por ursos, leopardos, salteadores ou guerreiros, ao passo que um coral misto de insetos e pássaros cantava, indiferente à nossa passagem, mas espantado talvez com nossa conversa e risos, ou pela visão de uma mulher de cabelos louros numa bicicleta azul-turquesa, de short preto com marcas roxas em forma de "V", da cor da penugem de um pato silvestre e, atrás dela, a mesma coisa, só que diferente, uma mulher com cabelos negros numa bicicleta cor de ameixa, seguindo por uma estrada de cascalho espalhado em invernos passados, costurando pelas montanhas ondulantes que se movem como os quadris de uma dançarina quando se alonga, enquanto as sombras balançavam como oitavas pelas árvores. O lago estava calmo como cera fria, mas o sol se amarelava e inchava e a água começava a escorrer por nosso rosto. Então bebíamos longos goles de água límpida e morna das garrafas, não a água do lago, que se escurecia como uma orquídea negra sempre que uma nuvem do tamanho de um castelo o cobria, não a miragem de água tremeluzindo sobre o macadame superaquecido mais adiante, não a água salgada que incha nossas células, que nos dá forma, flui e estimula a mente nas jornadas da alma, mas a água captada numa fonte em Vermont que nunca vimos, filtrada por rochas, assim como nós somos filtrados pelas coisas que vemos, especialmente o majestoso índigo do lago, o ar lilás e o violeta-noite restabelecendo-se na floresta, enquanto pedalamos ao ar livre onde ricas plantações rendem ao céu suas fileiras perfeitamente ordenadas de milho, com folhas como colares de ferro verde e franjas faiscando sob o sol estrondoso — visões que às vezes saboreamos com poucos comentários e sorvos delicados da mente e, outras vezes, com a deglutição afobada de vistas inteiras —, mas nós duas conhecíamos o valor curativo da jornada, que ficou entre prazer e sofrimento, apesar de não sermos o tipo de pessoas que apreciam a dor, ou que calibram a diversão, mas nos alegramos com o esforço de atravessar a paisagem, a qual descobrimos árvore por árvore, terreno por terreno, com chicórias e folhas de cenoura agrupando-se nos canais. Pedalando fortemente, estávamos empapadas de pura exaustão, de pura felicidade, dirigindo-nos através das terras interiores onde todas as batalhas emocionais convergem e se transformam numa só suavidade, sabendo que lá atrás, na vila de Cooperstown, as lojas logo estariam erguendo seus toldos, as portas dos museus estariam se abrindo e a grande concha de empreendimentos estaria lentamente se movendo, enquanto o sol se elevava cada vez mais e a cidade soava com um milhão de intrigas coloridas. Nós suávamos, seguíamos em frente, pedalávamos e continuávamos deixando o dia para trás, mudando de marcha, enquanto bolas de sol como néon ofuscante corriam pelo lago, mais violeta que molhado, e pedalávamos em direção ao meio-dia, não pensando em banhos de chuveiro, ou em descanso, ou em peixe grelhado servido numa varanda de frente para o lago onde, mais tarde, olharíamos, maravilhadas, o lago que contornáramos, estendendo-se, brilhante como uma torrente de mercúrio sob o sol constante, e sim alegremente perdidas numa longa serenata de água malva, com o-que-será em algum lugar virando a curva.

CAPÍTULO 10

Os Oradores de Agosto

Na sede da Congregação Espírita em Freeville, no estado de Nova York, os pavilhões de madeira se agrupam ao longo de estradas sinuosas de terra que conduzem a uma pequena capela de frente para o lago. Passando pelo escritório central, pelo salão de sessões espíritas e por uma menina andando, sozinha, numa bicicleta para dois, estaciono o carro perto da capela. Sobre a porta que dá acesso à construção branca de madeira surgem as palavras O TEMPLO DA VERDADE em letras destacadas. Dentro, quatorze bancos de madeira ladeiam um corredor central, a madeira envernizada com as laterais esculpidas em forma de arco gótico. A capela tem capacidade para cerca de quarenta pessoas, três em cada banco, mas as vinte pessoas presentes parecem encher o ambiente com suas conversas e risos. Devido ao teto baixo e às faixas de tecido listrado de marrom que decoram as paredes creme, a sensação é a de entrar numa caixa de chapéu ou num dos quartos de uma casa de bonecas. Ocupo um banco na parte de trás, no corredor e perto da porta. Dois ventiladores giram lentamente acima. Numa pequena plataforma na frente do salão, próximo ao púlpito de madeira, há uma mesa baixa com um vaso de vidro cheio de cravos, gipsófilas e folhas de samambaia. Compradas em loja, não apanhadas no jardim de alguém. Também sobre a plataforma há dois órgãos de pedal e uma bandeira americana com a tradicional águia de metal decorando o topo do mastro. Duas luminárias de vidro cuja incrustação de conchas faz com que pareçam mais típicas da Flórida que de Nova York. E um grande quadro de Jesus, que observa tudo da parede atrás da plataforma. Vestido com uma túnica verde-clara, ele flutua em meio a um reino de nuvens douradas. Teria Jesus realmente usado uma túnica verde plissada? Ou seria aquele o código de vestimenta do céu? A diretora da cerimônia desta noite — uma loura de meia-idade — está sentada em uma das duas cadeiras estofadas, conversando com o ministro visitante, o reverendo Wilson, que, sentado na outra cadeira, inclina-se em sua direção. É um homem de cabelos brancos, sessenta e poucos anos, um rosto gentil e franco, queixo quadrado e pele clara queimada pela última semana de clima quente e úmido.

Mas onde está Louise?, pergunto-me ao explorar o salão rapidamente com os olhos, começando pela primeira fila e vistoriando as pessoas, uma a uma. Não é possível dizer muito a respeito das pessoas olhando de trás, pegando um rosto virado aqui, ouvindo um trechinho de conversa ali e analisando a linguagem corporal. Ainda assim, suspeito que as duas jovens lá na frente sejam alunas universitárias — há algo nas roupas e nos gestos que me diz isso. Jovens demais para serem Louise, que tem trinta e poucos anos. Perto delas, há um homem e uma mulher falantes, de seus setenta anos. Duas amigas de meia-idade, uma das quais parece estar triste. Poderia ser Louise? Tomo nota, mentalmente, e continuo observando. Há uma mulher sozinha, de mais ou menos sessenta anos, eu diria, que ri com um homem mais velho e uma mulher. Duas mulheres de meia-idade sentadas juntas, conversando intimamente sobre algo. Uma delas tem o rosto redondo, o cabelo com uma trança que termina num laço branco, abaixo do pescoço, e o olhar é rápido, movimentando-se sem parar enquanto ela cochicha para a mulher ao lado, que tem cabelos castanho-avermelhados e um rosto anguloso. Sempre imaginei Louise com cabelo castanho, encaracolado, na altura dos ombros. Pense,

pense! Ela alguma vez mencionou a cor de seus cabelos? Acho que não. Poderia ser uma dessas mulheres. Tomo outra nota mental e sigo adiante. Uma mulher mais velha, de óculos. Uma mulher com a filha de meia-idade? Por alguma razão desconhecida, a maioria das pessoas está vestindo blusa ou camisa lilás, ou rosa forte. A maior parte das mulheres é encorpada. Que tamanho terá Louise? Quando mulheres encorpadas ficam deprimidas, geralmente reclamam sobre o peso, mas não me lembro de Louise ter alguma vez se referido ao próprio corpo ou a alguma dieta. Uma mulher de vinte e poucos anos entra e senta ao lado de uma mãe com a filha adulta deficiente. Precisamente às sete horas, com vinte pessoas presentes, as portas se fecham e a sessão começa. Ficamos em pé e cantamos uma música do livro de hinos, "Ele cuidará de você, Deus cuidará de você", acompanhando uma melodia animada que oscila como um balanço.

Então, o ministro profere uma bênção, convidando "os entes queridos que estão no plano espiritual a se aproximar para que possam nos trazer palavras de conforto e de alegria desde seus reinos de existência superiores; os mestres espirituais, para que tragam palavras de inspiração e que a corrente curadora invisível, que está sempre presente, toque a cada um de nós". Segue-se o Pai-Nosso. Em seguida, a diretora da cerimônia conduz a congregação a recitar a Declaração de Princípios, um juramento de lealdade aos preceitos espíritas. O de número 5 declara: "Afirmamos que a comunicação com os mortos é um fato comprovado cientificamente pelos fenômenos do espiritismo." Quando ela se senta, o ministro retorna e nos pede para abaixar a cabeça e fechar os olhos para que ele nos guie em meditação. Numa voz firme e agradável, ele diz: "Lentamente a corrente curadora entrará em nosso corpo, começando pelos pés. Sinta-a fluindo pelo corpo, subindo pelas pernas, percorrendo os braços e os ombros... e ao sentirmos o espírito subindo por nosso pescoço e cabeça, saberemos que estamos sendo curados. Nós *estamos* sendo curados. Nós *estamos* sendo curados. Nós *estamos* sendo curados. E cada um de nós tem a habilidade de enviar sua energia de cura para os demais, sabendo que *todas* as coisas são possíveis. Envie-a à pessoa sentada à sua frente, que pode estar precisando de sua energia de cura hoje; à pessoa à sua esquerda, que pode estar precisando de coragem hoje; à pessoa atrás de você, que pode estar precisando de cura física; à pessoa à sua direita, que pode estar precisando de confiança. Enviamos essas forças de cura, sabendo que essas pessoas estão sendo curadas. Elas *estão* sendo curadas. Elas *estão* sendo curadas. E ao juntarmos essa força dentro de nós, em paz e harmonia, sentimos a energia cada vez maior e a enviamos àqueles que estão em instituições, em campos de batalha, em suas casas, onde quer que sua necessidade nos leve, e sabemos que *todas* as coisas são possíveis. Enquanto faço uma pausa, por um momento, cada um de vocês deverá elevar ao éter o nome de seus entes queridos que estejam precisando do toque de cura..."

Minha mãe fará um exame médico na terça-feira. Elevo o nome dela ao éter. E a Paul, que está experimentando um novo medicamento para o coração. E à minha amiga, orientadora, Ruth, que fará uma biópsia na semana que vem. E a George, que logo começará a radioterapia. Assim como esses entes queridos, também Louise e as demais pessoas que telefonam para o SP. Não sei se consigo imaginá-los todos ao mesmo tempo como indivíduos. Talvez algo mais abstrato. Como uma cidade cheia de luzes? Isso também não funciona, então simplifico a imagem. De volta à minha mãe, Paul, George e Ruth. Tentando segurá-los simultaneamente com o olho da mente, acabo agrupando-os como um conjunto de estátuas. No instante em que acrescento uma nova figura, perco de vista uma das outras. Concentrando-me fixamente, tento mais uma vez manter os quatro em foco, ao mesmo tempo. Definitivamente não dá certo, então imagino um de cada vez.

— ... e ao enviar a energia, visualize-os inteiros e bem, sabendo que todas as coisas são possíveis. Nós sabemos que essas pessoas estão sendo tocadas pelo Espírito Santo e que estão sendo curadas. Elas *estão* sendo curadas. Elas *estão* sendo curadas.

Conforme cada uma das pessoas surge na minha mente, vejo os pontos doentes de seu corpo em cor vermelha e imagino que uma luz curadora amarela contorna cada um desses pontos. O que era mesmo que aquele massagista visualizava fluindo de suas mãos para o corpo de seus pacientes? Ah, sim, uma força verde que os fortalecia. A natureza em sua forma mais tônica.

— E, finalmente, enviamos nossa energia de cura por todo o país...

Meus amigos desaparecem como hologramas.

— ... principalmente ao nosso próprio país, os Estados Unidos da América, e ao alcançarmos todos os seus indivíduos, eles serão tocados por esta corrente de cura e o mundo encontrará a paz em nossa época. E, querido Espírito, pedimos a cura da Mãe Terra, pois sabemos que todas as coisas são possíveis, *todas* as coisas são possíveis.

É possível que os políticos votem pela proteção do espírito da natureza em vez de nos interesses lucrativos de seus financiadores? Duvido. É melhor se concentrar na cura do abstrato — lagos limpos, ar limpo, oceanos cheios de vida, desertos onde possam viver tranqüilamente morcegos e papa-léguas; bosques temperados, no Norte do país, que a cada outono parecem embrulhados para presente, e selvas que inundam nossos sentidos.

— Agora, quando o Espírito lentamente deixa nosso corpo, fluindo pelo pescoço, descendo pelos ombros e braços, pelas pernas e saindo por nossos pés, sabemos que fomos verdadeiramente tocados pela força divina. E que cada um de nós saiba, no futuro, que se precisar do toque de cura só tem que pedir para receber, pois sabemos que *todas* as coisas são possíveis. Esta é nossa oração de cura, em nome de Jesus Cristo. Amém.

Varrendo o salão novamente com os olhos, ainda não vejo ninguém que pudesse ser Louise. Durante meu turno, hoje à tarde, ela telefonou; ao ouvir sua voz, senti a preocupação escorrer pela minha coluna como bolinhas de gude e a mão que segurava o telefone começou a ficar suada. Louise ardia com uma dor psíquica insuportável e não adiantava, naquele momento, tentar encontrar qualquer tipo de solução. Simplesmente tentei ajudá-la a suportar o sofrimento, pelo menos durante algum tempo, aliviada em ouvir sua voz, em saber que ela ainda conseguia falar, que ainda era capaz de buscar ajuda. Quero que ela telefone para pedir ajuda, a despeito de sentir-se desgraçada ou envergonhada e, às vezes, quando ela está se odiando por sentir tanto ódio de si mesma, não sei por onde penetrar em sua casa de espelhos. Hoje à tarde, ela estava séria e angustiada, numa mistura de depressão e auto-aversão, e suas palavras saíam por vezes bastante expressivas, mas, ao mesmo tempo, frágeis como folhas secas. Entre seus telefonemas, às vezes esqueço de me preocupar com ela. Uma náufraga da vida, ela conseguiu sobreviver a furacões emocionais no passado e reinventou a si mesma uma centena de vezes. Mas no momento em que conversamos volto a perceber como ela é perecível.

Será que ela está aqui, esta noite? Talvez não tenha se sentido suficientemente bem para se vestir, dirigir e representar um personagem público. Olhando furtivamente pelo ambiente, sinto-me pouco à vontade; eu seria uma péssima espiã. Será que eu deveria ter telefonado para Cathy e deixado que ela me fizesse desistir de vir aqui? Estou curiosa e preocupada demais para me manter a distância. Se, pelo menos, eu pudesse *ver* Louise, examinar o rosto que abriga aquela voz atormentada, talvez, então, pudesse encontrar a melhor maneira de ajudá-la. Pegando o livro de hinos, volto a atenção à Declaração de Princípios e releio o nº 4: "Afirmamos que a existência e a identidade pessoal do indivíduo continuam após a mudança denominada morte." Sempre tem a ver com identidade, não? As pessoas que nos telefonam personificam seu humor e, às vezes, sua história. Mas nunca um rosto, uma postura ou o pacote completo de sua vida. Em *Peer Gynt*, obra de Henrik Ibsen, oferece-se a um homem que está no Purgatório a possibilidade de ficar pairando por ali, como uma alma anônima e livre de qualquer sofrimento, evitando, assim, as chamas da perdição. Mas ele escolhe o Inferno, porque lá, pelo menos, poderia manter sua identidade. Ele sofreria a tortura eterna, é verdade, mas seria a *sua* tortura pessoal. Para a maioria das pessoas, vale a pena enfrentar qualquer Inferno para se ter um sentimento definido de personalidade e, portanto, o desejo de manter a personalidade para sempre torna o espiritismo ainda mais atraente. É difícil acreditar que nossos entes queridos se transformem, ao morrer, em partículas anônimas de pó, em fragmentos de energia peneirados na massa do universo em seu nível mais elementar e que se transformem em folhas de relva, como Whitman imaginava, ou no ar que respiramos. Algumas religiões encontram consolo na democracia final que defende que todos fazem parte de tudo o que existe. Mas Samuel Beckett tem razão, nós já nascemos sobre uma tumba. Não possuímos nada além de um nome, todas as outras coisas de nossa vida nós tomamos emprestadas, até os corações. A minúscula palavra "eu" é nossa única posse e a protegemos com ferocidade. Preferimos pensar que os mortos têm sua personalidade intacta, que são pessoas com quem podemos gritar, brigar ou confidenciar, que ainda são identificáveis em outro plano de existência.

Os orientadores de serviços de apoio abandonam, de bom grado, sua personalidade, por mais preciosa que ela seja. O abandono também é algo precioso. A abnegação alivia a exaustão da identidade. Por algum tempo, podemos fechar a casa de veraneio do eu, cobrir as realizações com lençóis velhos, cerrar as cortinas da auto-estima, trancar as portas dos relacionamentos e deixar a dor do lado de fora. Assim como os espíritos, que falam através do éter, os orientadores são vozes incorpóreas, guias invisíveis. Abnegação. O Paraíso, meta final de várias religiões asiáticas, apenas pode ser alcançado por meio da abnegação e do abandono das esperanças, preocupações, bens materiais, desejos, apegos e também do abandono de um eu claramente definido. Não se tornando inerte, como na morte, mas vivendo em estado de alerta sem nenhum esforço.

O bálsamo da religião, essa grande tranqüilizadora da alma, me pergunto de que forma isso ajuda Louise. Quando ela está deprimida, fica aflita consigo mesma. Será que por meio da meditação guiada e das orações ela consegue atingir uma morte temporária do eu e da dor que a aflige? Ou será que é o contrário: ela acredita na cura pessoal, tão realisticamente imaginada, prometida pelo espiritismo? No que diz respeito ao assunto, que quantidade de apoio o espiritismo realmente dá a Louise? Não o suficiente, imagino a princípio, mas, depois, me corrijo. Afinal, pode ser o que a mantenha afastada da morte. Ou talvez seja o SP que faça isso. Ou seus filhos. Ou seu trabalho. Ou seus amigos. Ou sua música. Ou seu jardim. Ou tudo isso junto. Continuo esquecendo que não há respostas simples. Na verdade, não me esqueço, apenas continuo desejando que não fosse assim.

A congregação se levanta para cantar "Conte suas Bênçãos". Então, o reverendo Wilson começa seu sermão: — Todos nós temos muitas bênçãos em nossa vida... — Ele tem a voz típica de ministro sulista, com exceção da pronúncia fanhosa; é uma voz sincera que enfeitiça e incentiva.

— Às vezes não temos certeza dessas bênçãos. Às vezes estamos um pouco doentes ou as coisas não estão indo exatamente como gostaríamos, ou há problemas na família, ou desânimo no trabalho. Às vezes não enxergamos as muitas bênçãos que todos nós temos na vida. Hoje, aqui na sede, eu estava pensando sobre minha vida, pensando em todas as coisas que aconteceram comigo, todas as verdadeiras bênçãos que realmente tive. Algumas delas, no começo, foram tristes; algumas eu não conseguia aceitar ou entender naquele momento da vida em particular. Mas houve vezes que pude encontrar uma porta através da qual adquiri novos conhecimentos e compreensão, e pude aceitar condições e acontecimentos e, daquele caos, vieram muitas coisas boas. Deu-me novas direções, uma nova forma de vida.

Meus olhos recaem sobre uma mulher jovem usando um chapeuzinho preto na quarta fileira. Eu não a havia visto na primeira busca pela congregação. Se ela virar a cabeça, conseguirei adivinhar sua idade. Também vejo uma mulher grisalha, com um colar de contas de vidro. Será que o ministro não está com calor, de terno e gravata? Ele usa um terno azul-marinho e uma gravata alegre, com manchas azuis e vermelhas. Ele é um homem alto e se apóia no púlpito com a mão ao falar, inclinando-se para a frente, a voz alta, mas também intimista:

— Alguém que me conhece bem me perguntou, outro dia: "Como você pode dizer que a vida é uma bênção?" Porque quem me conhece sabe das muitas tragédias da minha vida: uma filha que agora está no mundo espiritual, uma jovem a quem eu amava muito e que, dois dias antes de nos casarmos, morreu num acidente. Eu sei bem o que é a tragédia.

Sua noiva morreu dois dias antes do casamento? Que horror. Deve ter sido um trauma devastador e, no entanto, ele fala do assunto com muita calma. Talvez tenha acontecido há muitos anos e ele já tenha saído do luto. Mesmo assim. Pensando nisso, Jack Lewis tem um jeito parecido de lidar com as tragédias da vida, com uma combinação de franqueza, emoção profunda e total aceitação. Não sou a única pessoa que acha Jack um santo. Suponho que seja mais fácil aceitar os golpes da vida quando se acredita num Deus bondoso, com um plano definido. Acrescente a palavra *propósito* à descrição de um emprego e a coisa muda de figura.

— Mas eu sei que de alguma maneira, de algum modo, consegui ver a luz — o ministro continua. — Consegui seguir em direção àquela luz da verdade e compreender, consegui me erguer, sacudir a poeira e seguir adiante. Houve alguma bênção naquilo? De muitas formas, acho que sim, pois aprendi a ter mais compaixão pelas pessoas, pude entendê-las melhor que nunca. Minha vida nunca mais foi a mesma, é verdade, mas da tragédia aprendi muitas coisas e passei a aceitar determinadas condições, como todos temos que aceitar no decorrer da vida. Porém, ao percorrer aquela estrada, descobri que a maior de todas as bênçãos é a minha religião, minha crença na continuidade da vida.

Continuidade. Pronuncio a palavra lentamente em minha cabeça, tentando entender como deve ser acreditar num céu onde as pessoas usem roupas e linguajar atualizados; acreditar que se está destinado a um lugar semelhante à vida, a uma cidade invisível de onde é possível observar seus descendentes cumprindo tarefas, apaixonando-se ou chorando a sua perda.

Quem serão os espíritos de Louise? Ela raramente fala sobre parentes ou amigos, mas acho que o pai e a mãe estão mortos. Eu sei que ela gostaria que o ex-marido estivesse. Ela não tem irmãos. Será que ela presta atenção nos espíritos? Será que seu bom senso fala com ela dessa maneira, como um conselho atribuível a outras pessoas?

— O espiritismo ensina que a cura está sempre presente... Podemos eliminar todas as pílulas para a dor de cabeça... Por que não nos sentamos, meditamos e pedimos que o toque de cura venha até nós? Tire alguns minutos de cada dia para meditar. Você se surpreenderá com o bem que isso te fará...

Incentivar as pessoas a meditar não tem erro. Qualquer coisa que acalme os nervos e silencie a estação de rádio do cérebro por algum tempo, principalmente se os canais cerebrais estiverem cheios de reclamações de colegas de trabalho, apelos de amigos, exigências de membros da família e da estática provocada pelos "e se...", "se pelo menos..." e "deveria ter feito".

— Olhe ao seu redor, veja a beleza da natureza. Não se apresse. Sinta o perfume das flores. Pois a natureza, se você olhar com atenção, poderá oferecer muitas respostas. Pense nos índios nativos americanos, que acreditam na natureza e trabalham em conjunto com ela...

Oh, Senhor, não aquela idéia do nobre selvagem de novo! Os índios americanos devem estar de saco cheio deste estereótipo.

— ... Se nós, como indivíduos, pudéssemos seguir seu exemplo, também teríamos uma vida muito mais abundante. — Será que ele realmente pensa que todos os índios têm uma vida de abundância? Pode ser que existam alguns indivíduos com sorte que, de fato, se sintam nutridos por sua relação com a natureza, mas muitos são vítimas da pobreza, doença, preconceito e demais misérias da civilização.

Com aquilo, ele segura a atenção da congregação por mais algum tempo e, então, dá um passo atrás e se senta, sendo substituído no púlpito pela diretora, que diz: — E agora damos as graças ao ministro. — Um homem começa a passar um cestinho pela congregação, no qual as pessoas colocam dólares, acomodando-os juntos, enquanto a música do órgão enche o ambiente. A maioria parece estar dando entre um e cinco dólares. Não é muito como ganha-pão de um ministro itinerante. A diretora conduz a todos no hino "Doce É a Mensagem do Espírito", sobre aqueles que estão no outro lado. Então, o ministro retorna ao púlpito.

— Esta noite usaremos as flores para nosso serviço de mensagens — ele diz, indicando o vaso de cravos. — Precisarei também do som da voz de vocês para sentir as vibrações entre os dois mundos.

Flores? Dentre todos os médiuns deste país, só eu mesma para encontrar um que lê flores, em vez de bolas de cristal. Flores da terra com mensagens dos mortos que florescem no céu. O estranho é que são flores compradas numa loja. No norte do estado de Nova York, no auge do verão, os jardins ficam cheios de flores. Não seria mais interessante ler flores como a prímula, a dália, a flox, a margarida e a malva-rosa, em vez de cravos vindos de uma linha de produção?

O ministro pega um ramo com várias flores do vaso. — Quero ir nesta direção — ele diz, indicando com a mão aberta, de lado, de modo que todos os dedos apontam para uma mulher de cabelos brancos curtos e encaracolados na segunda fila.

— Deus te abençoe — ela diz.

Acariciando a flor, correndo os dedos pelo caule, ele diz: — Eu gosto desta flor, da cor amarela; ao tocar aqui, com você, sinto muitas coisas. Quero voltar uma geração e trazer a vibração de sua avó. Mas eu a vejo como numa fotografia, acho que você não a conhecia bem no plano terrestre. Você entende isso?

— Sim — ela diz, assentindo.

Ele aperta o caule entre o polegar e o indicador. — Aqui eu vejo um pequeno botão, começando a abrir, sinto como se fosse um pequeno bebê que quer vir, um aborto ou talvez um bebê que nasceu morto, mas esta criança está crescendo no lado espiritual.

A mulher não responde.

— Se você não consegue localizar a criança, tudo bem, porque os espíritos, às vezes, escolhem enviar crianças porque elas são seres felizes, e os espíritos desejam enviar alegria à sua vibração. — Ele continua acariciando a flor, parecendo tocar em cada célula dela. — E ao tocar aqui, seu espírito me mostra este outro lado aqui; está vendo esta pequena abertura? Quase sinto como se você estivesse atravessando uma fase difícil, em que as coisas não estavam indo tão bem quanto você gostaria, se é que entende isso. Parece haver um bloco que cai. Você entende isso, sem que eu tenha que dar mais detalhes?

— Sim, entendo — ela diz, sorrindo.

— Está vendo, há um novo broto aqui e tudo vai dar certo. É só pensar positivo. Você tem uma tendência a ser negativa. Quero que você sempre olhe para o lado positivo. O espírito está aí e quer te trazer consolo e te trazer mudanças, do lado espiritual da vida. As flores que estão aqui no topo têm uma cor forte, são muito bonitas, muito grandes e já estão começando a se abrir para você, o que significa, para mim, que o ciclo da sua vida está começando a mudar e que você está indo numa direção muito melhor. — Ele faz uma pausa, analisa as flores do ramo. — Mas você sabe que eu tenho três flores grandes aqui e sinto como se no mundo espiritual existissem três pessoas muito próximas a você, no lado espiritual da vida, que gostariam de lhe transmitir seus cumprimentos.

— Sim — ela diz conscientemente.

— Gosto da cor amarela, pois o amarelo é uma boa cor espiritual e sinto como se você estivesse buscando mais vida espiritual, você entende? E se continuar procurando a encontrará.

— Deus te abençoe — ela diz e ele dá a flor a um assistente, que a entrega à mulher.

Pegando outro ramo de flores do vaso, ele o analisa por um momento e, então, sem passar os olhos pela congregação, levanta o olhar de repente e aponta com a mão aberta.

— Quero ir até o fundo da sala — ele diz —, até aquela mulher ali. Posso ouvir sua voz, por favor? — Será que ele está apontando para mim? Ele está apontando para mim! E se Louise *estiver* aqui e reconhecer a minha voz? Pouco provável. Ela não está esperando que eu esteja aqui.

— Boa-noite — digo, animada, com voz forte. Não a voz calma e receptiva com que atendo o telefone.

— Sim — ele diz, acariciando e mexendo com o caule, correndo os dedos até a única flor. — Estou bastante consciente de que um cavalheiro está vindo até nós desde o mundo espiritual, e que este cavalheiro tem uma vibração peculiar; tenho dois, mas o primeiro cavalheiro sinto que está aqui como um avô para você. E o outro é um homem mais jovem, que sinto que perdeu a vida em algum tipo de acidente.

Meu coração dispara. Só conheço duas pessoas que morreram: meu avô e meu amigo Martin, um piloto que caiu com o avião quando tinha vinte e quatro anos. Embora eu não acredite em espíritos, pensar em Martin me traz lágrimas aos olhos.

— Ele envia saudações do lado espiritual da vida e te manda todo seu amor — o ministro continua — ... e ele tem um lindo crescimento espiritual, está crescendo bem no lado espiritual.

É isso o que queremos, não é? Acreditar que os entes queridos ainda estejam suficientemente vitais para continuar crescendo. O crescimento é o oposto da deterioração. Por mais difícil que seja pensar em nossos amados inevitavelmente corrompidos, transformando-se na terra, é ainda mais difícil imaginar nosso próprio final decrépito. Se não acreditarmos, talvez não seja verdade. Se não for verdade com relação aos meus parentes e amigos, talvez não seja verdade com relação à minha pessoa. Não pergunte, não responda. "Como posso morrer se colecionei todas essas coisas lindas?", disse minha mãe uma vez, quando eu era mais jovem. Era horrível pensar numa vida inteira colecionando coisas — família, amigos, sabedoria, viagens, respeito, dinheiro, uma casa, passatempos — que desapareceriam. Se a vida simplesmente acabava, qual era o sentido de trabalhar tanto, preocupar-se tanto, *querer, precisar, desejar, esperar*? No filme futurista *Blade Runner, o Caçador de Andróides,* um humanóide parte em busca de seu criador e descobre a data predeterminada de sua morte. Ao morrer, ele lamenta que todas as maravilhas que viu, todas as sensações que sentiu e a vida farta que viveu, tudo se perderá. Essa é a tragédia de nossa existência, nós, seres humanos que ansiamos pela vida, que amamos a vida, adquirimos a vida, gastamos a vida, nos apegamos com unhas e dentes à vida e, ainda assim, somos uma espécie que morre. Não há nada que solucione esse paradoxo. É uma das brincadeiras cruéis que a evolução fez conosco, precisamente junto com dar-nos um cérebro capaz de imaginar estados de perfeição que não podem ser atingidos. Não há muita coisa capaz de servir como ponte sobre esse precipício, mas somos corajosos e imaginativos e, portanto, inventamos milhões de estratégias, defesas e remédios. Jardins de esculturas. Reuniões de família. Tribunais. Balões de ar quente. Wall Street. Bailes de formatura. Drogas que alteram a mente. Religiões. Piscinas particulares. Pontes frágeis que, no fim, não funcionam, mas que nos fazem seguir adiante, nos dão a ilusão de segurança durante algum tempo, principalmente quando somos jovens. Mas se os mortos estão tendo sucesso num mundo paralelo, então não temos que nos preocupar, e nada muda realmente, nem mesmo os relacionamentos. Dizemos que as pessoas que falam abertamente sobre a morte são "mórbidas". A vida ama a vida e é um caso de amor erótico; pensar francamente sobre a morte é considerado estranho, até mesmo repulsivo. Apesar desse tabu, o livro de Sherwin Nuland sobre a morte, *How We Die*,[7] tornou-se recentemente um best-seller. Amamos a vida de maneira incansável e alguns de nós somos incansavelmente curiosos sobre tudo que diz respeito à vida, inclusive seu fim. Tudo se torna mais fácil se a fronteira entre a vida e a morte é difusa e se existe um emissário, na forma de um médium, que atravessa essa fronteira por você. Na verdade, não é muito diferente do que pensavam os gregos, que acreditavam na existência de Caronte, um barqueiro que atravessava o Rio Estige, entre a vida e a morte, depois da qual os indivíduos mudavam de forma, mas continuavam a existir. Não sei por que somos tão

[7] Literalmente, "Como nós morremos", ainda sem tradução no Brasil. (N.T.)

viciados em opostos, por que toda ortodoxia exige um sentimento de heresia e por que todos os nossos finais clamam por novos começos.

— Mas você sabe que quando olho para este ramo — ele diz — há um novo crescimento logo aqui, e sinto que neste momento da vida, em particular, você está começando uma nova empreitada em seu trabalho ou em seus negócios, entende isso?

— Sim — eu digo. Há a nova empreitada que é este livro.

— Sei que está preocupada com isso, mas não deveria ficar, pois veja só como este caule é reto aqui... — Ele levanta a flor com seu caule reto. — Se ramifica aqui em cima e parece formar uma nova escada, um novo crescimento na sua vida. E me sinto muito à vontade com você, porque apesar de estar apenas começando, veja como já se forma lindamente. — Enquanto acaricia o caule, leve, mas rapidamente, como se o estivesse polindo com a ponta dos dedos, ele diz: — ... e sinto que você se interessa por coisas espirituais, mas que também dá importância ao mundo material. Você mantém esse equilíbrio em sua vida.

Girando, acariciando e fitando a flor, ele parece totalmente hipnotizado por ela.

— Mas antes de sair de sua vibração específica, nesta parte aqui eu sinto uma pequena inclinação, nesta flor, em particular. — Ele pára em algo que não consigo ver do meu banco. — Sinto que alguém aqui no plano terrestre está tendo um pouco de dificuldade, em algum lugar por aqui. — Ele gesticula indicando a região da coluna lombar; é a localização da dor insuportável que só há pouco tempo consegui eliminar, mudando o hábito da vida inteira de dormir de bruços. Levou cerca de seis meses e só deu certo porque o fato de usar uma bota de gesso me mantinha presa àquela posição e, quando finalmente aprendi a dormir de lado, a dor sumiu.

— ... você sabe quem é, tudo bem. Eu gostaria que fizessem alguma coisa a respeito desta condição...

Valeu a pena quebrar o pé para curar a dor nas costas. Bem, talvez não. Devo me lembrar de telefonar para o quiroprático, quando meu pé estiver curado, e aprender aqueles exercícios para a coluna que ele mencionou, que envolvem fazer alongamentos usando uma grande bola inflável sueca.

O reverendo Wilson relaxa, como se tivesse terminado; então, volta à ação: — Vejo uma pequena bolha aqui no caule da flor... parece ter havido um mal-entendido entre você e outra pessoa. Você entende isso? Mais cedo ou mais tarde, essa barreira entre vocês vai cair; não posso garantir que o relacionamento será o mesmo, mas ficará melhor do que está agora. E acho que você deveria enviar uma força de cura a essa área em particular. E que Deus te abençoe.

— Obrigada — eu digo. Seu ajudante me traz a flor, um cravo amarelo com um toque de roxo-rosado. Ficaria linda no meu jardim. Nunca me lembro de plantar cravos; eles parecem tão comuns. Talvez seja por isso que ele os tenha escolhido, em vez de digitális, acônitos ou outras flores mais raras. Olhe para o extraordinário e ficará encantado. Olhe para o ordinário e ele te oferecerá todo um universo de possibilidades. Os humanos parecem ser todos iguais, exatamente como os cravos, até que se olhe de perto. Então, descobrimos que um tem uma determinada curvatura para baixo, outro tem um galhinho para cima, e outro, ainda, um nódulo curioso bem no meio. São suficientemente parecidos para terem muita coisa em comum, mas suficientemente diferentes para tornar a vida interessante. Mudo de idéia: foram uma ótima escolha aqueles cravos comprados na loja.

Apanhando outro ramo do vaso, ele olha imediatamente para uma mulher sentada na terceira fila à sua direita. — Duas mulheres estão vindo até você do mundo espiritual — ele diz num tom de transe. — A mamãe é uma delas. Mas você conhece uma Lili, ou Lilian?

— Oh, sim, Deus te abençoe! — diz a mulher. Ela empurra os óculos redondos com um dedo, como se assim fosse ver melhor os espíritos.

O ministro continua: — Ela diz: "Estou aqui e quero que me reconheçam." Ela quer te enviar suas saudações do mundo espiritual. Também tenho um cavalheiro que está em contato com você, do mundo dos espíritos. Não sei quem ele é, mas continuo escutando "Claude, Claude está aqui".

A mulher sorri e balança a cabeça, extremamente contente e emocionada.

— ... e ele quer enviar suas saudações e dizer que te ama, de lá do mundo espiritual. — Girando a flor em sua mão, flexionando-a, segurando-a como se fosse um pedaço de cristal, ele diz: — Tem muitas coisas acontecendo aqui, e há vários galhinhos aqui. E um lindo broto aqui em cima, e quero dizer que a estrada não é exatamente reta neste momento, mas você deve ser paciente, não se apressar e, quando chegar a uma encruzilhada, desligue seus pensamentos, pois você tem boas pessoas no mundo espiritual para guiá-la e ajudá-la, e você saberá qual estrada seguir, e dará tudo certo, pois eu vejo aqui um bom crescimento, sempre para cima, e o botão fechado se transformará numa linda flor. Você tem um filho com vida?

— Sim, tenho — ela diz numa voz preocupada.

— Vejo aqui que existe algo que ele quer levar adiante, com relação ao trabalho ou aos negócios, porque sinto a necessidade de te dizer que o momento, aqui, não é adequado. — Seus dedos sobem pelo caule. — Se você for um pouco mais adiante, vejo uma tonalidade muito clara de verde, aqui em cima, que vai ficando cada vez melhor, e sinto que se ele conseguir suportar a tempestade irá seguir em direção à força e terá muito mais sucesso.

— Está bem — ela diz. — Vou dizer isso a ele.

— Mas, sabe, antes de deixá-la, quero dizer que estou vendo um cavalheiro caminhando à minha frente, de um lado para outro, e ele quer ser reconhecido e não vai parar de andar. Não sei quem é, mas tinha alguma relação com as forças armadas antes de ir para o mundo espiritual, pois as bandeiras estão a meio mastro e ele quer saudá-la desta forma, em particular. Não sei se foi morto em serviço, mas houve algum tipo de funeral militar, porque vejo uma bandeira ali. — Ele busca confirmação no rosto dela.

— Entendo — ela diz.

— Ei, pare com isso! — ele diz, rindo, para algum ser invisível a seu lado. Então, para a mulher, diz: — Há um menininho que quer vir e ele fica puxando a minha calça, sinto sua presença aqui, sinto que ele quer fazer arte. Acho que você sente a presença dele ao seu redor, no plano terrestre.

Ela assente.

— Ele me pede para te dizer que foi ele que puxou o rabo do cachorrinho — o ministro diz, usando uma inflexão de "não faço idéia sobre o que ele está falando". — Você entende isso?

Ela assente e ri, depois diz: — Deus te abençoe. Muito obrigada. — O ajudante lhe entrega a sua flor.

Em seguida, ele apanha uma flor de caule comprido, a estuda por um minuto, expressando sua complexidade, e gesticula para a mulher de chapeuzinho preto na lateral do salão, que diz: — Sim, Deus te abençoe.

— Tenho aqui um cavalheiro de quem estou muito consciente e tenho que te fazer uma pergunta: seu pai partiu deste mundo de maneira repentina?

— Sim — ela responde baixinho, com certa dificuldade. Um calafrio desce por meu pescoço. Conheço aquela voz. Movendo-me um pouco para a esquerda, consigo vê-la mais claramente: um rosto agradável, com olhos castanhos, franja lisa, nariz forte, uma pequena pinta à esquerda do lábio superior e um olhar tenso de fé.

— Está bem, é este cavalheiro quem está aqui. Ele esteve aqui por um minuto e partiu, de repente, para o mundo espiritual, e quer falar com você. Mas, você sabe, quando olho para esta flor, vejo uma porção de coisas: neste ponto há um novo broto, aqui há um lindo caule novo e aqui embaixo... quero dizer que muitas coisas estão progredindo aqui embaixo, em sua vibração, num sentido material, e me sinto bem com isso, mesmo sentindo que, neste momento, você está fechada para isso. Você entende?

Baixo os olhos e fico atenta à resposta dela: — Sim, eu entendo — ela diz. É Louise, tenho certeza. Reconheceria aquela voz de soprano, ligeiramente áspera, em qualquer lugar. Mas esta é a primeira vez que a ouço falar num registro relaxado. Como ela reviveu o suficiente para dirigir até aqui, caminhar pela porta e parecer tão controlada?

— ... mas aqui, neste trecho, há muita possibilidade de crescimento, e quero dizer: vá em frente! Pois tudo virá quando você precisar. Você sabe, quando toco este ramo aqui, esta pequena inclinação, sinto que você está passando por uma fase, neste momento, em que está desanimada, está um pouquinho deprimida...

Um *pouquinho*?

— ... por causa das circunstâncias que te rodeiam. Você entende?

— Sim — ela diz.

— ... mas, subindo por este ramo, existe muito crescimento aqui... — Ele levanta a flor para ela, como se ela pudesse ver a força verde que ele vê. Será que ela vê? — ... e que me assegura que a depressão vai ficar para trás. Portanto, olhe para o lado positivo. E quero dizer que este botão aqui está bem fechado, e que mesmo que você esteja se sentindo fechada agora, quero tirar um peso de cima dos seus ombros. Você entende isso? Porque eu não consigo ver a entidade espiritual que está falando neste momento, mas o espírito está dizendo: "Não se culpe." Eu não sei sobre o que ele está falando, mas seja o que for, não se culpe. E me sinto bem, porque todos estes são novos começos. Então, quando estiver olhando para o ruim, tente olhar para as coisas de maneira boa e positiva e isso construirá um futuro positivo para você.

Ver o lado bom? Não se culpar? Deus sabe que já tentaram dizer isso a Louise e não funcionou. Será que ela escuta este ministro de forma diferente dos orientadores do SP ou seus amigos? Se for assim, em que se baseia essa diferença?

— ... E quero dizer que existe muita espiritualidade dentro de você; você tem muitos pensamentos bons que deseja enviar aos outros indivíduos deste plano, o que a faz uma pessoa muito espiritualizada. Deus te abençoe.

— Obrigada — ela diz e recebe seu cravo, tocando-o levemente no nariz. Faço a mesma coisa com o meu. Não tem perfume.

Durante a próxima hora, o ministro continua transmitindo mensagens até que tenha cruzado o salão e falado com todo mundo. — Acho que quero falar com aquela senhora sentada lá atrás — ele diz a uma certa altura. — Mas deixe perguntar uma coisa, primeiro: você tem uma avó no mundo dos espíritos? E ela tinha problemas para caminhar? Eu não tinha certeza se era você porque não estava certo se a luz estava sobre você ou sobre a mulher sentada atrás de você. — Olho para as duas mulheres. Nenhuma delas está sentada sob qualquer luz visível.

Finalmente ele termina, exausto, o que não me surpreende, já que todos na congregação estão exaustos só de ouvi-lo durante tanto tempo. Foi interessante a maneira como ele usou as flores para demonstrar a leitura de cada pessoa — como se lesse a sorte nas folhas de chá, imagino — e sentia como se o espírito guiasse sua mão à flor destinada a cada uma. Todas as mensagens foram curativas, animadoras e encorajadoras, embora ele tenha sido um pouco mais duro com os dois homens, advertindo um a não ser tão teimoso e o outro a dar maior atenção à saúde.

Quando a sessão se encerra, com uma bênção, ele lembra a todos que não devem esperar frases completas ou mesmo palavras coerentes do além-túmulo, pois os mortos "se comunicarão conosco, se os procurarmos, por meio de quaisquer de nossos sentidos, através do tato, olfato, visão, audição, quaisquer sentidos, não apenas através das palavras". O organista toca. Conforme as pessoas vão saindo da capela, Louise passa perto de mim. Ela é um pouco mais baixa do que eu havia imaginado, o cabelo é mais escuro e liso, o castanho de seus olhos é escuro, não claro, e a pele parece queimada. Talvez de trabalhar no jardim. Ela fala com freqüência sobre o prazer que a jardinagem lhe proporciona. Eu não esperava que ela fosse parecer tão firme apesar de dar impressão de estar confusa e presa em algum lugar dentro de si mesma ao caminhar na luz poente. Tudo bem, eu a vi. E agora? Levanto-me e a sigo. Seria bastante fácil me apresentar como sendo uma vizinha, dizer que nos conhecemos no festival de verão ou em algum outro evento local. E depois? Ficaria amiga dela? Ofereceria apoio mais intensivo? Não seria justo com ela. Ela tem o direito de determinar o próprio destino, telefonar pedindo a ajuda de um orientador quando precise e em seus próprios termos. Sei que ela já tem amigos a quem confidenciar seus problemas. Ela só procura nossa ajuda quando seu ânimo chega a extremos, quando é demais para impor aos amigos ou para lidar sozinha. E se eu descobrisse que não posso ajudá-la mais do que já faço? Ou, pior ainda, e se minha amizade acrescentasse outro a seus problemas? E se ela se tornasse dependente de mim e eu me sentisse responsável por sua vida? Aqui está ela, ereta, enfrentando a situação, freqüentando uma igreja da qual, aparentemente, absorve alguma coisa valiosa. No momento, ela parece estar bem. Quando não estiver se sentindo bem, telefonará. Eu espero. Ou será covardia da minha parte não me envolver com os problemas dela? Alguns orientadores do SP se tornam terapeutas e sempre me pergunto se essa carreira tão admirável não tende a atrair pessoas que anseiam por uma intimidade mais profunda sem os riscos costumeiros. Lembro-me de uma amiga orientadora (que decidiu seguir a carreira de assistente social) contando o quanto ela apreciava a intimidade limitada do atendimento no SP. Na maior parte dos casos, a intimidade deve conduzir a algo mais, seja um jantar ou uma amizade mais profunda. Pelo telefone, a intimidade é profunda, mas também temporária, não se complica nem se expande. Ser um cuidador anônimo tem vantagens claras. Há espelhos de uma só face por onde podemos espiar, paredes grossas de silêncio por trás das quais se esconder, diversos papéis para representar, uma centena de máscaras que usar. No entanto, algo mais perturbador me vem à cabeça. Talvez eu tenha que pensar... de quem é a dor que estou tentando aliviar? Que direito eu tenho de me intrometer na vida dela, só porque *eu* acho seu sofrimento difícil de suportar? No momento, ela está lidando incrivelmente bem com sua dor. Sou eu que não estou. Não obstante, odeio ter de deixá-la. Meu instinto é o de tentar tudo, quando alguém próximo a mim está sofrendo. Será que ela se tornou assim tão querida para mim nos últimos anos? Acho que sim, ainda que nunca tenha sido apresentada a ela, somente a vi uma vez e só a escutei quando ela estava nas garras mortais da depressão. Mesmo dentro desses limites, é possível conhecer uma pessoa, respeitá-la, ficar feliz com seus triunfos, lamentar suas dificuldades e desejar seu sucesso. Caminhando com um passo desajeitado, como se os bolsos de sua calça estivessem desigualmente cheios de pedras, Louise serpenteia pela trilha de cascalho. Eu também caminho de forma desequilibrada, já que a parte da frente do meu pé ainda dói a cada passo, o que significa que tenho que me concentrar muito para conseguir andar direito. As pedras me lembram de como Virginia Woolf se suicidou: encheu os bolsos de pedras e caminhou para dentro de um rio. No estacionamento, passo por um Dodge branco, modelo "Spirit", em cuja placa se pode ver: I 4 C.[8] Abaixo, há um adesivo no pára-choque que diz: PROTEGIDO PELOS ANJOS. Graças a Deus, alguém tem senso de humor. Um festival de rãs e sapos, de todos os tipos e tamanhos, em conjunto com os grilos, começa a encher o ar com seus sons, roncos, chocalhos, estouros e gemidos. A noite cai tão rapidamente que é difícil dizer onde termina a terra e começa o céu. Ao afastar-me, em meu carro, vejo Louise ficar cada vez menor no espelho retrovisor, até desaparecer, de repente, caminhando entre as sombras.

[8] "I 4 C" é pronunciado como "I foresee", que quer dizer "eu prevejo" em inglês. (N.T.)

CAPÍTULO 11

O Mundo Desvendado

Um bater de asas e um tumulto atraem meu olhar. No fundo do quintal, onde a grama aparada se encontra com o bosque, um falcão se lança num vôo rasante, agarra um esquilo-coreano no topo da cerca metálica, estrangula-o em pleno ar e o atira ao chão. "Inacreditável", digo a mim mesma, aos esquilos, ao falcão, ao esquilo-coreano, à natureza. Posso ver claramente o falcão — uma cabeça bonita, régia, voraz, pontilhada de marrom e branco e rodeada por um peito arredondado de penas negras. É a imagem típica que costuma decorar escudos e brasões. Por um momento ele pousa, imóvel, estrangulando sua presa; então, levanta-a num movimento vertical, batendo as asas tão silenciosamente quanto o cair da neve. Um falcão no meu quintal. Basta um pedacinho de natureza — oito mil metros quadrados de bosque — e se tem uma verdadeira arca de veados, gambás, beija-flores, guaxinins e várias outras formas de bioencrenca.

Tanto o falcão quanto o esquilo-coreano são presas nas garras de uma crise: um lutando contra a fome e o outro contra a morte por evisceração. Os humanos raramente intervêm nesses dramas. Achamos as catástrofes de vida-e-morte dos outros animais algo natural e aceitável, no qual não se deve interferir, até mesmo bonito, de certo modo. Ao permitir que os animais sigam as leis da natureza, por mais cruéis que sejam, alegamos que nossa interferência seria pouco ética, já que a natureza é sagrada, equilibrada e deve administrar, sozinha, seus problemas e soluções. As pessoas costumavam jurar que os animais não sofrem, mas, hoje em dia, já somos capazes de reconhecer que isso é uma mentira, uma das muitas que contamos a nós mesmos por pura preguiça emocional. Já é bastante cansativo sentir por outros humanos, diz nossa lógica não-manifesta; aonde isso vai parar se também tivermos que sentir pelos animais? Mas, no fundo do coração, sabemos que estamos todos na mesma encrenca, todos parte de uma luta de boa-fé para continuarmos vivos e criar uma família. Tudo se equilibrando no fio da navalha. Das baleias aos esquilos-cinzentos, todos os animais enfrentam crises semelhantes às nossas, impelidas pelos mesmos motivos e desejos básicos. Eu sinto por eles. Gostaria que não sofressem. Quando olho lá fora, vejo um mundo de vizinhos; no entanto, vivemos em obscuridade moral com relação aos animais. Consideramos tudo o que eles fazem, inclusive a violência, tocante e bonito. Como somos narcisistas e curiosos, encaramos o lago de suas atitudes familiares. "Nos ensinem a respeito de nós mesmos", lhes imploramos. E eles ensinam, permitindo-nos um olhar mais profundo no sótão bagunçado da vida, onde esperamos encontrar antiguidades, objetos assombrosos e, finalmente, um retrato de corpo inteiro da vida na Terra.

Embora haja uma linha muito fina entre o fascínio e a náusea, sei que está na natureza do falcão matar o esquilo-coreano. Se os falcões se reunissem para deliberar sobre um código de ética, considerariam a matança de esquilos como algo moralmente aceitável. Lembrando-me, horrorizada, da mulher que se suicidou atirando-se como comida aos leões do National Zoo, ainda não consigo culpar os leões, levados pelo instinto a destroçar e a devorar. No entanto, testemunhar esse massacre não me seria mais fácil do que observar dois seres humanos lutando até a morte. Nenhum desses dramas faria com que eu me sentisse privilegiada em testemunhar um espetáculo natural, embora respeite os métodos do leão e saiba que matar, em parte, também está na natureza dos humanos.

Quando os humanos entram na equação de vida-e-morte, tendemos a revisar nosso código moral. O sofrimento humano parece estranho e insuportável, assim como a morte, o medo, a ansiedade, a doença, a tristeza ou a dor prolongada. Combatemos esses tormentos com um arsenal formidável de conhecimento e compaixão. As crises humanas são assustadoras e procuramos evitá-las ou resolvê-las. Apavorados por sua força destrutiva, as classificamos como bizarras, catastróficas ou insanas. Mas quando é a vida dos animais que se desenrola de uma crise a outra, aceitamos como algo saudável. Nossas próprias sagas, catástrofes e triunfos se sobressaem contra o pano de fundo das crises aceitáveis da natureza. Por que aplicamos padrões diferentes a nós mesmos? Talvez por sermos uma espécie renegada que evoluiu além dos próprios genes. Não consigo pensar em nenhum outro animal que se recuse a ser intimidado por sua própria biologia, que insista em suprimir determinados instintos e amplificar outros e que valorize tanto o poder de escolha. Estamos dançando um tango perigoso e emocionante com a evolução, no qual às vezes guiamos e às vezes seguimos. Nossos desejos evoluíram mais rápido que nosso corpo, nossas idéias superaram nossos genes. Portanto, também faz parte da nossa natureza agir com justiça, lamentar aqueles que matamos, solidarizar-nos com outras formas de vida, "esquecer" de onde vêm as carnes que comemos para não nos sentirmos assassinos, sofrer culpa por crimes reais e imaginários, fazer sacrifícios por estranhos, admirar o forte e o belo, mas valorizar também o de bom coração, o altruísta e o salvador. A vida pode ser curta, injusta e acabar mal, mas lutamos contra isso nos transformando no exato oposto: provedores, generosos, justos, tolerantes e gentis. Um dos adesivos de carro mais conhecidos nos Estados Unidos é aquele que diz: *Pratique atos aleatórios de bondade e de beleza inconsciente.* Pode ser que esses esforços lubrifiquem as engrenagens da sociedade, como defendem os antropólogos, mas também nos enobrecem, e isso nos confere poder. Através do altruísmo misericordioso, desafiamos as rígidas leis da natureza e nos transformamos em deuses bondosos uns para os outros, ou, ao menos, em padrastos bondosos. É o máximo que conseguimos: ser responsáveis para e pelos demais seres humanos e pela natureza em geral. Principalmente se nos referimos à sua fonte eternamente grávida e rotunda como uma entidade simples e carinhosa — como uma mãe humana, cujos seios bons proporcionam "o leite da bondade humana". Ocasionalmente, também nos sentimos responsáveis por animais específicos. Salvar todas as baleias, morcegos e dingos está além das forças da maioria das pessoas, embora eu conheça alguns naturalistas valentes que, não obstante, continuam tentando.

A natureza não dá nem espera misericórdia; ainda assim, nos esforçamos por ser criaturas morais, compassivas e decentes. Uma das principais diferenças entre nós e os outros animais é que, sem dúvida, parte de nossa tipicidade está no fato de sofrermos as dores alheias como se fossem nossas. Somos animais compassivos. É claro, também somos brutais, como atestam as muitas guerras atualmente em progresso, além de territoriais, ferozmente competitivos, egoístas, sádicos, facilmente frustráveis e dados à violência. Essas contradições extremas me fascinam. Como é possível equilibrar os dois lados de nossa natureza?

Os animais estão sempre ocupados em viver. Os humanos são os únicos que vagueiam pelo mundo como párias, sentindo-se sozinhos na maior parte do tempo e perguntando-se por que estão aqui. Parte de nossa sensação de isolamento e de fome emocional vem do fato de nos termos exilado da natureza. Evoluímos a ponto de conviver com famílias e afins, de sermos guiados por estações do ano e de fazermos parte de um tecido vivo. Evoluímos a ponto de representarmos papéis significativos num grupo social. Perdemos muito daquele ímpeto primitivo e essa perda nos incomoda. Existe algo inominável faltando em nossa vida. Existe um vazio no centro da sociedade. Procuramos significado, propósito, a sensação de fazer parte. Combatemos o tédio e a solidão. Evoluímos a ponto de nos encaixar de forma intricada à natureza e à família. Infelizmente, também evoluímos a ponto de sermos violentos e territorialistas. Essa combinação produz um terrível sentimento de alienação, produz pessoas em guerra consigo mesmas e em guerra com o mundo. Observar o comportamento humano de uma perspectiva mais ampla não é apenas parte de um *Zeitgeist* emergente; acredito que seja uma das coisas pelas quais nossa época ficará conhecida. Em busca de uma forma mais espiritual e holística de ver a vida, de uma forma que possam adotar como uma religião secular, as pessoas anseiam por revelações, dogmas e pela sabedoria de um êxtase terreno mais antigo que qualquer cultura ou civilização, cujos valores repousam em nossa memória.

—

Não apareceu nenhum esquilo no comedouro esta manhã. A despensa deles deve estar cheia de nozes, castanhas, milho, sementes e outras guloseimas — por que se incomodariam com esmolas? Não parecem ter percebido o falcão assassino, ou não se importam com ele. Enquanto bebo meu chá da manhã, observo-os pular pelo quintal, dedicando atenção especial à sua característica mais conhecida. Poucas coisas na natureza são tão maravilhosas quanto a cauda de um esquilo. Ou tão transformáveis. Tomando praticamente metade do tamanho total de um esquilo, é um apêndice multiuso: funciona como uma vara de equilíbrio, como cachecol nos dias frios e como bandeira sinalizadora. Os esquilos podem se sentar à própria sombra. Na verdade, o nome "esquilo" vem da expressão latina que significa "cauda de sombra". Quando quer marcar território, o esquilo sacode a cauda num *arpeggio* de movimentos e, em seguida, percorre mais um pouco do tronco ou do galho marcando território novamente. Às vezes, quando o vento está forte, a cauda de um esquilo é soprada por cima de sua cabeça e ele parece aqueles homens que estão ficando carecas e que penteiam todo o cabelo para um lado da cabeça, que serão despenteados à primeira brisa. É incrível como um esquilo é capaz de enrolar a cauda ao próprio corpo, abraçando e confortando a si mesmo. Os humanos também fazem isso — se abraçam quando precisam de cuidados e não há ninguém por perto — e, às vezes, as pessoas balançam para a frente e para trás nessa posição, como se seus braços pertencessem a alguém que as ninasse e tranqüilizasse. Quando chove, os esquilos dobram sua cauda por cima da cabeça como se fosse um guarda-chuva. Quando se sentam para comer, acomodam-se sobre o traseiro e jogam a cauda por cima das costas, como se fosse um xale, para se manterem aquecidos. As caudas são tão aconchegantes quanto um suéter: os esquilos podem se enrolar nelas quando faz frio, deixá-las de lado quando está calor ou, ainda, abrigar com elas suas crias.

É uma manhã fria para sair de bicicleta, então acrescento um par de luvas e uma máscara às roupas habituais e visto uma jaqueta quebra-vento por cima do suéter. Para variar a rotina, faço meu percurso favorito ao contrário, começando com uma subida longa e gradativa, passando por um milharal onde alguém instalou uma dúzia de casas de passarinho. Ao aproximar-me da Estrada Freese, escuto um ruído claro. Não é um som complexo ou forte. É um falcão, diz minha mente. Outro falcão! Outra vez aquele chamado. Rastreando o ruído até o bosque do outro lado da estrada, vejo um grande falcão de peito castanho pousado num galho. Estirando as asas por cima da cabeça, ele as inclina como se fosse um guarda-sol e, então, levanta vôo, gritando enquanto sobrevoa, baixinho, o milharal, o qual ele circula mais uma vez antes de voar para longe. Dois falcões respondem a seu chamado. Três falcões numa área tão pequena é um presente; um falcão no quintal de casa é tão surpreendente quanto uma bênção. No entanto, esta é a estação migratória; o céu está repleto de falcões-de-cauda-vermelha.

Descendo o morro, uso todas as marchas da bicicleta e o vento sopra no meu capacete, enquanto o velocímetro marca 40 km/h. Gosto da combinação de velocidade e controle. Em marchas mais altas, você se desloca com velocidade, mas ainda pode pedalar e sentir a bicicleta segura em suas mãos. Os cabelos de milho, em tons brilhantes de marrom e dourado, cintilam contra o céu azul e contra o acampamento de nuvens no horizonte. Algumas árvores começaram a ficar coloridas, mas a maioria se agita no verde-escuro que se vê nas pinturas de Goya. Borboletas amarelas representam seu espetáculo pelos campos, agora cheios de flores de tango, ambrosia, chicória, cenoura-brava e outras plantas silvestres. Tenho que me lembrar de apanhar vagens secas de erva-de-seda para a minha mãe. Quando eu era adolescente na Pensilvânia, ela costumava encher nossa casa, no outono, com vagens de erva-de-seda, que soltavam seus pequenos pára-quedas sedosos. Agora que meus pais moram na Flórida, minha mãe sente falta das mudanças de estações do ano. Vou mandar uma caixa com sementes de erva-de-seda e folhas de outono cobertas de cera. Mesmo andando rápido, posso sentir o cheiro de madeira queimada, maçãs e grama cortada. Está calor sob o sol, mas esfria rapidamente cada vez que passo por um túnel formado pela sombra das árvores; em resumo, é uma típica manhã de outono.

Hoje, passo por um veado morto ao lado da estrada, perto do milharal; também por um esquilo morto na ponte de Varna e um pássaro morto ao lado do bosque de pintassilgos. Essa litania visual de animais atropelados me dá um calafrio. Um pavor violento ataca minha mente de tempos em tempos: como seria o impacto repentino de um carro se chocando contra mim? Não é exatamente uma fantasia, é só uma suposição alucinatória e, ainda assim, parece real e assustadora. Posso quase sentir o impacto. Rapidamente, tiro a imagem da cabeça e me censuro por ter pensamentos tão perversos e masoquistas.

É engraçado como a mente nos provoca e zomba de nós, e como nos sentimos envergonhados de contar aos outros. Na noite passada, no entanto, pensamentos embaraçosos fluíram livremente na reunião do meu grupo de apoio. O suporte principal do SP está em seus quatro grupos de apoio, cada qual liderado por um terapeuta local. Ninguém é obrigado a participar, mas todos são fortemente aconselhados a fazê-lo e a maioria dos orientadores aproveita essa oportunidade para compartilhar problemas e explorar assuntos relacionados ao serviço. Treze pessoas compareceram à reunião da noite passada, realizada no escritório, onde sentamos em volta de uma mesa de reuniões cheia de uvas frescas, sidra de maçã e cookies. Alguém havia pintado as paredes desbotadas de um tom de verde fresco, manchado por filamentos verdes ainda mais claros — outro campo dos sonhos para combinar com o do andar de cima.

— Alguém atendeu chamadas interessantes este mês? — perguntou Bea Goldman, para dar início à reunião. Ela é uma mulher divorciada e atraente que divide seu tempo entre o trabalho com vítimas de abuso sexual num centro da cidade vizinha e seu consultório local. Foi orientadora do SP durante anos e, depois, coordenadora da linha de emergências, antes de decidir voltar à faculdade para obter o mestrado como assistente social. Como líder de nosso grupo de apoio, ela traz uma energia e uma franqueza que todos apreciamos. Cada grupo tem sua própria personalidade. O comparecimento é casual. No meu grupo há sempre de oito a quinze pessoas, que vão dos vinte e quatro aos oitenta e três anos de idade, com diferentes históricos de vida e diferentes níveis de sensibilidade. Alguns são calados, alguns extrovertidos, alguns práticos, alguns rabugentos, alguns ricos, alguns de baixa renda, alguns recém-saídos do treinamento, alguns já são orientadores há anos. Alguns acabaram de se formar no colégio, enquanto outros têm muitos títulos antes do nome; no entanto, ninguém exibe credenciais. Na reunião da noite passada, essa mescla funcionou maravilhosamente bem. Joyce começou, revelando como achava frustrante atender uma determinada pessoa — um homem altamente inteligente, que telefona com freqüência para o SP e que é impulsivo, manipulador e sofre terríveis mudanças de humor. Maggie respondeu que ela sempre dava àquele homem um limite de tempo quando o atendia, e que de forma educada, mas firme, encerrava a conversa depois de quinze minutos. Joyce confessou, num tom exasperado, que na última vez que o atendera, eles acabaram discutindo. Como sempre, o homem exigira que Joyce o elogiasse usando certas frases esquisitas e intricadas, que ecoasse suas idéias e sentimentos e que jurasse ser sua amiga. Quando Joyce disse que não se sentia à vontade dizendo aquelas coisas, ele passou a confrontá-la, culpando-a num momento e criticando-a em outro. Esse tipo de chamada inevitavelmente termina mal, com a pessoa que telefonou irritada e o orientador se sentindo um idiota.

— Ele sabia exatamente como me provocar — suspirou Joyce. No outro lado da sala, uma orientadora de longa data se enervou:

— Olha — disse Vicky —, eu nunca permiti que ele mandasse em mim ou que me amedrontasse. É assim que ele manipula a todos que conhece. As pessoas se sentem tão mal quanto eu e, no fim, acabam o abandonando. Daí, ele começa a beber e fica deprimido. É a história da vida dele. Acho que encorajar esse tipo de comportamento só faz com que ele piore ainda mais. Ele está sempre deprimido ou irritado porque perdeu amigos. Acho que deveríamos ajudá-lo a ver que suas exigências não são razoáveis e deveríamos tentar analisar, conjuntamente, de que maneira suas atitudes afastam as pessoas.

— Sim, mas isso é trabalho para um terapeuta — disse Marty.

— Exatamente — disse Vicky com convicção —, e não me importo nem um pouco em fazê-lo.

As pessoas franziram a testa.

É difícil saber como lidar com pessoas manipuladoras e irritadiças. Compartilhar técnicas que funcionaram, assim como os becos sem saída em potencial, é algo que sempre ajuda. Porém, mais importante ainda é o mútuo contorcer de mãos. O sentimento de incapacidade cresce rápido nas cavernas ocultas da insegurança e sempre ajuda saber que os outros se sentem igualmente frustrados. Partindo por aquele telefonema, passamos a discutir vários outros, o que levou à questão do papel e dos limites do orientador. Eu podia sentir a tensão, até mesmo a raiva, quando se discutiam determinadas pessoas que haviam telefonado para o SP. Três orientadores — todos seniores — confessaram um segredo pecaminoso: que em algumas oportunidades, no meio de uma conversa interminável, repetitiva e monótona com alguém que telefonava sempre com a mesma história, eles se sentiam tentados a usar uma outra linha telefônica e ligar para o SP para que a pessoa escutasse o outro telefone tocando. Então, logicamente, seria mais fácil insistir: "Olha, agora eu vou *ter* que desligar. Por favor, telefone novamente em um outro dia." Fiquei feliz que os orientadores revelassem como era difícil, mesmo depois de anos de experiência, estar sempre no controle de uma chamada. Foi uma reunião boa porque alguns orientadores puderam expressar sentimentos obscuros — raiva, frustração, hostilidade — que, às vezes, são despertados por telefonemas particularmente complicados. Se não pudessem fazer isso, se desgastariam muito mais rápido. Alguns orientadores confessaram ter escrito relatórios antes mesmo de a conversa terminar, enquanto a pessoa do outro lado da linha reprocessava uma história já bastante conhecida. Robert sugeriu, num tom amigável, que uma alternativa melhor seria a de fazer a pessoa perceber que estava obcecada, mostrar-lhe que havia abrangido o mesmo território repetidas vezes, sem chegar a lugar algum e sem ter resolvido o problema e, em seguida, encerrar o telefonema. O tom usado por Robert era amigável, mas o conteúdo de seu comentário era crítico e atingiu o alvo. Obviamente, ele tinha razão; os orientadores não devem ser preguiçosos, nem alienar-se durante os atendimentos. Porém, alguém que telefone com freqüência para arengar sobre a vida ou para fastidiar o orientador, que seja obcecado com cada mínimo detalhe, que fale durante mais de uma hora e telefone quatro vezes por dia testa a paciência e a boa vontade de qualquer um. O orientador pode acabar criando aversão às chamadas de certas pessoas. E terminará julgando as mesmas pessoas que se comprometeu a ajudar. São segredos vergonhosos, quase nunca mencionados. Durante o treinamento os orientadores aprendem a ser pacientes, solidários, objetivos na definição e no isolamento dos problemas, não-crítico e capazes de se colocar no lugar do outro — verdadeiros paradigmas de compaixão. Colocar esses ideais em prática nem sempre é fácil e os orientadores se sentem terrivelmente culpados quando vacilam. Todos nós temos dias em que estamos convencidos de que todos os demais orientadores são mais capazes, talentosos, virtuosos e sinceros que nós. Portanto, foi realmente ótimo poder desabafar os sentimentos negativos, tão raramente expressados. Por outro lado, sempre falamos abertamente sobre o desgaste.

Há telefonemas que chegam a durar duas ou três horas e que se tornam bastante emotivos. Então, você já fez o que poderia ter feito, talvez tenha enviado resgate depois de uma quase perda ou talvez tenha resolvido um problema traumático, pelo menos por aquele momento. Já é tarde da noite, você não dormiu e, quando desliga, está completamente esgotado, absolutamente exausto, caindo da cadeira. O telefone toca novamente. Você atende, ouve soluços e então pensa: *Ah, não! Lá vamos nós de novo! Não estou preparado para isso!* Orientadores novos começam a todo vapor, cheios de bondade humana e fortemente concentrados, como uma chama estável de altruísmo. Mas, a despeito de sua boa vontade, podem se exaurir. A chama de sua bondade, que queima, calorosa e brilhante no início, pode se extinguir, deixando apenas fumaça malcheirosa e cheiro de fósforo queimado. Demorei anos para entender que esses sentimentos são normais num trabalho tão estressante e que não são sinais de fraqueza ou de mau caráter, são apenas sentimentos humanos.

Algumas inquietações são previsíveis, embora ainda surpreendam quando acontecem. Por exemplo, uma das pessoas que ligam com mais freqüência, e talvez uma das mais irritantes, desapareceu de repente. Há seis meses não temos notícias dela, embora tenhamos sabido que ela estava telefonando para outros serviços, mais próximos do lugar onde vivia e que planejava se mudar de Nova Jersey para o Texas. Ainda assim, às vezes me preocupo com ela. Já perto do final, eu não gostava de suas chamadas, que podiam ser abrasivas, racistas, acusadoras e repetitivas. Ela era uma daquelas pessoas que a tudo contradizem com um "sim, mas..." e deixava os orientadores muito frustrados; além disso, tinha o péssimo costume de, toda vez que um orientador tentava encerrar a chamada, dizer que era suicida — embora não fosse — só para manter o orientador na linha. Esse caso era triste por várias razões, e eu sentia muita pena dela, apesar de não gostar dela como pessoa. Agora me espanto ao ver-me preocupada com ela. Não saber o que acabou acontecendo com as pessoas é algo que nos incomoda muito, principalmente quando alguém telefona só uma vez, com um problema miserável. O sentimento de conexão incompleta, de ter que aceitar que sua preocupação será truncada e não se resolverá, dói terrivelmente; por isso, discutimos esse tema na noite passada.

Também levamos em conta, mais uma vez, se o nome do serviço deveria mudar, talvez para algo mais simples, como "Linha da Vida" ou "Serviço de Crise", que é como muitos orientadores agora atendem o telefone. Meu grupo de apoio tem opiniões fortes sobre esse assunto e os orientadores sempre contam casos de pessoas com problemas que eles aconselharam a telefonar para o SP e que reagiram dizendo: "Deus me livre, eu não vou telefonar para um lugar que tem *suicídio* no nome! Eu não sou suicida." "É um serviço de ajuda em crises", dizemos às pessoas, "você não precisa ser suicida para telefonar." Mas muitas pessoas sentem vergonha de telefonar com problemas menos graves que um suicídio, ou se sentem culpadas de sobrecarregar os orientadores com questões mais genéricas. Ou não estão preparadas para admitir a seriedade de sua depressão. Ou sentem que, ao serem identificadas com o suicídio, ou mesmo com um serviço telefônico de prevenção ao suicídio, estariam admitindo sua total falta de força e de autocontrole. Ou acham que pessoas suicidas são loucas, ao passo que elas são sãs, apenas temporariamente perturbadas. Ou são supersticiosas com relação a se colocar na categoria de possíveis suicidas. O que elas não sabem é que apenas uma pequena porcentagem de nossas chamadas é realmente relacionada ao suicídio.

Foi uma boa reunião a de ontem. Todos desabafamos, pegamos algumas dicas, nos socializamos e compartilhamos nossos temores e dúvidas secretos. Com sorte, essas reuniões mensais nos ajudarão a evitar o desgaste. Mas é difícil de saber. Embora a taxa de rotatividade seja alta, sendo de dois anos a média de tempo de serviço no SP, as pessoas acabam saindo por uma série de razões: novos empregos que as obrigam a se mudar, a escola que termina, passam a trabalhar em tempo integral, a família exige mais, a doença mina suas forças, problemas pessoais começam a tomar seu tempo livre, suas próprias batalhas contra problemas mentais se intrometem, se entediam e, sim, às vezes, elas se desgastam.

Por fim chego a The Plantations e atravesso com a bicicleta a passarela de madeira, indo até a pérgula no meio do lago forrado de lírios. Uma centena de patos selvagens descansam e dormem nas margens. Um macho tem a cabeça mergulhada nas penas das costas, onde marcas roxas em forma de "V" brilham à luz do sol. Algo que se parece com um suporte de ovo branco cobre seu olho; é como se ele abaixasse as persianas e pegasse no sono. Um patinador passa por ali usando bastões de esqui e o barulho acorda o pato. Quando dois outros machos se juntam a ele, os três patos se colocam de frente para o lago, como cavalheiros num mictório, olhando reto e papeando casualmente com seus *quacks*. Um a um, mergulham o bico na água, pegam um bocado do suculento caldo, inclinam a cabeça para trás e engolem. Ocasionalmente, limpam as penas, às vezes removendo algumas do peito. Então, se acomodam e cochilam.

Adoro observar os animais quando adormecem. O pato começa a respirar mais profundamente, as patas traseiras esparramadas atrás de si, como as rodas-de-pá imóveis de um barco, o bico enterrado nas penas do peito, os olhos fechados; a cauda sacode e pára e ele se transforma num fole emplumado quando o corpo inteiro recai numa respiração ruidosa e pesada. Se um vizinho, arrumando as penas, acidentalmente o desperta, ele estica uma pata como que se espreguiçando, engole algumas vezes com os olhos fechados e volta a mergulhar no sono.

Hoje o lago está luminoso como uma pintura a óleo, refletindo as árvores e o céu; a água está cheia de lírios e patos e a perfeita trilha branca que os segue tem muitos tons de verde. Que tranqüilidade — o espelho vivo do lago, o silêncio quebrado apenas pelos chamados de alguns patos e, vez ou outra, de um pardal. Um pato se apóia na perna cor-de-laranja, erguendo a outra numa postura de tai chi; depois, muda a perna de apoio. De vez em quando, um pato chama numa melodia frenética de três a sete notas. Novamente cai o silêncio. Digo silêncio ainda que o ar borbulhe de ruídos e, abaixo da superfície da água, minúsculos dramas de vida-ou-morte estejam em andamento.

Meu hodômetro marca quinhentos e quatorze quilômetros. Nada mal para um mês. A maior parte desses quilômetros foi acrescentada nos passeios de fim de semana com Cathy. Aonde deveríamos ir neste fim de semana? Sábado passado, dirigimos até Watkins Glen, a meia hora de distância. Lá começamos o passeio no Parque Estadual e subimos margeando o Lago Seneca até chegarmos à região dos vinhedos. Quilômetros de vinhedos cheios de uvas — da variedade Concord, lindas e maduras — que saturavam o ar com seu perfume. Era como andar de bicicleta em meio a suco de uva. Colhendo uma uva da vinha, fechei os olhos e inalei seu aroma profundo e rico. Então, enfiei-a na boca e mordi a casca firme, recebendo a polpa e as sementes, separadas da pele. Tão doce. Com um mapa de trilhas de ciclismo, continuamos até o pequeno vilarejo de Logan, depois até Burdett e, finalmente, descemos uma colina de volta a Watkins Glen. Ao passar pelos vinhedos, lembrei-me de como a beleza freqüentemente surge de plantas deformadas, de aparência torturada. É assim com os vinhedos e com os pés de maçãs. Também vale para os olíbanos, que crescem chacoalhados pelo vento, atingidos pela areia e, ainda assim, produzem o mais doce dos incensos. Por alguma razão, penso em Van Gogh nesse momento, em sua mente sinuosa e em sua vida contorcida pela angústia. Falamos sobre isso por algum tempo, pedalando por uma dúzia de pequenas cachoeiras e passando por um sem-fim de lindas paisagens: da beleza que pode nascer de seres atormentados.

Também falamos a respeito do trabalho de Cathy e do meu, sobre a infância dela e sobre a minha, sobre seus relacionamentos e os meus. Para este passeio, ela trouxe queijo cheddar, fatias de pão fermentado, croissants recheados com marzipã, doces que sobraram do Halloween, bastões de cenoura e duas maçãs. Eu trouxe suco V8, uvas, queijo Cheshire, biscoitos e *homus*. Portanto, entre as duas, temos um verdadeiro banquete, como sempre.

Pensar em comida me deixa com fome, então volto para casa para fazer um lanche e tomar um banho antes de assumir meu turno no SP.

—

Pisando com cuidado — mais por superstição que por cautela —, subo lentamente até a sala de atendimento pelos degraus cujo verniz me lembra a resina que costumava passar nas cordas do meu violino quando estava no colégio. Eu adorava o cheiro doce, a luminosidade âmbar e sua textura grossa e pegajosa. O rangido da madeira me anuncia e provavelmente por isso encontro Bob já arrumando suas coisas. Erguendo a mão em cumprimento, ele diz: — E aí, menina, tudo firme?

Quase não consigo imaginar a cena, anatomicamente. — Nas meninas a coisa não fica firme. Seu pai não te ensinou isso? — Coloco minha bolsa sobre a mesa.

— Olha aí, lá vem você de novo cheia de gozação — ele diz, imitando o jeito de Ronald Reagan, enquanto enrola uma edição da revista *Psychology Today* e a guarda em sua mochila. Mãos gigantes. Sempre me esqueço de como elas são grandes até vê-las manuseando algum objeto. Aposto que ele conseguiria fechar os dedos segurando um melão.

— *Gozação?* Estamos falando de sexo ou de piadas? Ou das duas coisas? — pergunto, sentando-me no sofá-cama com as pernas cruzadas, como uma índia. A colcha está amassada onde alguém se deitou, o que me lembra de um poema de W.H. Auden que, num trecho, diz:

> Quem vai com quem,
> As roupas de cama perguntam
> Quando eu e você
> Partimos com um beijo,
> As informações compartilhadas,
> Os sentidos quites...

— Ah! — diz Bob formalmente, jogando a cabeça para um lado. — Ah, comprei um cachorro novo, ontem. — Ele saca três fotos polaróide de sua mochila e me entrega com todo o entusiasmo de um pai recente. Não só as fotos estão mal tiradas e levemente fora de foco, mas o cachorro é horrendo, horrendo como nunca pensei que fosse possível para um cão. A cabeça é quadrada e grosseira, as pernas curtas são finas demais para o corpo e a aparência é ligeiramente porcina.

— Oh, que raça é? — pergunto, animada.

— É mestiço, metade poodle, metade pit bull.

— Nossa, que combinação rara. — Felizmente ele interpreta isso como um elogio. Devolvo-lhe as fotos e ele as guarda.

— É rara mesmo — ele diz, pendurando a mochila no ombro e saindo pela porta. Então, coloca novamente a cabeça pelo vão e acrescenta: — Não presta muito como cão de guarda, mas é *terrivelmente* tagarela.

Com isso, ele desce pesadamente pela escada barulhenta e, segundos depois, sai pela porta da frente, cujo vidro chocalha quando a bate com força. Hoje, nas anotações do Alerta Vermelho, um orientador oferece conselhos sobre uma mulher que telefonou recentemente, alguém que apenas precisa de um ouvido solidário e não de esforços para resolver algum problema. A vida dela está em tamanha desordem que, às vezes, os orientadores se sentem tentados a dizer-lhe o que fazer, dizer-lhe o que *eles* fariam no lugar dela. O Alerta Vermelho aconselha: "Emita ruídos de incentivo... na verdade, cada vez que sentir vontade de fazer uma sugestão, emita um ruído de apoio." É um bom conselho, mas difícil de seguir quando tudo o que se quer é ter uma varinha mágica que conserte as coisas na vida de alguém — mesmo que não tenhamos como saber o que daria certo na vida da pessoa, ou mesmo que ela não esteja preparada, de qualquer forma, para tomar qualquer atitude.

17h32. Um garoto de treze anos telefona para falar sobre o pai que, bêbado e desempregado, vem batendo nele e na irmã menor. Há um manto pesado de culpa sobre tudo o que ele diz. Ele repete, a todo momento, que deve merecer apanhar, que deve estar fazendo alguma coisa muito errada. Acontece com freqüência que vítimas de abuso se sintam culpadas, como se, de alguma maneira, houvessem provocado aquele tratamento cruel. Crescem pensando que existe alguma coisa organicamente errada nelas — um defeito de caráter, uma maldade selvagem ou um pecado imperdoável, tão absoluto quanto indefinido — e não que há algo errado em seu atacante. Conforme o garoto fala, sua dor ecoa na minha memória, mas não me deixo resvalar para aquele sentimento. Toco minha própria experiência de leve, como um jogador de beisebol toca uma base ao correr, e procuro me concentrar atentamente no problema do garoto até ter certeza de que ele esteja seguro, que se sinta ouvido e que tenha um plano de ação. Depois que desligamos, passo alguns minutos analisando a conversa e me conformando com a minha impotência.

— Deus, espero que ele fique bem — digo às paredes enquanto escrevo o relatório.

18h00. Um homem de idade telefona porque está se sentindo aturdido com uma situação social. Um estudante universitário meio que o adotou, janta com ele a cada duas ou três semanas e, de modo geral, parece estar sempre cuidando dele. No ano passado, o estudante o levou à Feira de Syracuse, da qual ele gostou muito e, este ano, telefonou para convidá-lo novamente. Mas ele está com o quadril contundido e não sente vontade de ir. E está preocupado que o estudante já tenha comprado os ingressos e que, por isso, perca o dinheiro. Ele não sabe o que dizer. Peço a ele que pegue papel e lápis e o ajudo a escrever um pequeno discurso, usando suas próprias palavras: "Estou telefonando porque estava pensando em você. Gostaria de ir à feira com você, mas, infelizmente, não estou me sentindo muito bem. Mas estou preocupado que já tenha comprado os ingressos e não quero que perca o dinheiro. Se você já comprou, me diga quanto ficou a minha parte e eu te darei o dinheiro. Me telefone mais tarde para conversarmos, está bem? E podemos escolher um dia da semana que vem para você vir jantar aqui comigo."

Parece bastante adequado para ele — com sua preocupação típica de avô — e sua voz está claramente mais aliviada. Posso ouvir sua respiração se regularizando e o pânico recuando. Ele diz que vai telefonar imediatamente e deixar uma mensagem na secretária eletrônica do estudante. Sabendo como alguns idosos costumam ficar preocupados, sinto-me bem por tê-lo ajudado de maneira tão objetiva.

18h23. Uma mulher violentamente irritada telefona para contar que está se sentindo frustrada, decepcionada e traída. Como se pintadas com pigmentos escuros e densos, suas emoções são facilmente identificáveis. Ela sabe quais são e por que as sente. Há um ano, ela se casou com um viúvo que tinha uma filha de dezesseis anos. Também era seu segundo casamento e ela queria desesperadamente que desse certo. Porém, logo depois de ir viver com o novo marido ela descobriu, para seu horror, que estava entrando num lar já comandado por dois cônjuges de longa data. Pai e filha tinham papéis rígidos e bem estabelecidos e não havia espaço para ela naquela equação. A filha mandava na casa e batia de frente com a nova madrasta. Quando a enteada a informara de que pretendia faltar uns dias da escola para assistir a um festival de rock num estado vizinho, respondera que aquilo estava totalmente fora de cogitação. Volátil e desrespeitosa, a garota havia tido um ataque de fúria e a golpeara com força; então, fora chorando até o pai, que concordara em escrever um bilhete para a escola dizendo que ela estava doente. Quando ela reclamou para o marido sobre a violência da garota, ele disse que ela devia ter provocado. Constantemente metida em problemas na escola, a garota era conhecida por matar aula, brigar aos socos com outros alunos e desrespeitar os professores. Os orientadores da escola imploravam aos pais para que a disciplinasse e que fossem todos a um terapeuta de família. A garota, porém, jurava ser inocente de todas as acusações e o pai sempre ficava do seu lado. Agora, ela passou a tiranizar a madrasta sempre que o pai está no trabalho. Atrevida e violenta, fica mais perigosa a cada dia. Quando a mulher conta essas coisas ao marido, ele diz que ela está inventando histórias, por puro ciúme. Então, ele grita com ela e a ameaça de pedir o divórcio se não parar de "criar problemas". Ela quer que o casamento dê certo, mas também está numa situação financeira precária. Eles moram na casa dela e pagam uma hipoteca alta. O marido não ganha muito e, em pouco tempo, gastou todas as economias dela. Sem estudo e sem profissão, onde uma mulher de cinqüenta anos vai arrumar trabalho?, ela me pergunta, com raiva.

De certa forma, é uma chamada simples: uma mulher fazendo as últimas tentativas desesperadas de salvar seu casamento antes do inevitável divórcio. Explodindo de raiva, ela fala rápido, com clareza, e só precisa de um ouvinte solidário. Até procuramos resolver algumas questões e pensamos em algumas estratégias que ela poderia usar para controlar a enteada. Quando ela menciona, de improviso, o suicídio, eu sugiro que deveríamos considerar outras opções menos drásticas. Discutimos então o divórcio, as agências de ajuda às donas-de-casa desempregadas, que poderiam ajudá-la e aconselhá-la, além de vários outros planos que, apesar de não oferecerem a solução mais desejável, pelo menos dariam algum tipo de controle sobre a situação.

O telefonema, que dura mais de uma hora, é bastante proveitoso. Ao desligarmos, a mulher parece um pouco mais calma e menos desesperada. Mas algo curioso aconteceu. Minha solidariedade por ela foi tamanha que toda sua raiva, irritação e frustração se transferiram para mim. Tomei as dores por seu sofrimento, que agora reverbera por todo o meu corpo. Como um pára-raios emocional, estou tremendo de raiva. Sinto um desejo emocional de tocar no metal ou de enfiar o dedo na tomada para descarregar a energia violenta que se agita através de mim. Embora tenha conseguido exorcizar alguns dos seus demônios, acabei absorvendo-os. Ao compartilhar sua agonia, o fardo dela ficou mais leve, e o meu, mais pesado. Em solidariedade, se recebe a pessoa com compaixão e atenção. Em solidariedade, se penetra no refúgio emocional da pessoa. Se aquele mundo é um vórtice de dor e você vai longe demais, pode perder o apoio e se machucar todo. Durante horas me sinto tensa e agitada pelo pesar que tomei emprestado de outra pessoa.

Por fim me ocorre a idéia de correr sem sair do lugar. Talvez possa esgotar a raiva, fazê-la sair com o suor. Ajuda um pouco, mas não o suficiente. Sentada no sofá-cama, tento meditar. Um sol de verão escaldante. Uma praia arenosa. Uma égua árabe cinza. Estou cavalgando, em pêlo, na arrebentação, a meio galope. Sinto o cheiro do oceano. O vento refrescante traz o aroma de sal, de alga e de peixe. Ouço os cascos batendo na beira-mar enquanto as gaivotas gritam no céu. Sinto o sol nos meus ombros e o coração da égua batendo contra minhas pernas nuas.

Quando o telefone toca, meu coração dispara e minha mente se limpa no mesmo instante. São 21h02.

— Centro de Apoio — eu digo. — Posso ajudar?

— Só estou confuso — diz um rapaz.

— Está confuso sobre o quê?

Num sussurro, como que para si mesmo, ele diz: — Isso não está bem. Não é uma situação muito boa. Não sei o que fazer. — A voz é jovem, talvez de um aluno de colégio ou de faculdade.

— Você parece confuso. Sobre o que é sua confusão?

— É que não sei o que fazer. Este é o último lugar que vou tentar. Para mim, chega. Não sei mais o que fazer. — Sua combinação de frustração e desespero me preocupa.

— Você está nervoso e assustado. O que está acontecendo?

— O que você quer dizer? — ele pergunta, repentinamente mais velho e mais formal. Talvez eu tenha chegado a uma conclusão equivocada.

— Por que você está ligando hoje? — tento novamente. — Parece ansioso.

Desta vez, a chave entra na fechadura. Ele suspira. — Não tenho mais ninguém que me acuda. Ninguém me ouve. Todo mundo diz: "Ah, você consegue lidar com isso. Só precisa lidar com isso." Só que eu não consigo mais *lidar com isso*! Estava folheando a lista telefônica e este pareceu o lugar adequado para telefonar.

— E o que é isso com que você espera lidar?

Um suspiro mais longo. — Não sei por onde começar. Estou perdido.

Imaginando uma forma de ajudá-lo a começar, digo: — Faz tempo que você está se sentindo assim? — Num pedaço de papel-rascunho, começo a rabiscar com uma caneta hidrográfica; logo, uma casa de fazenda escandinava de teto de palha flutua num mar branco.

— Não sei, parece que alguma coisa se rompeu. — Eu não gosto de como sua voz parece fraca, principalmente quando ele acrescenta: — Estou perdendo o controle. Não sei o que fazer.

Minha caneta paira sobre o desenho, ainda incompleto, esperando pelas flores extraterrestres. Eu poderia dizer novamente que ele parece confuso, mas estou começando a me preocupar com sua segurança. — Onde você está agora? — pergunto numa voz baixa e equilibrada. Às vezes, quando faço essa pergunta a pessoas perturbadas, elas entram em pânico.

Mas ele responde facilmente: — No meu quarto.

— Você está sozinho? Tem alguém por perto?

— Ele acabou de sair. É por isso que pude telefonar para você agora. Não daria para telefonar se ele estivesse aqui.

Quem diabos é *ele*? Um colega de quarto, o amante, o pai? Rabisco um rosto masculino com olhos enormes, velados. Será que é outro caso de violência doméstica?

— Você se sente seguro?

— Sim, neste momento, sim. Não sei quando ele vai voltar, no entanto. Não sei quanto tempo tenho, porque ele pode voltar a qualquer momento. — Suas palavras se arrastam e penso que ele pode estar olhando por um corredor ou através de uma porta. Ou talvez ele tenha tomado alguma coisa. Suas sentenças têm um toque preguiçoso. Ele diz que está assustado, mas fala devagar. Não faz sentido. Pela janela, observo um homem estacionar o carro ao lado de um canal cheio de lírios alaranjados, tirar algo que se parece com um tapete do porta-malas e caminhar pelo campo.

— Você parece bastante abalado. Posso perguntar se você andou bebendo ou se tomou alguma coisa?

— *Eu?* Eu *bebendo*? — A voz dele se fortalece com a surpresa. — Não, eu não. Antes fosse.

De volta à estaca zero. Pousando a caneta, cubro os olhos fechados com a mão aberta e olho profundamente na escuridão. Falando baixinho, de forma íntima, mas não sedutora, tento transmitir minha preocupação: — O que fez com que você ficasse tão angustiado?

A respiração dele é tensa. Deve ser difícil para ele. De repente, o portão se abre e ele deixa escapar uma enxurrada de palavras: — Meu companheiro de quarto... é *ele* que está bebendo, e bebe, com freqüência; mas hoje acho que ele *surtou*. Começou a descontar em mim e, depois, saiu, num acesso de fúria, resmungando, gritando, batendo a porta. E foi uma situação horrível, horrível mesmo.

Na minha mente, posso vê-lo em pé, falando num telefone preso à parede, num quarto estreito (que foi pintado com listras de cores vivas, *a la* Mondrian), o colega de quarto (um cara grandalhão, com físico de jogador de futebol americano), e o que está comigo ao telefone (um rapaz esbelto, de ascendência asiática). — Você disse que seu companheiro de quarto anda bebendo e que ele começou a descontar em você... de que maneira?

— Eu estava sentado na escrivaninha e ele veio para cima de mim como um doido; me agarrou pela blusa e me jogou para o outro lado do quarto, bem em cima da estante. Cara, fiquei morrendo de medo.

Não parece nada bem. Agora o vejo vestido com um moletom vermelho, o cabelo espetado para cima, bem curto, o companheiro de quarto empurrando-o para cima dos móveis. — Você está machucado?

— Provavelmente ficarei todo roxo amanhã cedo — ele admite, um pouco envergonhado. — Não tem nada quebrado.

— Sei. Isso acontece com freqüência?

Num tom de voz urgente, ele diz: — Nunca foi assim tão violento. Geralmente ele enlouquece e sai por algum tempo, depois volta e vai dormir. Mas desta vez... Não sei quando ele vai voltar. Ele seria capaz de qualquer coisa.

Quando abro os olhos, ainda o vejo, como uma miragem flutuando em frente ao arquivo. Será que ele está seguro? — Isso tudo parece muito assustador — eu digo. — Você tem medo que ele te machuque quando voltar?

— Se a coisa continuar do jeito que estava, tenho certeza que ele vai fazer alguma coisa. Vai descontar em alguém.

— Você já falou com ele sobre isso, para tentar fazê-lo parar? — Que pergunta idiota.

Ele responde mesmo assim: — Ele está desequilibrado, completamente desequilibrado. Não dá para falar nada para ele. Ele não escuta.

— Quando foi a última vez que você tentou conversar com ele?

— Há alguns minutos. Eu disse: "Qual é a sua, cara? Fica frio, tá?" Ele não quis saber de conversa. Me agarrou, me jogou para o outro lado do quarto, chutou a lata de lixo tão forte que ela bateu no teto, me chamou de babaca filho-da-puta e saiu batendo a porta.

Ainda não sei se descobri a relação entre o rapaz ao telefone e seu companheiro de quarto. — Ele é seu companheiro de quarto, você disse; vocês moram num apartamento ou na universidade?

— No dormitório da universidade.

— Dormitório da universidade. Em que ano você está?

— No primeiro.

Uau. Primeiro ano longe de casa e se depara com um colega de quarto bêbado e agressivo. Deve ser assustador. Ele provavelmente ainda não conhece os protocolos sociais; não sabe o que é normal e o que se supõe que ele tenha que agüentar, quanto menos onde buscar ajuda. — Há alguém, um orientador ou um conselheiro estudantil com quem você pudesse falar sobre isso? Talvez seu colega tenha que viver sozinho. — Apanhando a caneta hidrográfica, adiciono flores desabrochadas ao meu desenho.

— Bem, falei com meu conselheiro, mas ele só disse que "bem, se ele não fizer nada perigoso, então tudo bem, você só precisa aprender a conviver com ele". Só que... esta foi a primeira vez que ele me agarrou. Ele geralmente chuta a cadeira ou arranca uma gaveta do armário, coisas assim. Tem sido assustador, mas ele nunca tinha *me* machucado, então eu disse: tá, é o jeito dele de lidar com as coisas, cada um lida com os problemas do jeito que quiser. Nunca tive um companheiro de quarto antes. Pensei que deveria viver e deixar viver, sabe como é?

— Então, parece que hoje à noite tudo escapou realmente do controle, não?

— É, eu diria que sim. É que ele anda trabalhando demais. Está estudando artes plásticas e tem trabalhado muito. Isso está acabando com ele. Já faz quatro dias que ele está desse jeito. Ele começou a tomar aquelas pílulas de cafeína No-Doz, tomava uma a cada quatro horas; daí, passou a tomar uma a cada hora; depois, uma a cada meia hora. E agora ele está bebendo ainda por cima.

Correndo os dedos pelo meu rabo-de-cavalo, começo, inconscientemente, a desembaraçar pequenos nós. — O que acha que aconteceria se você fosse falar com o conselheiro e explicasse que as coisas pioraram um pouco com relação ao seu companheiro, que ele anda bebendo e tomando um monte de pílulas e vindo para cima de você; que você está preocupado que ele fique ainda mais violento. Como você acha que o conselheiro reagiria? Você acha que ele seria receptivo?

Ele diz que não tem certeza e que também se sente culpado em dedurar o colega, e culpado por não conseguir ajudá-lo a lidar com a situação.

Eu digo: — Nos últimos minutos, falamos sobre várias coisas. Uma é a sua preocupação com seu companheiro de quarto. Você disse que se sente responsável por ele e que quer ajudá-lo. Parece frustrado a respeito disso. Outra coisa é a possibilidade de que ele te machuque de forma pior, posto que ele já é bastante violento.

— É — ele diz com um tremor na voz. — Acho que cinco dias sem dormir, e todo o estresse... Eu sou seu companheiro de quarto e seu amigo, é meu papel ajudá-lo. Eu deveria ser capaz de lidar com isso, mas não consigo.

— Você está preocupado com ele. Você quer ser um bom amigo e um bom companheiro de quarto, e gostaria de saber como ajudá-lo.

— Sim. Você não quer ajudar seus amigos?

Recuso-me a imaginar meus amigos. — Você parece frustrado porque é difícil demais ajudá-lo sozinho.

— Eu deveria ser capaz de lidar com ele — ele repete, derrotado.

— Bem, estou preocupada com a dificuldade que isso representa para você. Já é bastante difícil estar na faculdade e aí está você, preocupado com o seu amigo e sem saber o que ele vai fazer. Na verdade, parece que você está bastante pressionado. E me preocupo que você possa estar em perigo quando ele voltar.

Subitamente agitado, ele diz: — O que eu vou fazer? Isso tem que parar!

— Que tal falar de novo com seu conselheiro e dizer a ele como as coisas ficaram sérias, desde a última vez em que vocês conversaram? — sugiro novamente. — Quando você falou com ele antes, as coisas não estavam tão feias quanto agora, então pode ser que ele não tenha entendido a seriedade do problema com o seu companheiro, ou a ameaça que isso significa para você. Pode ser uma grande ajuda para você ter um aliado.

— Se *você* tivesse um amigo passando por problemas, não iria querer ajudá-lo? Não dedurar, mas ajudá-lo? *Você* não faria isso? — ele pergunta.

Claro que eu faria, mas somos orientados a não personalizar os atendimentos e minha visão de ajudar um amigo pode ser diferente da dele.

— Você parece ser um bom amigo, um amigo muito preocupado. É difícil ver um amigo nosso enfrentando problemas. Você já fez contato com seu conselheiro antes, ou seja, ele não é um estranho. Você se sentiria à vontade para falar com ele de novo? — Sei que estou sendo direta, mas estou preocupada que o seu companheiro de quarto volte.

Depois de alguns momentos, ele diz: — Acho que poderia falar com o conselheiro. Ele é um cara legal.

Graças a Deus. — Ele está aí agora? Você poderia ir falar com ele agora? — Rezo para que minha voz não soe tão preocupada quanto realmente estou.

— Não sei. É tarde. E se ele estiver dormindo? Não quero acordá-lo. — Inacreditável. Ele se preocupa com todo mundo, menos consigo mesmo; tenho certeza de que ele *é* um bom amigo. Só peço a Deus para conseguir tirá-lo do quarto e levá-lo para algum lugar seguro. No entanto, ele tem que fazer isso por si mesmo, caso contrário não saberá o que fazer na próxima vez que isso aconteça. Mas novo na cidade e novo na universidade, é compreensível que ele se sinta inseguro.

— É o trabalho dele estar disponível quando as pessoas precisam. É por isso que ele mora no dormitório da universidade — eu digo.

— Sim, está certo — ele diz. Posso sentir um pouco de convicção em sua voz.

— Por que você não vai agora mesmo? Se ele não estiver lá ou se você não ficar mais tranqüilo depois de falar com ele, você me liga de novo e nós conversamos mais um pouco para ver o que mais poderia ser feito.

— Você ainda vai estar aí? — ele pergunta e meu coração se aperta. Pela primeira vez ele parece estar com medo. Lembra-me de um filme a que assisti a noite passada na televisão, um documentário sobre os ursos-pardos na Ilha Kodiak, no Alasca. Numa cena, uma mãe urso estava atravessando umas corredeiras do rio com seus dois filhotes, um dos quais foi arrastado pela correnteza, rolando e se debatendo na água até ser levado à margem, próximo a um macho adulto estranho e perigoso. A mãe correu atrás dele, lutou contra o perigo e levou o filhote novamente rio acima. Ali, salvo, mas assustado, o filhote tentou mamar, apesar de ter sido desmamado há um ano. Quando a mãe urso empurrou o filhote, um narrador explicou que a mãe estava sendo protetora, mas não indulgente. Não se disse nada da forma instintiva pela qual o filhote agiu quando estava assustado.

Eu gostaria de poder assegurar que estaria lá, mas não sei quando ele vai telefonar ou quem estará de serviço, então. — Pode ser que não seja eu. Mas, se você quiser, alguém aqui saberá sobre o seu caso. Eu me certificarei disso.

— Está bem. Você acha que eu deveria ir agora? — Ele pergunta como alguém que precisa de só mais um empurrãozinho.

— Pode ser uma boa idéia conversar com seu conselheiro enquanto seu companheiro de quarto não está aí. O que você acha?

Depois de uma longa pausa, ele diz: — É, acho que é uma boa idéia. Antes que ele volte.

— O.k. Se o conselheiro não estiver lá, você pode falar com ele amanhã, logo cedo. E se você não estiver se sentindo bem, a qualquer momento da noite, é só ligar para cá, tá?

— O.k. — ele diz com firmeza. — Vou lá ver se ele está.

— O.k. Então tchau, por enquanto — eu digo, indicando que nos falaremos novamente em breve. Quem está no turno da noite?, me pergunto ao desligar. Checando a programação, descubro que é Connie, uma moça adorável que trabalha com adultos deficientes num asilo no centro da cidade. Perfeito. Espero que o resto da noite do estudante seja mais tranqüila, mas, honestamente, não vejo como. Mandá-lo falar com o conselheiro foi bom, ele precisa de um aliado. Mas que raio acontecerá quando o companheiro de quarto voltar, drogado, bêbado e furioso? Espero que o conselheiro o coloque para dormir em outro lugar esta noite e, amanhã, quando o companheiro estiver sóbrio, tome as providências necessárias. Meu palpite é que vão lhe dar outro quarto. De qualquer modo, é por isso que rezo. Também estou preocupada com o companheiro, mas não foi ele quem ligou.

Os orientadores não são nada mais que partidários. Num determinado ponto da conversa com o estudante ele havia pedido que eu lhe falasse como ajudar o colega. Ele pensou que o problema era do colega, não dele. Isso é o que chamamos de "chamada de segunda mão". Ele queria ajuda para outra pessoa. Recebemos esse tipo de chamada o tempo todo — pais que procuram conselhos para seus filhos problemáticos, cônjuges que querem ajudar os parceiros a resolver algum problema. Amigos ou professores de pessoas suicidas. A questão é que não sabemos nada sobre essas pessoas — que podem nem mesmo ser reais — e não conhecemos seus hábitos, personalidades, pontos fortes, recursos ou estado mental. Quem telefonou é que é nosso cliente. Mesmo quando um professor telefona a respeito de um aluno potencialmente suicida, nosso trabalho é o de trazer a conversa para os sentimentos de quem está ao telefone conosco, saber como ele está lidando com a situação, o que ele pode fazer para sentir que está agindo de forma responsável. O aluno pode realmente estar correndo perigo, mas é a preocupação do professor que motivou a chamada. Não podemos trabalhar com o aluno a não ser que ele telefone (uma das coisas que sugerimos). Quem telefona é nosso cliente.

Durante o treinamento, praticamos o protocolo de como lidar com as chamadas de segunda mão, o que, no começo, era um pouco embaraçoso. Na verdade, o treinamento todo foi estranho, já que era como aprender um novo dialeto baseado na habilidade para escutar. Ainda me lembro de como estava nervosa na primeira metade do treinamento. Eu não sabia, então, quantas oitavas diferentes de esperança e de desespero eu escutaria. Já no meu primeiro turno de atendimento, comecei a aprender uma lição importante: a enorme variação do que é normal. Era como entrar num vestiário pela primeira vez e descobrir um caleidoscópio de corpos, todos eles fascinantes e belos de maneiras diferentes. A anatomia de cada chamada é diferente, e cada pessoa que telefona tem uma história única para contar. Lembra-me do romance futurista de Ray Bradbury, *Fahrenheit 451*, que termina em um vilarejo renegado onde cada pessoa está memorizando um livro proscrito. Casais passeiam pelo vilarejo, recitando afobadamente, enquanto o ar sopra, carregado de histórias coloridas. O som coletivo é a literatura de um povo.

Mas essas são histórias artisticamente inventadas. Mais surpreendente é quanto da vida de uma pessoa é consumido por contar histórias de um tipo ou de outro. Hoje, por exemplo, contei dezenas de narrativas: para as pessoas, sobre as pessoas, para mim mesma sobre mim mesma, e para mim mesma sobre outras pessoas e outros eventos. Por exemplo, contei a Paul sobre o cachorro infatigável que correu atrás de mim e de Cathy quando estávamos andando de bicicleta pela região a leste do Lago Owasco; contei como marquei a velocidade do cachorro, correndo a 40 km/h, como ele ficou conosco por quilômetros e quilômetros e não queria ir para casa, como se jogou na frente da minha bicicleta, fazendo com que eu derrapasse e caísse, em conseqüência. Discutimos várias possibilidades para lidar com cães perigosos no futuro — cada uma delas um pequeno drama imaginário. E isso foi só um breve momento do dia.

Nos teatros particulares de nossa mente, estamos constantemente conversando com nós mesmos, gritando com o chefe, suplicando ao amante, xingando um operário, trocando falas espirituosas com celebridades, ensaiando diferentes versões de encontros, falando sobre problemas, fazendo confidências a nós mesmos. Crianças de três anos de idade já conduzem conversas consigo mesmas e inventam histórias curiosas. No momento que uma criança nasce, os adultos começam a contar-lhe histórias e ela aprende o papel que representa na saga da família. Às vezes, as histórias são simples, como "o papai está cortando a grama", ou "olha, lá vem um ursinho que veio te visitar". Às vezes, são épicos furiosos, cheios de problemas. As crianças são constantemente cobertas por narrativas. Então, contam suas próprias histórias e as acrescentam aos contos da raça humana como um todo.

Nossas histórias nos ajudam a entender um mundo que é terrivelmente confuso e perigoso, um mistério em grande parte. Para que o mundo possa parecer seguro, precisamos encontrar sentido nele, principalmente quando nos deparamos com contratempos e desgraças que destroem nossa confiança. Ao contar anedotas aos amigos, revelamos nossa verdadeira natureza, não estamos apenas expondo os "quês" e "quandos" de nossa vida. Como foi sua viagem?, alguém pergunta. A resposta revela mais do que os lugares e o clima. Inclui encontros, pequenas vitórias, acidentes, vergonhas, atitudes corrigidas. As anedotas alertam nossos amigos e entes queridos a respeito de nossos valores básicos, preconceitos, qualidades e preocupações — e também sobre como esses fragmentos vitais de identidade mudam com o passar do tempo. Quanto mais aprendemos sobre nós mesmos, mais corrigimos os fatos para que se adaptem a nosso sentido de personalidade em evolução. Conforme muda o vocabulário da vida, precisamos que nossa memória diga algo apropriado, algo que faça sentido num mundo recentemente reordenado. A maneira como contamos a história influencia como nos sentimos a nosso respeito. Mude sua história e mudará sua identidade.

É por isso, observa o psicólogo junguiano James Hillman, que a psicoterapia, na verdade, se resume a "uma colaboração entre ficções". As pessoas vão fazer terapia para encontrar um "plano de vida", acrescenta a psicoterapeuta Susan Baur. "Elas vêm até você como se você fosse um biógrafo profissional", para remodelar seu passado e descobrir uma história plausível. Baur descreve esse processo em sua obra *Confiding*:

> Tanto o cliente quanto o terapeuta usam suas habilidades de romancistas e de historiadores, ou detetives, ao trabalharem para obter uma história que funcione e

> pareça adequada. Depois de um longo cabo-de-guerra, uma nova história, invariavelmente chamada de "Como Tudo Realmente Aconteceu", é tirada de uma mistura de fatos antigos e de sonhos recentes. Com sorte, essa nova história é mais inteligente, mais inclusiva e mais coesa que a história originalmente trazida à terapia. Se for mais imaginativa, pode levar o narrador a direções que ele ou ela não se atreveram ainda a explorar... O terapeuta, enquanto historiador, submetido pela nova compreensão de que qualquer forma de contar a história da vida de um cliente... não é mais que uma dentre as centenas de possíveis variações, colabora com a testemunha ocular.

Segundo estudos realizados por James Pennebaker, na Southern Methodist University, confiar segredos fortalece o sistema imunológico. Portanto, somente em ouvir as confidências de alguém, pelo telefone, já estamos realizando um ato de salvação. As pessoas que telefonam para o SP às vezes se referem a nós como seus amigos, que lhes oferecem apoio verdadeiro e fazem com que se sintam menos sozinhas. Mas há também o benefício de desabafar os problemas, em vez de ficar os cozinhando. Quando as pessoas esclarecem seus problemas, transformando-os numa narrativa e dando-lhes uma ordem suficiente para comunicá-los a alguém, a neblina se desvanece brevemente e o mundo se torna um lugar passível de ser compreendido, ainda que não seja totalmente apreciado. Escrever livros também é uma forma de confidência, uma maneira de continuar a conversa consigo mesmo em público. Nos estudos de Pennebaker, as pessoas que não faziam confidências eram mais propensas a doenças, ao estresse e à morte precoce. A maior parte de sua energia física era gasta em conter e ocultar emoções, o que levava à pressão alta e a um sistema imunológico mais frágil.

Por que descrever um evento deveria mudar a forma como nos sentimos sobre ele? Porque, contando histórias, assimilamos eventos assustadores ou inexplicáveis, encaixando-os num mundo de ações possíveis. Assim nos tornamos menos indefesos. De repente, surgem várias opções de escape ou de alívio, muitas explicações para como um evento, que pode ter virado o mundo de cabeça para baixo, é capaz de se encaixar confortavelmente na vida de uma pessoa. O estudante que telefonou hoje à noite não esperava que seu colega fosse um Golias alcoólatra e tomador de pílulas capaz de assassiná-lo num momento de fúria. Desvendando a situação, contando a história repetidas vezes, até que ela se encaixasse corretamente, ele pôde integrar aquele terror inesperado à sua vida, e pudemos, então, discutir atitudes que ele poderia tomar. Nesse ponto, o pânico que ele estava sentindo desapareceu. Mas ele terá que contar a história uma e outra vez: às autoridades, para que possam tomar providências; a si mesmo, para que possa ensaiar formas de lidar com a questão; e aos outros, para que ele possa organizar e rever os eventos em sua mente. Quando contar aos amigos, estará também lhes comunicando que tipo de pessoa ele é — o tipo que não se sente à vontade dedurando um colega, que se sente culpado em não conseguir ajudar o colega, que se permite ser vítima de um brigão, mas só até um determinado ponto, e assim por diante. A alternativa a isso é se preocupar, o que ele fará, de qualquer modo, mas não será tão produtivo quanto confidenciar aos demais. Para normalizar o evento, concluir que atitude tomar e se sentir bem com relação à forma como lidou com o assunto, ou examinar por que não administrou muito bem e o que poderia fazer diferentemente na próxima vez, ele precisará de um ouvinte. Acho que é por isso que muitas das pessoas que nos telefonam contam a mesma história várias vezes. Como orientadores diferentes dão respostas diferentes, partes diferentes de sua história vão adquirindo importância ou se tornam mais claras. Os fatos básicos tendem a continuar os mesmos, mas a relevância emocional muda, dependendo do humor da pessoa que telefona, das novas circunstâncias ou da capacidade de afastar um demônio pronunciando seu nome repetidas vezes.

CAPÍTULO 12

Medidas Desesperadas

No período entre sonhos e pingentes de gelo que é o mês de dezembro no norte do estado de Nova York, os campos afundam em neve opalescente, os cavalos usam sapatos de plataforma formados pela neve que adere a seus cascos e as tempestades de gelo transformam cercas de arame farpado em colares de estrelas. Como a neve está volumosa e alta, as pessoas colocam bandeirinhas ou bolas coloridas nas antenas dos carros para alertar os tratores para a presença de carros ocultos sob os montes brancos. As ruas parecem pistas de esqui. Adoro esses invernos duros e corrosivos. Mas, para dizer a verdade, adoro qualquer clima. Alguma coisa no processo de amadurecimento de uma nevasca, no céu verde-vagalume de um tornado ou na redoma úmida de uma tarde quente de verão me remete ao clima da célula e me conecta à atmosfera do sangue, das vísceras e ossos. Portanto, ao contrário de muitos moradores do Leste dos Estados Unidos, que se sentem aprisionados pelo inverno e fogem para lugares mais quentes com a loucura dos presidiários saindo em condicional, eu nunca me sinto compelida a mudar de casa. O inverno é uma equação que meu corpo conhece de cor. Adoro as paredes de neve, grossas demais para traspassar, o gelo cortante demais para manusear, o frio tão dolorido quanto o fogo. É melhor viver como os outros animais, que festejam cada sorte inesperada.

Quando o amor míngua, nos queixamos de que o objeto do nosso desejo "esfriou", que passou a ter um "olhar gelado" e um "coração de gelo". O inverno é uma estação cheia de comparações depreciativas. Ainda assim, nos vales, é uma época linda e tentadora. Os ursos comem casca de árvore como petisco, em vez de larvas e peixes de água doce. As frutas silvestres se congelam, virando frutos de polpa dura, e as roseiras apontam seus dedos de folhas para o sol como arcos descascados. As montanhas parecem eriçadas como os pêlos nas costas de um javali. As sementes do verão ainda se mantêm sob dunas de neve. Embora não haja muita coisa para sofrer com as lâminas de aço do vento, as bétulas prateadas giram suas escassas folhas deterioradas ao sol. A neve as oculta, mas também ressalta e revela. É divertido observar um musaranho cavando túneis pela neve, deixando suas trilhas compridas e estreitas por todo o quintal. Ou encontrar um hieróglifo de pegadas de passarinhos. Não há nada como andar a cavalo por um bosque no inverno, entre pinheiros imensos, ou às margens de riachos cobertos de crostas quebradiças, como se caramelizado de gelo. No verão, a luz satura os campos abertos e fica mais intensa, vinda do alto; porém, a luz invernal cintila nos montes de neve e na água e se reflete de baixo para cima nos ângulos mais incomuns.

No norte do estado de Nova York, os lagos e rios, durante o inverno, transformam-se em quilômetros de cristal branco atingido pelo sol. Observe um trecho do furioso Rio Susquehanna, com pedaços de gelo se entrechocando de uma margem à outra, e verá como seu brilho ofuscante é capaz de nos debilitar, fazendo-nos esquecer de tudo que não seja a luminosidade, enquanto lanças de luz passam pelo rio, aos pedaços, entre dardos de algodão doce, geodos de gelo e imensos chifres de pérola. Então, nossos pensamentos saltam e desaparecem, como pulgas, e tudo que resta é *gelo*. Canhões de gelo. Gelo prestes a cair. Gelo coquete, lúcido e quebradiço. Paredes de gelo com gelo preenchendo cada fissura. Gelo de músculos rijos. Costelas de gelo. Gelo atrofiado dando voltas sobre as voltas do gelo. Gelo recém-formado por cima de gelo antigo. Gelo que brota, anguloso, feito papel-arroz. Casacos de gelo com gelo nos bolsos. Bolinhos de gelo. Gelo blindado. Pegadores de gelo colocando gelo no gelo. Minha mente cálida, depois desse banho de gelo, se limpa e se enche de cavernas de gelo, com gelo australopiteciano, onde nossos parentes aqueciam as nádegas frias ao fogo enquanto se ocupavam em costurar e inventar, levados à sabedoria através do gelo.

—

Bem cedo, numa manhã luminosa e sem vento de dezembro, jogo meus esquis de *cross-country* no carro e me dirijo às ondulações de um campo de golfe perto de casa. Demorei algum tempo para decidir quantas camadas de roupa deveria vestir, que tipo de proteção deveria manter próximo à pele e que camada poderia ser mais folgada e mais volumosa. Somos extremamente vulneráveis aos elementos e, apesar disso, o que mais queremos é ficar ao ar livre. Quando comecei a fazer esqui *cross-country*, costumava me encher de roupas: duas ceroulas compridas, uma camiseta de gola alta, calça, uma blusa de *fleece*, um anoraque, um par de luvas de material termoisolante, dois pares de meia, um gorro de *fleece* com protetores de orelha e uma máscara de *fleece* para o rosto. Era, basicamente, uma cama ambulante, exceto que quase não podia me mexer dentro de toda aquela lycra, *fleece* e por aí vai. Logo descobri como tudo isso era excessivo, uma mera regressão ao pavor de ver-se sozinho e desprotegido ante os elementos. Em apenas alguns minutos eu começava a suar um pouco e, depois, sobrevinha um suor mais intenso que ensopava minha franja e escorria pelas minhas costas.

Ao ficar parada ali no frio, antes de fazer as primeiras caminhadas intensas pela neve, é difícil prever como a fornalha do corpo queimará após dez minutos de esqui. Isso requer fé num estado futuro de energia. Somos bons governadores de nossa temperatura interna. Inconscientemente, sabemos em que gama estreita de temperatura podemos sobreviver. É só um passeio de *cross-country*, mas, para o corpo, representa a vida ou a morte. Ponho outro par de meias? Outra calça? Consideramos a temperatura do ar, o vento, a distância, o tempo que passaremos fora, o sol, as nuvens e como todas essas coisas poderão mudar até a hora de voltarmos. Parada ali, sem fazer nada, fica difícil imaginar um futuro onde tudo é ação, drama e processo, no qual o corpo se transforma numa fornalha, produzindo energia e calor. A habilidade de imaginar a si mesmo num futuro radicalmente diferente do presente é uma característica típica da nossa espécie. Porém, esse mecanismo pode falhar e o cérebro ficará preso num obstáculo, imaginando de forma obsessiva um futuro horrível que pode não acontecer. Um número surpreendente de pessoas que telefonam para o SP são obsessivas e vivem ruminando um acontecimento passado, ou mesmo um acontecimento possível, feito um cão terrier quando pega um sapato. A maioria das pessoas o faz de forma transformadora, fantasiando diferentes versões de um drama, cada qual levando a diferentes reações por parte de pessoas-chave e a tramas e resultados alternativos. Com o passar do tempo, a história vai mudando, gradualmente, até ser absorvida. Porém, há pessoas que não obtêm qualquer fruto de sua obsessão; ano após ano, são incomodadas pelos mesmos detalhes, exatamente nas mesmas palavras. Nada muda. Não existe entrada ou saída para o casulo de sua mente. Eu gostaria de saber como penetrar essa embrulhada, gostaria de conhecer uma forma de redirecionar essas "mentes de mão única". Às vezes parece mesmo que existe um guarda-chaves, que direciona os sinais por uma única via; é uma imagem que pode evocar o que acontece nos neurônios. A preocupação nos ajuda a ensaiar e a nos preparar, mas, em doses excessivas, faz com que cordas se enrosquem pesadamente ao nosso redor, até que não mais nos movemos e não conseguimos enxergar além delas.

Hoje não visto muitas roupas e não me preocupo muito com isso — só uma ceroula, uma calça fina e folgada presa pelos pés, uma blusa de *fleece*, um anoraque, um par de luvas finas e uma faixa larga na cabeça. Mas ao chegar ao campo de golfe até essas roupas parecem quentes demais; portanto, amanhã tirarei mais alguma coisa, até descobrir qual é o mínimo necessário. Gostaria que fosse assim tão fácil com o ego de uma pessoa: ir descartando as defesas pesadas e se despindo até chegar à proteção mínima adequada. Deslizando finalmente pela neve, escorrego naturalmente para uma trilha deixada por outro esquiador. No esqui de *cross-country*, é sempre mais fácil seguir a trilha de alguém. Às vezes em forma de crosta lisa, às vezes de pó macio, metros de neve perolada fluem sob meus pés conforme corro a toda velocidade em direção às árvores, passando por canais rasos e voltando mais lentamente, com os bastões marcando a neve como cascos. Um perfeito despertar. No entanto, não posso me demorar ou os esquilos ficarão com fome.

De fato, ao voltar para casa, eu os encontro esperando do lado de fora da sala do jardim, alguns empoleirados nos galhos da castanheira, outros rondando pelo chão. Apesar de estudá-los há dois anos, acho difícil dizer o que mais gosto nos esquilos. Nenhum animal se parece tanto à encarnação da ansiedade quanto um esquilo em pé nas patas traseiras, se esticando, farejando, empinando as orelhas, as mãozinhas no peito, os olhos arregalados e úmidos. *Aquele humano acabou de deixar cair algo comestível?*, seu corpo inteiro parece dizer quando me vê atirar fatias de maçã e sementes de girassol na neve. Um esquilo relaxado se parece com um cocker spaniel relaxado: esparrama-se com as quatro patas abertas, a cauda no chão, a cabeça estendida entre as patas. Mas não parece haver muito *relax* no mundo dos esquilos. Tempestades ensopam sua pelagem, corvos e guaxinins roubam seus filhotes e a comida deve ser garantida tanto para agora quanto para mais tarde. Quando perseguido, um esquilo geralmente corre em direção a uma árvore e, então, faz aquele movimento Fred Astaire, saltando no tronco e se impulsionando para longe. Quando os esquilos se assustam, as palmas de suas mãozinhas suam como a dos humanos e, depois de um enfrentamento longo e agressivo, pode-se ver as pequenas marcas de suas palmas no chão de pedra.

Outra coisa maravilhosa a respeito dos esquilos do meu quintal é que eles têm a mesma rotina de horário de um balonista: são mais ativos ao nascer e ao pôr-do-sol. No final do outono, apesar do frio, todos os esquilos pareciam absorvidos em suas perseguições de acasalamento, girando ao redor do tronco das árvores e valsando pelo quintal. Num frenesi hormonal, eles eram capazes de se perseguir por qualquer superfície, apesar da preferência pelos troncos de árvores, é claro. Dois amigos meus ficaram espantados, um dia, quando um par de esquilos saltou sobre *eles*, circundando seu corpo rapidamente e saltando para longe. Estariam confundindo humanos com troncos de árvore? Teriam que estar muito distraídos. Quando as fêmeas entram no cio, exalam um hormônio fragrante que perfuma o ar. Na perspectiva de um esquilo, é como se os bosques ficassem tomados pelo cheiro de sexo. Esquilos saudáveis tendem a acasalar uma ou duas vezes por ano e o padrão de comportamento é quase sempre o mesmo. O cheiro atrai o macho. Ele fareja as partes de baixo da fêmea. Ela, modestamente, se afasta alguns passos. Ele a segue e fareja, ela se afasta. Ele fareja até mesmo a grama ou o galho em que ela estava sentada. Ele fareja até a sombra dela. Ela salta. Ele a segue. Ela vai mais devagar. Ele ganha terreno. Ela espera. Ele a agarra pelo meio do corpo, por trás, como se fizesse a manobra de Heimlich, ela move a cauda para o lado e eles se acasalam. Mas só quando e porque ela permitiu. A fêmea escolhe seu parceiro dentre um grupo de pretendentes ardentes de pés ligeiros que aprenderam que a velocidade, a agilidade e a persistência podem render favores sexuais. Às vezes, porém, as fêmeas escolhem machos que já conquistaram sua amizade e já a acompanharam para comer. Ou, para colocar a coisa em termos humanos, elas preferem os amigos. Claro, um macho gigolô pode granjear a amizade de várias fêmeas, de modo que, quando as perseguições de acasalamento começarem, ele estará à mão e já será conhecido e provavelmente não será recusado. Depois de acasalar, o macho deixa a fêmea para que se defenda sozinha, enquanto sai para perseguir outras concubinas por aí.

Hoje vejo a Gorducha sentada, julgando duas nozes, pesando uma em cada pata, avaliando não só a mais-valia, como também o frescor da fruta. Os esquilos são excelentes merceeiros. Quando jovens, aprendem a reconhecer diferentes tipos de castanhas, a diferenciar cascas cheias de vazias e as frescas das bichadas, tanto pelo odor quanto pelo peso. Como são cegos durante as primeiras cinco semanas de vida, os filhotes dependem amplamente do olfato, da audição e do tato. Quando finalmente emergem de seu ninho de folhas, desenvolvem habilidades visuais apuradas, mas ainda são capazes de utilizar o olfato para encontrar seu caminho entre as várias rodovias arbóreas, encontrar a própria mãe e encontrar comida. Entre a mescla de fragrâncias existentes no ninho, estava a impressão digital aromática exclusiva da mamãe, assim como o aroma educativo das refeições providas por ela. Ao retornar ao ninho trazendo comida, mamãe a mastiga parcialmente e o filhote levanta sua face para a dela para cheirar o que ela está comendo ou, às vezes, até para tirar comida de sua boca. "Se minha mamãe gosta disso", diz o lema instintivo, "talvez eu também goste." Nós fazemos a mesma coisa, é claro, ao darmos bocados picadinhos (em vez de mastigados) a nossos bebês enquanto jantamos. Hoje de manhã, notei uma árvore de casca macia com uma verdadeira tatuagem de arranhões — três linhas paralelas — mostrando onde as garras de um esquilo não conseguiram se agarrar direito. O comprimento das linhas — cerca de dez centímetros — diz quanto o esquilo escorregou antes de conseguir fincar as garras. As linhas estão cruzadas, o que pode significar que foram necessários alguns esforços para recobrar aderência. Até os esquilos deixam suas marcas no mundo, sinais de triunfo e de luta.

Há dias em que eu poderia ficar sentada olhando os esquilos até o cair da noite. É difícil não me preocupar com eles, principalmente no inverno. Quais irão sobreviver? Logo meu projeto da *National Geographic* estará terminado, terei que desejar-lhes tudo de bom e deixar que sigam seu caminho. Mas não ainda. Nem na próxima primavera. Talvez no auge do verão, quando as árvores carregadas de castanhas os tentem, quando existam grandes quantidades de flores e frutas silvestres e o mundo tenha se transformado num verdadeiro baú de tesouros para os esquilos.

—

O turno da tarde começa tranqüilo, com uma pessoa telefonando para pedir uma referência e duas desligando quando atendo. Então, o Saxofonista telefona, muito deprimido e falando sobre suicídio. Pesquisando seus medicamentos, ele descobriu que uma overdose de sua insulina faria o serviço direitinho, com o menor choque possível para seus pais, que presumiriam ter sido um acidente, um erro de dosagem. Embora sempre esteja vulnerável à depressão, na noite passada ele teve que enfrentar um caldeirão de desgraças. Uma briga com uma namorada em potencial, que ficou furiosa quando ele lhe pediu que fizesse um teste de AIDS, seguida por um show cancelado no clube, seguido por um encontro casual com o primo que ele odiava num bar — que o havia envolvido, sem seu consentimento, num esquema de sonegação fiscal. Além disso, ele tem um prazo fatal se aproximando: durante toda a semana foi adiando o ensaio para um concerto na marina, que acontecerá amanhã à tarde, e agora se sente totalmente despreparado. Conversamos sobre sua diabetes: as explosões repentinas que provocam cegueira temporária, o adormecimento das mãos, as rachaduras dolorosas no prepúcio e nos calcanhares e o medo da total perda de visão e amputação de membros. Sua doença é toda uma cultura. Uma enfermidade pode se tornar o eixo da vida de alguém, ao redor do qual irradiam o destino, os amigos e a família. Começa de forma simples, com uma doença clara, cujas restrições, sintomas e remédios impõem exigências irritantes. Então, segue-se um desfile de experiências mais ou menos graves, cada uma com novos incômodos, médicos, drogas, efeitos colaterais — até que a pessoa acaba vivendo num labirinto cansativo e interminável de médicos, drogas e regimes. Diabético desde a adolescência, o Saxofonista está compreensivelmente cansado de sentir-se mal o tempo todo. As picadas de injeções fazem com que se sinta um viciado e ele reza para que inventem logo um inalador de insulina, ou, melhor ainda, um míssil genético. Conversamos sobre seus planos de suicídio, sobre o sentimento de impotência que invadiu sua casa como uma névoa, falamos sobre o prazo iminente, sobre como ele se sente inútil, estúpido e sem talento. Pergunto-lhe como se sentiria se, por algum milagre, já estivesse preparado para o concerto de amanhã e, quando ele admite que se sentiria menos estressado, discutimos a questão de prioridades. Se ele começar a ensaiar as canções mais fáceis, que podem ser transportadas mais rapidamente, poderá deixar as mais difíceis para depois. Na pior das hipóteses, ele teria ao menos parte do concerto preparado e não se sentiria tão incompetente. E, quem sabe, se conseguir tocar primeiro as canções mais fáceis, pode até mesmo dominar algumas das mais difíceis, mais tarde. Em seus pensamentos em voz alta, porém, posso ouvir como a mente está remexendo e avaliando um problema criativo complexo, testando-o em comparação à realidade do que é possível, tendo em vista o tempo que resta. Conforme ele mesmo vai se direcionando para o futuro e percebe que, realmente, é capaz de superar esse problema em particular, seu ânimo melhora um pouco. Mais para o final da conversa, ele já parece mais fortalecido, mas pode ser que eu esteja enganada, então pergunto como ele está se sentindo e ele responde que acha que vai conseguir sobreviver àquele dia. Proponho fazermos um trato: ele promete telefonar se estiver se sentindo tentado a acabar com a própria vida. Mas ele parece inseguro. Um sinal positivo é que ele começou a fazer psicoterapia há alguns dias; pelo menos está procurando ajuda, criando uma segunda corda de segurança. Aparentemente, entrevistou quatro terapeutas e se decidiu por um homem que lhe havia parecido perceptivo e sincero. Outro sinal positivo. É preciso ter energia e controle para entrevistar possíveis terapeutas, assim como para acreditar que a recuperação é possível. Quando nos despedimos, sinto-me bem com relação à conversa, mas também um pouco triste por ele estar deprimido e atormentado pelo suicídio há tanto tempo. No entanto, um pensamento surge em minha mente. Eu não fiquei agitada por ele ter falado tão diretamente sobre suicídio. Levei numa boa. Claro, eu fiquei mais alerta a possíveis sinais de aviso, mas continuei razoavelmente calma enquanto explorava seu grau de fatalidade e tentava descobrir se ele estava em risco iminente ou apenas lutando contra uma terrível depressão que poderia se abrandar. Não comecei a conversa presumindo tratar-se de uma emergência. Mais importante, talvez: dei-lhe permissão para agir como suicida. Aceitei o fato de que ele poderia, um dia, se matar, que poderia fazê-lo amanhã, mas que meu trabalho era o de, hoje, ser solidária a ele e de, nesse momento, prover-lhe consolo, cuidado e de direcioná-lo a maneiras de lidar com a questão, se possível; mas, ainda que eu não fosse capaz de fazer isso, aceitar que ele está destinado à morte algum dia, em algum lugar. Todos nós estamos. É difícil viver no tempo presente com pessoas suicidas, sem tentar espiar na volta da esquina ou desejar protegê-los contra alguma ameaça futura e simplesmente aceitar o corredor estreito que é a chamada telefônica. Ser solidário naquele momento. Salvá-los naquele momento. Tentar todo o possível. E então, deixar o momento passar.

Pensando nesse novo limiar, escrevo o relatório sobre o telefonema e preparo uma xícara de *espresso* descafeinado. Quando o telefona toca novamente, escuto a voz familiar do Amor Sem Fim, que telefona com um "enorme pesar, o assassinato de sua alma" que o atormenta. Dou uma olhada rápida no livro de registros. Ele ligou três vezes na noite passada, quatro vezes no dia anterior e duas no dia anterior a esse. Quando lhe pergunto, gentilmente, o que está lhe causando tanto sofrimento, ele explode, com raiva: — Não estou telefonando para você me fazer perguntas — ele diz, com firmeza, acrescentando que o que precisa é que eu elogie suas virtudes com algumas frases preestabelecidas, que expresse meu amor incondicional por ele, que "testemunhe o ferimento de inocência" sofrido por ele, jure que eu o irei "encorajar e reabilitar" "com palavras de força e fé" e assegure-lhe que Deus tem um propósito amoroso para ele. Ignorando suas regras rígidas, escuto-o por alguns minutos e, inconscientemente, faço uma perguntinha solidária. Desta vez ele ferve de fúria — ele não acabou de me falar que não fizesse perguntas? Será que eu não entendo que meu trabalho é fazer qualquer coisa que *ele queira*? Inacreditável, penso, nós o ajudamos de bom coração e ele grita conosco e tenta nos transformar em micos de circo. A raiva se remexe no meu peito. Odeio esse sentimento. Mentalmente, eu o identifico, retiro-o do meu corpo e o jogo para o outro lado da sala. Não reaja, *observe*, aconselho a mim mesma. Você está sentindo raiva, é isso que ele faz com as pessoas. Talvez Vicky estivesse certa. Será que isso tudo é de algum proveito para ele? Explico-lhe calmamente que não me sinto à vontade recitando seus roteiros. Se ele deseja conversar sobre seus problemas, fico feliz em ouvir, levarei seus problemas a sério e lhe darei qualquer retorno que ele ache útil, mas, assim como a maioria das pessoas, fico extremamente constrangida quando me dizem o que devo falar ou que linguajar posso ou não posso usar. É muita restrição. Sugiro que comecemos do zero num clima mais relaxado, mas ele parte para cima de mim cheio de acusações. Cobrindo-me de insultos, ele me diz que meu trabalho é o de escutar qualquer coisa que ele tenha a dizer e fazer qualquer coisa que ele precise. Educadamente, explico que não, não é esse o meu trabalho. Se ele precisa me controlar ou gritar desaforos para mim, a conversa não vai dar certo para nenhum de nós.

Gentilmente, pergunto-lhe de novo se ele gostaria de recomeçar a conversa e falar sobre o "assassinato de sua alma". Porque disse a frase como se fosse uma pergunta, ele explode. Ele não me disse que eu não tinha permissão de fazer perguntas? Mal era uma pergunta. Não importa, ele diz, ele decidiu o que eu devo dizer e meu trabalho é fazer o que ele "precisa" que eu faça. Leia-se *manda* no lugar de precisa. Balanço a cabeça, frustrada. Como eu ajudo esse homem? Há anos estamos andando em círculos com o Amor Sem Fim e, se é que algo mudou, foi para pior. Não é o nosso trabalho melhorar as pessoas que nos telefonam, apenas diminuir seu sofrimento, mas não estou convencida de que ele esteja tirando qualquer proveito de seu contato conosco. Ele intimida os orientadores novos com suas críticas e exigências e, como eles realmente desejam ajudar, acabam sendo complacentes. Acho que ele telefona para cá porque é um dos poucos lugares — talvez o único — onde ele pode manipular as pessoas e sempre sair impune. Será que estamos piorando sua situação ao encorajar esse comportamento? Embora ele venha de uma família grande (tem oito irmãos, uma porção de sobrinhos e sobrinhas e um filho já crescido) e trabalhe numa lanchonete, entre muitos amigos em potencial, diz que todos o evitam. Durante anos, o tema central de suas chamadas tem sido como as pessoas o decepcionam e o abandonam, quando tudo o que ele desesperadamente precisa é a coisa mais simples e óbvia do mundo: que sejam suas "almas gêmeas com o coração repleto de devoção jubilosa e de amor incondicional", pois ele é "um coração puramente amoroso, a quem todos traem". Se ele fizer à sua família e a seus amigos as mesmas exigências que faz a nós, atormentando-os com coisas absolutas, não é de espantar que todos se afastem. Eu gostaria de direcionar a conversa, de alguma maneira, para perguntar se estou reagindo às suas exigências da mesma forma que fazem seus amigos. Mas ele desliga o telefone, irritado, antes que eu tenha a chance de dizer qualquer coisa.

Sim, penso, tamborilando com a caneta no livro de registros, nossa intenção é boa, mas pode ser que estejamos piorando seu problema, reforçando sua maneira auto-sabotadora de lidar com as pessoas. E quanto ao bem-estar dos orientadores? Eles não têm obrigação de aturar abusos das pessoas que telefonam para cá. Eu não entendi dessa maneira quando comecei a atender como orientadora. Pelo fato de estar extremamente ansiosa em ajudar e porque sinceramente desejo prover consolo, às vezes presumo que tenho que agüentar humilhações, insultos ou manipulações e que estou sendo uma péssima orientadora se não deixar que Edward Mãos de Tesoura me xingue ou se não aceitar os monólogos e as exigências do Amor Sem Fim. Tentando mergulhar temporariamente no universo da pessoa, posso me tornar tão solidária que, se ela me criticar, parte de mim acreditará. Eu sei que insultar o orientador pode ser parte do *modus operandi* de uma determinada pessoa, do mesmo jeito que há outras que nos agradecem da maneira mais extravagante possível. Não obstante, sinto como se tivesse "perdido a chamada" ou falhado em ajudar alguém com problemas por culpa da minha fraqueza de caráter ou falta de conhecimento. É difícil aceitar que algumas pessoas vivam num mundo remoto, além das minhas idéias, do meu toque ou da minha ajuda. Ouço seu tumulto, confusão, desespero, sua dor insuperável — por mais irritada ou odiosa que possa ser —, e uma espora interna não deixa de me cutucar os flancos. *Continue tentando*, sussurra uma voz, acompanhando o galope da esperança, *continue tentando, continue tentando, continue tentando.*

17h25. Louise telefona. Pelo menos acho que é Louise: um silêncio carregado que parece vir do fundo de um poço e uma vozinha feminina — não de uma criança, mas de uma mulher em profundo sofrimento. É uma voz que engole lágrimas enquanto tenta respirar, chorar e falar ao mesmo tempo, emite sons baixos como esbarrões em náilon entre soluços audíveis e um choramingo, que eu sei que é sua tentativa de falar. O que escuto é alguém usando a voz como um machado para romper as grossas paredes de vidro da depressão. Por um momento, lembra-me o cardeal que costumava se atirar contra a janela do meu quarto nas manhãs de verão. Afasto a imagem da cabeça, mas outra se apressa a ocupar o vazio. O cérebro não deixa de tentar encontrar sentido naqueles sons. Há algo no som emitido por sua garganta que parece muito com aquele produzido pelo fecho de um colar com uma única fieira de pérolas, quebrando-se em câmera lenta enquanto as pérolas se espalham pelo chão, batendo com força e rolando em uma centena de direções diferentes. Olho para o relógio. O ponteiro dos minutos não se mexeu. Tudo que tenho para aliviar sua angústia são palavras e elas parecem não ter qualquer valor nesse momento. Adoro a tinta invisível da linguagem que colore pessoas e coisas com uma luz reveladora, adoro a perspicácia sorrateira das palavras que se esgueiram por cantos misteriosos e mal iluminados, adoro o valioso emoliente da conversação, adoro a forma de confidência íntima que os escritores adotam, adoro como cada palavra nos ensina a respeito da vida diária em eras passadas, adoro como as palavras acariciam momentos fugazes e inundam de cuidados detalhes não considerados, adoro usar palavras como moeda para pagar aos amigos o que lhes devo, adoro a maneira como as palavras conectam a vida interior à exterior, e o eu ao outro, adoro a notoriedade da língua, cujos truques proporcionam criar graça, admiração e riso, adoro o curativo da linguagem, que é um remédio notável. Mas detesto profundamente sentir-me limitada às palavras na zona de guerra do coração. Em vez disso, gostaria de transmitir um conforto puramente mineral a Louise, fazer com que ela parasse de tremer por alguns momentos, chegar a seus ossos e instalar ali um sentimento de segurança, de abrigo, de o-mundo-que-espere, de fortaleza, uma parede de rocha.

Parede de rocha. Para Louise, essas palavras representam o abismo emocional.

— Parece que você está tendo um dia terrível — eu digo, por fim, baixinho, de forma emocional, como se soubesse os detalhes de sua perturbação. Tudo que sei é que os detalhes não importam.

— Estou mesmo — ela choraminga e, então, começa a chorar num *staccato* de dor. Algumas vozes chorosas são ambíguas, dão a entender que ainda poderia haver alguma força escondida ou alguma reserva a explorar. Já outras, como esta, não deixam a menor dúvida. Consigo ouvir a esperança se despedaçando na forma como ela soluça entre as lágrimas. Sua voz fraca se quebra. A vida escoa feito areia por suas sílabas. Seu estado de ânimo é mortal. Eu acho que é Louise e percebo, com surpresa, que reconheço mais o padrão de respiração que a voz. Seu rosto surge em minha mente, mas não o rosto contido que vi no Templo Espírita. Hoje ela está além da cura sobrenatural. Será que ela, às vezes, se imagina "no outro plano", como eles dizem, como uma guia espiritual que envia mensagens aos vivos? Será que suas fantasias suicidas se estendem além da morte? Na minha cabeça, eu a vejo em pé, falando no telefone da cozinha, encostada à parede, cobrindo os olhos com uma mão, chorando na escuridão sob os dedos e, depois, segurando a testa como se ela fosse se estilhaçar. Rapidamente me retiro de sua cozinha, como se retrocedesse pela lente de um telescópio, e volto à sala de atendimento e ao mero esboço de sua voz. Por alguma razão, minha mão livre paira um pouco acima da mesa, então a pouso.

— Posso sentir a dor que você está sentindo — digo numa voz intensa e íntima. — O que fez com que ficasse assim tão difícil?

Um longo silêncio que se estende a um silêncio ainda mais longo. Fique calma, eu penso. Não a perca. Não pergunte se ela está bem. Não fale só porque o silêncio é incômodo. Num mundo barulhento de tráfego, música, eletrodomésticos e gente, o silêncio é, em geral, uma interrupção do ruído constante que nos rodeia e, por isso, nos deixa inquietos. Tendemos a falar de maneira automática, espalhando palavras até nos esvaziarmos delas, até chegarmos ao futuro, sofrendo para nos manter vivos apesar da desolação que sentimos. A princípio, quando alguém a quem eu estava atendendo ficava mudo, eu procurava, nervosamente, preencher o vazio com perguntas abertas. Mas aprendi a permitir o silêncio, que pode ser um aspecto positivo numa conversa. Como sabiamente observou o filósofo Max Picard, o silêncio começa quando a fala termina, mas não porque ela terminou. Vivemos entre dois silêncios, o silêncio do qual viemos e o silêncio para onde vamos. Ao falar, estamos constantemente ecoando esses dois mundos. A fala adveio da completude do silêncio. A morte está entrelaçada no tecido da linguagem. O silêncio é eloqüente e rico. Às vezes os poetas nos colocam em contato com esses silêncios. O silêncio que rodeia um pensamento pode livrá-lo da distração, dar-lhe perspectiva e dignidade. O silêncio pode ser criativo.

— Você ainda está aí? — eu digo, afinal.

Ela ri um riso perigoso. Eu sei exatamente o que quer dizer. — Por enquanto — ela responde.

— Vamos falar sobre este momento — eu digo, deixando minha voz cair num sussurro conspiratório que, espero, irá segurá-la e trazê-la para mais perto.

— "Sobre as montanhas tudo está quieto/ Sobre os vales mal se ouve um som/ Todos os pássaros estão quietos no bosque/ Logo você também irá descansar" — ela recita numa voz incorpórea.

Não reconheço a citação.

— Todo o calor foi embora — ela diz. — Está tão frio, tão solitário. Na noite passada, vi um documentário na TV sobre pingüins. Eles ficam completamente sozinhos, no fim do mundo, excluídos da sociedade humana. Eles ficam lá como espíritos belos e solitários, olhando para o mar e esperando.

Não posso dizer a ela que já vi pingüins na natureza e que entendo sua identificação com o frio, o isolamento e o vento cortante que atingem essas criaturas-sentinelas. Ao contrário dela, no entanto, eles não são solitários, e quando visitei seu mundo, não senti pena deles. Eles estavam perfeitamente adaptados ao seu ambiente. Mas, na mente dela, eles representam um clima emocional poderoso, uma terra desolada e gélida onde têm que enfrentar os ventos destruidores da vida diária da mesma forma que ela enfrenta suas repetidas tempestades emocionais. Na Antártida de seu sofrimento, no fim de seu mundo conhecido, a vista é bastante sombria. Às vezes, o fato de ancorar sentimentos em metáforas ajuda a estabilizá-los. Às vezes, podem-se reformular sentimentos com palavras. E se eu mudar suas palavras, será que consigo mudar seu estado de ânimo? Talvez possa retê-la numa imagem, focar sua mente em algo.

— E o que eles estão esperando? — pergunto.

— Não sei. Uma resposta.

— Parece que a vida não tem oferecido muitas ultimamente, não é?

— Não. — A voz dela novamente desmorona. — Apenas uma...

— Parece que você está se sentindo tão fria, isolada e exposta quanto esses pingüins.

— Exposta — ela repete. — Como em carne viva.

— Sem qualquer proteção contra os elementos...

— É. Num mundo totalmente incolor.

Sorrio. Ela imagina os pingüins vivendo em meio a palácios de gelo, em comunidades de um branco monótono varridas pelo vento. Porém, o mundo deles está repleto de prismas diminutos. Mais colorido que uma floresta tropical, pois aquele branco infinito contém todas as cores, se ao menos pudéssemos enxergá-las. No frio extremo, quando o vento cortante sopra e as nuvens não conseguem se formar no ar frígido, a neve cai como confetes de diamante em pó. O mundo diário de Louise também tem cor, pelo que entendi de seu trabalho, seus hobbies e amigos. Mas não é assim que ela o vê no momento; apenas incolor, plano e estéril, solitário, isolado e frio.

— Tenho pensado muito no... no desfiladeiro... e daí tudo estaria terminado — ela sussurra. — A dor finalmente acabaria. Esse erro longo e triste que é a minha vida estaria terminado.

A ponte novamente. A queda. O que acontece com os seres humanos que faz com que queiramos nos atirar de lugares altos? Imaginar a dor naquelas rochas lá embaixo, esmagando o crânio, rasgando a carne, estilhaçando os ossos, já me deixa abalada. Até mesmo a água mais profunda se transforma numa porta de aço quando se cai de uma altura considerável. A central do Serviço de Prevenção ao Suicídio de San Francisco teve um marco horrível este ano: o da milionésima pessoa a cometer suicídio saltando da Ponte

Golden Gate e caindo os setenta e cinco metros até as águas tumultuosas da baía. A primeira foi um barqueiro de quarenta e sete anos que caminhou os quase três quilômetros da ponte e, então, jogando o colete e o casaco para um conhecido, disse: — É aqui que eu salto — e pulou. A ponte havia sido aberta há apenas três meses, em agosto de 1937. Em 1973, catorze pessoas competiram para serem a qüingentésima a se suicidar, incluindo um homem vestido especialmente para a ocasião, com uma camiseta onde estava escrito "500". A pessoa mais velha a pular da Golden Gate tinha oitenta e sete anos; a mais jovem, cinco. Algumas deixaram bilhetes incomuns. Um deles dizia: "Não há absolutamente nenhuma razão, a não ser que estou com dor de dente." Outro escreveu: "Não avisem minha mãe. Ela sofre do coração." Atualmente, há um orientador treinado que patrulha a ponte numa missão anti-suicídios durante, no mínimo, oito horas por dia. De tempos em tempos, San Francisco tenta compensar a atração hipnótica da ponte erguendo barreiras ou propondo leis, mas não há nada que detenha o fluxo de peregrinos desesperançados. A altura esquelética da ponte funciona como um ímã. Ninguém sabe por quê. Será que tem a ver com o fato de que ela transpassa a inconsciência agitada da água, ligando as duas margens? Ou será sua dualidade como ícone americano progressista e templo da autodestruição? Ou sua presença como um caminho petrificado? Ou, talvez, seja apenas sua disponibilidade, um acesso fácil a alturas mortais. A maioria das pessoas que se suicida está emocionalmente abduzida, aprisionada numa depressão poderosa, mas, ao mesmo tempo, transitória. Portanto, o Centro de Prevenção ao Suicídio de San Francisco instalou oito telefones na ponte para aqueles que tenham dúvidas. Quando visitei aquela seção do SP, no ano passado, fiquei surpresa ao descobrir que as pessoas que telefonam para lá poderiam facilmente ser as mesmas que telefonam para a nossa central: são pessoas com o mesmos problemas, as mesmas preocupações. Eu deduzira que, em outras partes do país, acabaria me deparando com dialetos diferentes, ou mesmo numa cidade grande, comparada a uma cidadezinha do interior. Mas estava errada. Não parece fazer muita diferença onde vive um ser humano. As necessidades e ansiedades são as mesmas, o estresse ataca em nosso ponto mais vulnerável, a depressão age do mesmo jeito e os corações se rompem pelos mesmos motivos. Nossa natureza essencial não varia.

Embora esteja curiosa sobre o que Louise quis dizer com o "erro" que é a sua vida, não é meu papel perguntar. Isso é algo para o trabalho duro da terapia. A voz dela parece irritada, fraca e triste. Seus gemidos são sons de cortar o coração, como os emitidos por um animal ferido, e quero esticar a mão pela linha telefônica e segurá-la com força, puxá-la para longe do desfiladeiro.

— Você tem pensado em se matar no desfiladeiro?

Ela suspira. Em geral, quando uma pessoa é suicida e você pergunta a ela sobre o assunto, ouve um suspiro, porque ninguém mais acreditou nela. Ela fica aliviada em ver que alguém é capaz de reconhecer pensamentos tão terríveis. Os amigos e a família se assustam e não sabem o que dizer ou o que fazer; então, ignoram completamente o assunto ou dizem: "Ah, você vai melhorar logo." Já nós levamos a depressão muito a sério e falamos sobre o assunto de forma bastante direta.

— Sim — ela diz.

— E como você imagina a cena?

— Um vôo. Eu me inclinaria sobre o nada, me soltaria e voaria.

— O fundo é frio — eu a lembro. Pessoas suicidas se apegam aos métodos. Se você consegue interromper o método, talvez consiga interromper o plano. Um plano muito específico e disponível, como o de Louise, significa alto risco.

— Sim. — Ela chora. Silêncio. Eu sei que ela está imaginando a cena.

— Em que você está pensando? — pergunto.

— No vidro branco e congelado da cachoeira, as rochas frias no fundo, frio, frio, tudo frio. — A voz dela tremula.

— O que fez com que hoje ficasse tão difícil de agüentar?

Nervosamente, começo a mexer um lápis triangular, empurrando-o para a frente e para trás sobre a escrivaninha, mas suas laterais retas, piramidais, não rolam. Então, coloco-o com a ponta para baixo na caneca porta-lápis e começo a tamborilar os dedos na beira da escrivaninha, levemente, como se transmitindo em código Morse. Por alguma razão, não consigo afastar de minha mente o ônibus urbano que vi na Estrada Triphammer hoje. Passou por mim a uma velocidade temerária e, na placa de destino, sobre o pára-brisa dianteiro, tinha escritas as palavras NENHUM LUGAR ESPECIAL.

CAPÍTULO 13

A Última das Últimas Vezes

Tenho medo de perder Louise. *Perdê-la.* Como se fosse a abreviatura de uma avalanche de dor, a frase soa casual demais, o equivalente a não saber onde deixou as chaves ou o guarda-chuva. Suponho que seja minha crença fundamental na unicidade das pessoas que faz com que eu valorize tanto o fato de elas serem insubstituíveis. Louise tem muitos talentos, uma mente espirituosa, um ponto de vista peculiar e incomum e um coração generoso. Não quero que a vida a perca. Não quero que a sociedade a perca. Não quero que ela se retire do desfile da humanidade. Usamos apenas a voz e um par de ouvidos que, de alguma forma, estão ligados ao coração e ao cérebro, mas é como se estivéssemos escalando uma montanha com alguém que caiu, que está pendurado e cujas mãos você está segurando. O Saxofonista estava bem deprimido, mas ele estava a meu alcance. Quanto à Louise, não tenho tanta certeza. E se ela realmente quer morrer? Não temos notícias dela, a não ser quando ela está deprimida. Em fases mais estáveis, não acho que ela escolheria a morte. Mas respeito seu direito de escolha, e é isso que lhe digo.

— Olha, você pode se matar a qualquer momento. É uma opção que você tem nesse instante. Por que não guardamos essa opção por enquanto e conversamos sobre outras possíveis opções?

Como ela se sente privada de opções, quero que tenha novas escolhas. A escolha é a característica típica de nossa espécie. Nós idolatramos a escolha, exercendo-a geralmente com um objetivo. Porém, há ocasiões em que escolhemos por motivos meramente atléticos — só para manter a escolha viva. Escolhemos viver ou, às vezes, escolhemos nossa própria morte, mas, na maior parte do tempo, fazemos escolhas apenas para provar que é possível escolher. Criamos uma cultura que supre escolhas potenciais e que as comercializam como necessidades, embora o que esteja sendo vendido, geralmente, é a mera oportunidade de escolher. A escolha é o que nos separa das formigas. Não que eu tenha qualquer coisa contra as formigas. No SP, esperamos que as pessoas que nos telefonam escolham a vida, mas elas têm a opção e o direito de escolher a morte. É uma decisão delas. É por isso que alguns orientadores acreditam piamente nos esforços do Dr. Jack Kevorkian para ajudar pacientes terminais a cometer suicídio. Acima de qualquer coisa, valorizamos o direito de escolher o próprio destino. Os muito jovens e outros, mais sortudos, podem encontrar seus dias se abrindo, um após o outro, como portas duplas ornamentadas, mas a maior parte das pessoas se compromete, inconscientemente, todas as manhãs, a sobreviver às exigências e às labutas daquele dia, sem se deixar sobrepujar e sem desejar escapar através da morte. Todo mundo já pensou em se suicidar ou conhece alguém que cometeu suicídio e, então, teve a sensação de que "mais um empurrãozinho e poderia ter sido eu". Como disse Emile Zola uma vez, há manhãs em que primeiro se tem que engolir o sapo do desgosto antes de conseguir enfrentar o dia. Escolhemos viver. Mas as pessoas suicidas têm uma visão restrita — não vêem outras opções. O trabalho de um orientador é abrir portas e janelas que ampliem seu espectro visual.

— Opções? — Ela pronuncia a palavra como se fosse grande demais para sua boca. Provavelmente, parece impessoal demais para a forma como ela está se sentindo. — Você quer dizer como ir jantar? — ela pergunta, ácida.

— Você comeu alguma coisa hoje?

Uma risadinha seca. — Comprei umas chuletas de cordeiro, mas não tive forças para cozinhá-las. Não quero comer algo que seja mais nervoso do que eu.

Eu rio. A piada foi perfeita. Ela ri novamente. Uma risada mínima.

— Frio... — Ela lança a palavra como se fosse uma nuvem escura, não relacionada a nada específico, apenas um nimbo de pura dor.

— Por que hoje ficou tão frio e solitário?

— Eu vivo solitária, mais solitária que a vida — ela diz fracamente; então, revivendo um pouco, explica: — Quando trabalhei para a Fundação Montessori, sempre conhecia pessoas ali, ou quando meus filhos eram pequenos, conhecia gente nova através das atividades deles. Agora não conheço mais ninguém. Não trabalhando naquele escritório patético. Meu emprego é horrível. Não é difícil, entende, só que é a mesma coisa todo santo dia, tudo tão chato e solitário, mas foi apenas isso que consegui arrumar. Não tem nada aí fora para uma mulher de meia-idade e, no minuto em que ficam sabendo que já estive hospitalizada, ficam com medo de me empregar, como se eu fosse incendiar seus arquivos com napalm, colar as mãos dos clientes no balcão com Super Bonder ou sei lá o quê.

Uma idéia que ela, obviamente, já cogitou com detalhes.

— Eu entendo. Você detesta seu emprego, não faz amizades lá e é difícil encontrar outro trabalho. Cada dia útil deve parecer um deserto sem fim.

— Opressivo — ela corrige. — Não é que seja bom de menos, é ruim demais.

— Opressivo. Talvez possamos encontrar outro trabalho...

— Não adianta. Já tentei em toda parte. Não há nada.

Antes que eu possa responder, ela muda de assunto: — ... E não tenho um encontro romântico há anos, não transo desde nem sei quando. E além disso há meus filhos. Quer dizer, eles são adolescentes e, de repente, a mãe virou um estorvo. Nós discutimos o tempo todo. Sobre as coisas mais ridículas. Na maior parte das vezes nem sei por que estamos brigando. Eles não querem mais que eu os abrace e beije. Eu entendo isso, mas magoa.

Sem fôlego, ela parece uma criança tentando contar uma história mais rápido do que permitem suas palavras hesitantes. Eu a estava apressando. Ela não havia terminado sua lamentação. Ela ainda precisa ser escutada; então, fico quieta e escuto, um coração emprestado.

— ... A minha vida não tem sentido. Não estou fazendo nada de valor com ela. Ninguém sentiria minha falta. Ninguém se importaria se eu morresse. Bem, isso não é verdade, pode ser que mude a forma como algumas pessoas se sentem: vai dar umas noites maldormidas ao meu ex, vai dar um recado ao meu chefe Neandertal, vai fazer com que meus filhos se arrependam de sua crueldade...

O pensamento mágico: a crença de que um suicídio poderá mudar o relacionamento com alguém. Um dos sinais de alerta.

— Sinto-me mais solitária que a vida — repete. Ela parece gostar da frase. — Como saio dessa? — ela geme. É um clamor primitivo, não uma pergunta. Então, ela diz, quase baixo demais para ser ouvida: — Só quero que a dor termine. Quero apenas perder a consciência. — Ouço o ruído de algo se arrastando; ela está se acomodando numa cadeira ou num degrau do corredor.

Faço um inventário mental de seu estado e fico alarmada. Ela está sentindo uma dor insuportável. Sua necessidade de amor, amizade, realização e de pertencer a um grupo não está sendo satisfeita. Ela se sente impotente e desesperançada. Embora procure desesperadamente uma saída, está tão deprimida que seu pensamento se restringiu a coisas absolutas — vida ou morte — e a vida perdeu todo o sabor. Não é de admirar que ela queira perder a consciência. Em seu universo restrito, ela não enxerga variedade; portanto, só resta uma solução, uma direção a seguir. Ela fala abertamente em se matar. Oitenta por cento das pessoas suicidas dão indicações claras. Ela é ambivalente. Com todo seu coração, ela quer viver. Porém, de forma igualmente brutal, deseja morrer. Embora opostos e irreconciliáveis, ambos os sentimentos são igualmente verdadeiros. Será que eu deveria enviar a polícia? Já estivemos antes nessa encruzilhada. O terreno é o mesmo, o turbilhão emocional é o mesmo, mas será que é *ela*? Tem alguma coisa diferente?

— Que fardo pesado deve ser. Posso sentir como você está para baixo, como a vida parece sem sentido, como tudo parece sombrio. Sinto muito que você esteja sofrendo tanto.

— Prometa que não vai mandar a polícia — ela diz, lendo meu estado de ânimo.

— E se eu prometer e você prometer que não vai me dar motivos para mandar?

Ela não responde.

— É demais? — pergunto.

— É — ela diz. Gentil, não crítica. Seu tom de voz diz: "Estamos nisso juntas." — É que não quero estar sozinha agora... nestes últimos minutos. — Acho que ela disse minutos. A voz dela diminuiu quando fungou. Cada chamada tem seu próprio ritmo e esta vai devagar demais, com extensos campos de silêncio consciente seguidos de lágrimas ou palavras.

Um suicídio cometido às pressas, antes que todas as alternativas tenham se esgotado, é a pior das tragédias. Não quero que Louise perca a chance de se recuperar e de viver alegremente, mas também odeio a idéia de que ela abandone a vida se sentindo tão mal consigo mesma. É um fim trágico para uma vida. Sua mortalidade exposta me faz lembrar de um dia agridoce do verão passado. Caminhando no frescor da manhã, fui recompensada por canais cheios de lírios, por um grupo de caracóis grudados às folhas de grama e por uma enorme mariposa-luna tão bem camuflada que, a princípio, pensei que fosse uma folha ou um pedaço de papel. Na beira da estrada, estava aquela maravilha do tamanho da minha mão, as asas verde-limão abertas como se formassem uma capa, adornada por uma estola fina de pêlos amarelos. Seu pescoço era dourado e duas plumas de ouro tremulavam no alto da cabeça. Tinha longas pernas cor-de-framboesa, contornadas como as de uma bailarina, e, em cada asa, um pequenino olho humano, perfeito. Quando estendi a mão para tocar suas pernas, ela não se moveu. Havia uma gota de orvalho em uma das asas, que estava ensopada. Talvez o ar ainda estivesse frio demais para que ela voasse. Durante uma hora, fiquei ali sentada, imóvel, ao lado da mariposa, enquanto ela secava as asas ao sol. Caso contrário, ela seria uma presa fácil para os pássaros que enchiam o céu com sua exibição de cantos e chilreios líquidos. Prismas de orvalho tremeram numa folha ali perto. Como deusa da lua e protetora dos animais, talvez Diana observe todos os dramas e criaturas da lua, inclusive os lunáticos (os perturbados). Imagino que seja lógico o fato de que eu tenha gradualmente evoluído do estudo dos animais ao estudo do animal humano, da natureza à natureza humana e, depois, de volta à natureza.

Com um manto de assombro me cobrindo como suor, sentei-me na terra à beira da estrada, em meio a cacos de vidro e picadas de formiga, meu foco de atenção mais estreito que uma folha de grama. Mariposa-luna. Não podia encher os olhos o suficiente com ela; mesmo depois de uma hora admirando-a, cada olhar continuava sendo uma surpresa. Aquela mariposa-luna estava em seu traje de verão (na primavera, a estola é cor-de-framboesa). No meio da manhã, dei-me conta de que estávamos no final da temporada das mariposas; sua vida estava definhando diante dos meus olhos. Razão mais do que suficiente para lhe prover abrigo e segurança. Eu não seria capaz de tocá-la, nem de alfinetá-la ou guardá-la. Apenas lhe fiz companhia e a elogiei pelo resto de sua breve vida, pensando que toda mariposa-luna merece seu dia de glória.

Esta noite ouço Louise se aconchegando na beira da estrada. — Estou preocupada com você — eu digo. — E se eu mandasse alguém aí para ficar com você? — Ouço o tilintar de cubos de gelo no vidro de um copo e um pequeno sorvo entre as fungadas. Eu não tinha percebido que ela estava bebendo. Ela não parece bêbada, mas o álcool não vai ajudar a melhorar seu ânimo e pode lhe dar o tipo errado de coragem.

— Eu não estou em casa — ela diz. — De qualquer maneira, já é tarde demais para isso. Eu vesti o casaco, mas nem precisava, não é? Estar aquecida para quando eu voar? — Ela parece esgotada, exausta, derrotada. — Pelo menos não vai doer muito.

— Não vai doer muito?

— Tomei um monte de Tylenol...

Meu coração dispara e, com um esforço tremendo para me controlar, pergunto: — Quantos comprimidos você tomou?

— Não sei — ela resmunga —, um monte, o bastante.

Cutucando-a novamente a respeito dos comprimidos, recebo outra resposta vaga, de que ela não tem certeza de quantos comprimidos de Tylenol tomou. Pode não ser muito. Ela não parece doente. Ela não fala dos comprimidos com medo ou num tom de voz sinistro. Sua arma é o desfiladeiro, não os remédios. Mas pode ser que ela não saiba quão perigoso pode ser o Tylenol — mesmo uma pequena overdose pode causar danos permanentes ao fígado, enquanto uma grande pode ser fatal. Tomá-los é apenas mais um ato preparatório. É isso. Não posso mais correr o risco. Toda chamada feita por Louise pareceu igualmente horrível, como se fosse um último pedido de ajuda, e ela sobreviveu até agora. Mas vamos supor que hoje seja a exceção, vamos supor que seja a última das últimas vezes. O que tem de diferente hoje? Não tenho certeza. Então, cai a ficha. É algo pequeno. Fico assustada pela quantidade de vezes que ela usou a palavra "apenas", uma palavra tão apertada quanto um nó. Sem deixar que ela escute, notifico a polícia para que rastreiem a chamada e a acompanhem até o hospital, onde um médico lhe dará outro tipo de medicação. Ela já tentou oito antidepressivos diferentes ao longo dos últimos anos, todos eles provocando confusão mental na fase inicial, cheios de efeitos colaterais e, infelizmente, ineficazes com relação à sua química pessoal exclusiva. Mas ela sempre esteve disposta a experimentá-los, que Deus a abençoe, e ela telefonou hoje à noite, por mais frágil que seja sua vontade. A parte dela que tem fome de vida telefonou para pedir ajuda. Se enviarmos resgate e ela sobreviver a esta noite, será que terá medo de telefonar da próxima vez? Essa pode ser uma questão controvertida. Um rastreamento pode demorar horas e nem sempre dá certo. Ela disse que não está em casa, seria impossível encontrar uma casa remota à beira do lago. Por princípio, para preservar o anonimato da pessoa que telefona, não pedimos que ela se identifique. Portanto, os rastreamentos são trabalhosos, baseados em tentativa e erro, e podem incluir vários sistemas telefônicos. Raramente damos início a um rastreamento. Eu deixo a segunda linha telefônica ocupada para que ninguém nos interrompa, porque não estou certa de que Louise ficaria na linha se eu tivesse que atender outra chamada.

— Vou ficar aqui com você. — Em que problema devo me concentrar? Em que lugar devo abrir uma janela? No emprego? Nos problemas de família? Talvez na sensação de isolamento. O isolamento externo, quero dizer, aquele que pode ser reduzido por amigos e conhecidos. O isolamento interno é outra questão. A solidão vem, geralmente, da falta de contato com partes de si mesmo. Então, procuramos essas partes nas outras pessoas; porém, existe uma diferença entre se sentir apartado dos demais e apartado de si mesmo.

— Você disse que ninguém se importaria se você morresse. Mas *eu* me importaria.

— Aposto que você diz isso a todas as pessoas que telefonam — ela diz, mostrando um toque de humildade.

— Não mesmo. Você e eu já tivemos umas conversas bastante boas nos últimos meses.

Debruçando-me sobre a escrivaninha, focalizo os olhos nos muitos nós e veias da madeira. Se tivesse cor, pareceria uma manta navajo. Por mais que eu tente me concentrar apenas em ouvir, as imagens continuam gotejando. Assim como o aroma do café sendo preparado na cozinha. As vogais compridas do vento. A trepidação das venezianas na moldura fria da janela.

— É verdade — ela diz —, você tem sido ótima. Vocês são meus únicos amigos; bem, não amigos exatamente, não para você, quer dizer, eu sou apenas uma das...

— Você ficaria surpresa se soubesse como é possível conhecer bem alguém pelo telefone. Aposto que você também já me conhece um pouco e os demais orientadores.

— Sim — ela diz —, na verdade conheço. *Você* sempre parece calma e estável. Tenho inveja do equilíbrio que você deve ter. Minha vida está escapando das minhas mãos e eu gostaria de ter seu... nível espiritual.

— Não estou sempre equilibrada. Acredite, minha vida também tem problemas. É mais fácil ficar calma quando é outra pessoa que está com problemas.

— Ah — ela diz, numa mistura de surpresa e alívio. — De qualquer maneira, você é uma boa pessoa: paciente, gentil, forte...

— Você também é. Tudo isso.

— Forte? Essa é boa. Se você pudesse ver como eu sou fraca... — Sua voz se perde.

— Incrivelmente forte. — Tenha cuidado, eu penso, para não usar o tempo passado. Ela pode interpretar como um obituário. — Olha como você luta, há anos, contra as torrentes da depressão. Isso exige muita coragem. Durante todo esse tempo você também trabalha, cria seus dois filhos, sobrevive ao pesadelo de um divórcio horrível. Tudo bem, você perdeu empregos, mas se reergueu e arrumou outros. Até trabalhou como voluntária durante a enchente, enchendo sacos de areia e fazendo sanduíches, acho que você me disse uma vez, e encontra tempo, energia e coração para fazer trabalhos voluntários com o Grupo de Teatro Hangar, o Festival de Verão, o coral, e para ajudar pessoas necessitadas. Você tem sido uma heroína. E está sendo muito forte hoje, telefonando para nós. Por você estar se sentindo tão mal, isso exige muita força. Eu admiro sua coragem.

— Admira? — ela diz, deixando que a palavra paire por um longo momento, enquanto a avalia. — Você não iria gostar de ter a minha vida. São só más escolhas... a não ser... — Fungada.

— A morte é sempre uma possibilidade, mas não é a melhor.

— Você sabe alguma coisa a respeito dela que eu não sei? — ela diz com um toque mórbido de sarcasmo.

— Talvez sim — digo gentilmente. — É hereditária, é irreversível e você não precisa reservar um dia livre para ela.

Silêncio. Posso ouvi-la pensando sobre o que eu disse.

— *Mais solitária que a vida,* você disse. Por que não pensamos em algumas maneiras de ajudá-la a solucionar esse problema? — eu sugiro. Ampliar a perspectiva: essa é a tarefa mais difícil quando alguém está deprimido.

— Não existe nenhuma maneira.

— Claro que existe. — De improviso, enumero algumas formas de diminuir a solidão: cursos, trabalho voluntário, ginástica, música, atividades na natureza, projetos municipais e coisas desse tipo. Nada a atrai. Eu não achei mesmo que atrairia. Não obstante, peço a ela que reconsidere a lista e que coloque as atividades em ordem de preferência, "apesar de sabermos que você está cansada demais e com o saco cheio demais para fazer qualquer dessas coisas e que, de qualquer jeito, todas elas parecem horríveis". Apesar de sua forte resistência a cada uma das minhas propostas, ela as classifica, o que a distrai um pouco. Colocando-as em ordem descendente, ela faz objeções a cada uma, apontando as desvantagens e sua inabilidade ou sua falta de interesse. Lembro-me que o estudioso do suicídio Edwin Shneidman observou que "a vida é, em geral, uma escolha dentre muitas possibilidades desagradáveis, cujo objetivo é escolher a menos desagradável delas". É isso que estou fazendo com Louise, explorando, em meio a opções indesejáveis, a menos indesejável delas; porém, isso abre algumas minúsculas janelas em sua perspectiva. E o suicídio não consta da lista.

— Você espera um pouco? — ela pergunta de repente. — Tem alguém chamando na porta.

Droga, a polícia. Foi rápido — ela deve estar em casa, então. Talvez eu não precisasse tê-los mandado. E ela ficará zangada, se sentirá enganada e traída. Ela fica. Escuto-a gritando comigo, com o telefone, com o mundo. Ela me chama de mentirosa e tem toda a razão. Eu menti para ela. Não sobre o que importava, apenas sobre o rastreamento, e só porque a vida dela está em perigo, e só porque deduzi que há uma parte dela que quer viver ou, caso contrário, não teria telefonado. "Falso em parte, falso por inteiro", não é isso que avisam aos jurados quando em presença de um falso testemunho? Como ela pode confiar em qualquer preocupação sincera que eu possa ter agora que menti para ela? Seus gritos me atingem como uma tonelada de cortinas pesadas. Sinto-me envergonhada, odeio ter mentido para ela. A voz que escuto a seguir é a de um policial, e pergunto a ele sobre o Tylenol. Ele encontra um frasco vazio perto do telefone, ao lado de um copo com cheiro de bebida alcoólica. Tudo acontece rapidamente a partir desse momento. Ela está furiosa comigo, mas vai com eles ao hospital. Ela está louca da vida e totalmente letal, mas também o bastante ambivalente para deixar que eles a conduzam à sua segurança. Graças a Deus. Vamos supor que o hospital a libere imediatamente e ela vá direto para o desfiladeiro? Saber e não saber a respeito das pessoas que nos telefonam, isso é o que mais me pega. Talvez eu pudesse tê-la acalmado e convencido. Talvez outra pessoa tivesse feito melhor, alguém que soubesse dançar esse tango da vida e da morte com mais graça e esperteza. Meu peito se enrijece feito o casco de um barco, minhas costelas ficam tensas. Respirando fundo e deixando o ar escapar lentamente, pressiono minhas mãos abertas contra o rosto, esfrego as sobrancelhas, depois as faces, o queixo e solto uma risada. Não uma risada rá-rá, mas uma risadinha sardônica, do tipo que a gente reserva para o ridículo, pois percebo que estou caindo numa armadilha conhecida. Eu fiz bem. Fiz o melhor que podia. Talvez o melhor que qualquer pessoa pudesse nesse momento. Avaliei mal a extensão de sua letalidade? Quem sabe? Certamente, é melhor errar por excesso de cautela. Minha tarefa seguinte é telefonar para o hospital e avisar o médico de sua chegada iminente, contando-lhe sobre seu estado emocional, suas tentativas prévias de suicídio e seu histórico psiquiátrico geral. Não os detalhes de nossa conversa ou da vida dela, isso ela contará se quiser ou deixará no poço dessa noite exaustiva.

Meus ombros doem como se tivessem sido espetados e uma dor persistente se espalha pelo meu lado direito. Giro a cabeça em círculos lentos, rodo os ombros, estiro os braços, arqueio a coluna e percebo que, durante as últimas duas horas, minhas costas não se encostaram à cadeira uma única vez. A receita perfeita para uma dor nas costas. Ela vai me odiar, vai me odiar, eu penso ao levantar-me rigidamente e ir até a cozinha para fazer um chá. Sim, mas ela estará *viva* para me odiar. Até a próxima vez, de qualquer modo, até a próxima noite de fundo de poço, quando ela sinta vontade de voar. Ajudar Louise a sobreviver é sempre um ordálio. Hoje ela parecia mais determinada e inclinada à morte que o normal. Foi a escolha certa. Eu acho. Talvez. No relatório, sob o nome da pessoa que telefonou, escrevo "Louise" e coloco a letra A, de "alto", no campo marcado "risco de suicídio"; anexo uma folha amarela de avaliação de letalidade e acrescento alguns detalhes do telefonema. Não menciono os pingüins, sua metáfora particular para a extensão congelante da depressão. Recostando-me na cadeira com os pés esticados e apoiados sobre a escrivaninha, penso mais uma vez na mariposa-luna, aquele ser belíssimo, lutando em câmera lenta para atravessar seus últimos momentos de vida. Eu cuidei dela e a protegi e, quando ficou claro que não havia mais nada que eu pudesse fazer, deixei-a onde ela havia caído. Durante algum tempo, no entanto, tive uma sensação conflitante de assombro e perda. Imagine, nós ficamos tristes até pela morte de uma mariposa. Pressionando a ponta dos dedos no rosto, empurro novamente os ossos da sobrancelha, como se pudesse arrumá-los; a dor, porém, vem de um lugar que não consigo alcançar com as mãos.

CAPÍTULO 14

Antes do Amanhecer

Com um metro de neve sobre o chão, as ruas parecem uma pista de tobogã. A cidade inteira está real e absolutamente tomada pelas nevascas, daquelas que enchem até nossas meias de neve. Sete tempestades de neve nos atingiram em rápida sucessão este mês, acompanhadas por temperaturas abaixo de zero. A neve se acumula em cada telhado e enormes cascatas de gelo caem das calhas. Por toda a cidade, as casas parecem ter presas de marfim, formando uma manada de mamutes. Todo mundo está com goteiras no teto e o meu não é exceção. No meu banheiro começou a pingar água gelada de um aquecedor instalado no alto da parede, e também, lentamente, pelas laterais da clarabóia, e, ruidosamente, pelo batente da porta, e, silenciosamente, infiltra-se pelo assoalho, e, em riachos tremulantes, por dentro da moldura da janela.

Construí um aqueduto usando papel-alumínio, uma escadinha dobrável, caixas de papelão e uma série de lixeiras plásticas. Isso tudo direciona a água para a banheira, mas, vez ou outra, um novo vazamento aparece e o aqueduto tem que ser reposicionado. Paul administra a parafernália depois que eu vou dormir, mas uma hora de catástrofe em potencial continua sendo entre as cinco e as seis. O vazamento pela moldura da janela é o mais difícil de capturar, então pressionei um pequeno pára-quedas de papel-alumínio firmemente contra a madeira, o que permite que a água escorra por ele e caia numa fôrma de pão. Depois de alguns segundos, a tensão faz com que o papel-alumínio fique bem preso à madeira até que (às vezes dias depois) o vazamento pare.

Por que essa epidemia de vazamentos pela primeira vez em quinze anos? Pelo fato de que há toneladas de neve cobrindo os telhados, sem dias mais quentes entre as tempestades. Se uma casa é mal isolada, o teto se aquece com o calor da fornalha e das vidas que habitam sob ele. As camadas mais baixas de neve se derretem e formam-se represas de gelo ao longo das calhas, segurando a água no lugar. Portanto, muitas casas têm verdadeiros laguinhos no telhado — às vezes entre quinze e trinta centímetros de água parada — e não há telha que agüente servir de fundo de lago. Bem no meio do teto do banheiro se formou uma grande barriga suspensa de água, à qual Paul esfaqueou com uma baioneta para salvar o teto de maiores danos.

Isolamento, eu penso, pedalando pelas estradas recém-abertas. Essa é a raiz de tudo: encontrar uma forma de, ao mesmo tempo, proteger-se dos elementos e viver em harmonia com eles. Hoje, usando um gorro e uma máscara de lã sob o capacete, pareço uma perfeita ninja para a diversão das crianças do bairro. Apesar do meu pé quebrado não estar totalmente curado, o que significa que não posso fazer caminhadas por algum tempo, posso andar de bicicleta durante horas a fio (por ser um exercício sem impacto) e é delicioso estar ao ar livre. O sol banha tudo com uma luz dourada, principalmente as coisas pálidas e secas, como vagens de sementes, gramas e folhas mortas ainda presas às árvores. A luz do sol as atinge como um emoliente, fazendo-as brilhar. Ao passar por um celeiro vermelho, o sol reveste de brilho a madeira desgastada com uma luz intensa, clareando onde a madeira está nua e conferindo à pintura uma pátina profunda. Poucas coisas são tão encantadoras quanto a maneira como a luz do sol reboca a madeira bruta, preenchendo as rachaduras com ouro, eliminando com seu brilho as farpas mais altas, polindo partes ainda avermelhadas com um tom radiante de bordô. Todos os jorros e hesitações da luz iluminam o celeiro como se fosse um texto grandioso, revelando na madeira descascada uma profundidade interior e uma mensagem que se desenrola. As paredes do celeiro se apóiam sobre uma base de pedras não cimentadas, não calafetadas, perfeitamente encaixadas. Como a beleza da imagem me preenche com uma essência de alegria, paro ali por algum tempo e fico contemplando os tons e as formas. Goethe tinha razão, "procura-se em vão além do fenômeno; ele, em si mesmo, é revelação". O budismo chama isso de *atenção plena,* o auge da meditação, um caminho para livrar-se de toda dor e de todo sofrimento — não fugindo do mundo, mas colocando-se inteiramente à disposição dele. *Disponibilité,* foi como André Gide chamou uma atitude correlata. Os fenomenologistas rotulam sua versão da "atenção plena" com o nome de *redução fenomenológica.* Mas é interessante como tantas religiões e filosofias do mundo nos incentivam a viver em cada momento nítido, ao mesmo tempo que devemos resistir à tentação de passá-lo por alto, dá-lo como garantido ou ignorar as sensações improvisadas que dão vigor à vida. Esqueça o significado, diz essa atitude; pratique o *ser.* Não seriam necessários atos de conscientização disciplinada se não estivéssemos sempre tão apressados em morrer e nos livrar do fardo de nossos sentidos, aqueles hóspedes permanentes que nos mantêm adormecidos ou atormentados durante toda nossa vida. Vá mais devagar, aconselham nossos sábios, diminua totalmente a velocidade até o ritmo da pedra e da sombra. Por quanto tempo você consegue observar a luz do sol brilhando pelas teias de seda de uma aranha esticadas entre dois galhos de uma sempre-viva? Quanto tempo depois a árvore parecerá estar coberta de festões brilhantes? Você consegue observá-la por muito mais tempo, depois disso, com prazer e surpresa contínuos, mas sem se lembrar de um Natal? Sem planejar presentes ou visitas? Esse é o teste do festão. Os poetas têm uma inclinação natural à atenção plena e, geralmente, são capazes de dedicar-se a uma faceta do mundo com tamanha devoção que, como Blake descreveu, das profundezas de sua própria visão maleável, é possível "ver um mundo em um grão de areia,/ E um céu numa flor selvagem,/ É ter o infinito na palma da mão,/ E a eternidade em uma hora".

Em dias doces e ociosos, encontro-me num estado de calma alerta ao andar de bicicleta, sem pensamentos que me perturbem, com todos os sentidos abertos, observando as manchas de sol no pavimento ou os pastos formados por nuvens em forma de rabos-de-cavalo, sem tentar interpretá-las, sem demorar-me em assuntos pessoais. Sei a sorte que tenho em possuir esse dom receptivo e nunca o dou por garantido. É uma das razões pelas quais adoro andar de bicicleta, um esporte que me permite flertar com a velocidade. No entanto, eu também gostaria de conseguir avaliar os problemas da vida com atenção plena. Talvez devesse telefonar para um monastério budista hoje à tarde, para ver como é a meditação controlada. Será que é possível *convidar* o êxtase? Ele sempre me sobreveio em momentos inesperados e nem sempre quando eu estava sentada, quieta. Mas também vou a lugares onde o êxtase pode ocorrer. Eu abro espaço para que ocorra. Então, elimino as distrações do eu, ouço carinhosamente as vozes do mundo e não desejo nada, não busco nada, não julgo nada. Acho que isso se qualifica como um convite, e também como uma disciplina zen, "a disciplina da aceitação".

No Centro de Apoio, também praticamos uma espécie de disciplina de aceitação, comprometendo-nos a não julgar as pessoas a despeito de seus pontos de vista ou valores. Esse é o ideal, na prática nem sempre é fácil. Quando telefonam homens de uma prisão próxima, como freqüentemente acontece, não pergunto a respeito do crime que os condenou a anos de confinamento. É melhor não saber se roubaram, mataram, estupraram, fraudaram, se se prostituíram, se se drogaram ou espancaram. Se eu não souber muitos detalhes, poderei tentar entender o quão limitados eles devem se sentir, quão entediados e solitários. Ao imaginá-los falando ao telefone, em pé ou sentados, imagino seu fardo e ouço seu sofrimento. Quando telefonam pessoas que são dogmáticas, sádicas ou teimosas, tentamos não julgá-las, mas é claro que não é fácil. Todos temos botões que podem ser acionados, detonadores capazes de explodir as minas ocultas da auto-estima ou da moralidade. Para mim, o racismo é irracional e não sou boa para atender pessoas racistas, pois perco a neutralidade. Uma pessoa mais santa que eu talvez conseguisse aceitar a todos, até mesmo aos piores semeadores de discórdia, mas o racismo é algo que me causa repugnância, repugnância até o nível mais profundo, onde fica minha crença na santidade da vida e na perfectibilidade do ser humano e ameaça a dignidade que observo em todas as coisas vivas. Não me assusta, mas coloca minha visão de mundo em perigo. Medo significa perigo para o corpo, mas a repugnância é perigo para a alma. Em condições ideais, eu deveria ser capaz de ignorar minha alma repugnada quando estou atendendo. Se eu conseguisse resistir a todos os preconceitos, experiências anteriores e valores pessoais quando atendo alguém, acho que poderia experimentar um sentimento de comunhão raro entre mortais. Poderia abandonar o meu eu e viajar para dentro do outro, inserir-me em sua psique, caminhar a seu lado, compartilhar verdadeiramente seu fardo. Eu tento fazer isso, de qualquer maneira, mas às vezes meu eu entra na frente e acabo tropeçando.

Logo surge à vista a cidadezinha de Flat Rock, com suas águas ondulantes e polidas pelo sol. É incrível quantas versões diferentes de riacho podem existir; como a água, rompida e transfigurada pelo leito rochoso, é impelida em velocidades diferentes, assume posturas diferentes e reflete a luz num desfile de brilhos e claridades. Aqui a água se arrepia, ondula e segue murmurando. Ali uma onda retrocede, tumultuosa, com leves tremores. Em outro ponto, uma espuma branca e sinuosa se forma onde a correnteza desliza por uma rocha angulosa. Alguns metros à frente, a água se comprime e jorra adiante. Bem ao lado, uma área calma e plana parece a nata de um pudim. Ali perto, picos brancos vão em direção a um arco de rocha. Uma pequena insinuação de corrente contorna um rochedo, enquanto grandes cacos de gelo branco passam flutuando. Embora tenha apenas dezoito metros de um lado a outro, o riacho muda de aparência uma dúzia de vezes. Tantos temperamentos de água que se mesclam, todos envolvidos em diferentes dramas e, ainda assim, todos partes do movimento maior do riacho. Eles se combinam num todo que se impele adiante, um organismo efusivo feito de forças e debilidades variáveis, cujo passado se funde nas montanhas e cujo futuro flui para além da imaginação. Assim como a vida nos carrega a todos, a despeito de nossas diferenças e excentricidades, numa espuma de vidas em progresso. Detendo-me por um momento, tomo nota desses e de outros pensamentos metafóricos para colocar num poema e, então, continuo seguindo pela Estrada Freese, pedalando intensamente pelo bosque de Hawk Woods e faço o caminho de volta para casa quase inteiramente pela costa.

—

Quando jogo os frutos secos, eles caem como se de pára-quedas pela neve funda e, imediatamente, vinte e cinco esquilos se põem a correr de um lado para outro, cavando num ponto, fuçando no outro, numa espécie de caça misteriosa ao tesouro. Como, às vezes, eles têm a sorte de encontrar ouro em forma de amendoim, continuam na busca por mais algum tempo. Tenho certeza de que encontrarão todos os frutos. Agora que a neve começou a cair com mais freqüência, em flocos tão grandes quanto abelhas, não espero que os esquilos fiquem ao ar livre pelo resto do dia. Fico contente em vê-los ativos e seguros, mas o Pidão já está sumido há quase um mês e, desta vez, acho que é para sempre. Pobrezinho, que dificuldades terá encontrado? A Gorducha também sumiu e estou igualmente preocupada com ela. Uma fêmea rechonchuda e amistosa, ela é a grande matriarca do quintal, a que reproduz mais freqüentemente, com várias crias e, eu pensaria, atualmente com uma nova ninhada em casa. Será que ela está machucada? Ela sempre chega pelo fio do telefone que fica entre a minha casa e uma construção afastada. Poderia ter caído num trecho escorregadio por causa do gelo? E o que será de seus filhotes? Me encolho por dentro ao pensar em quatro filhotes de esquilo pelados e com frio, os olhos ainda não abertos, gritando cegamente pela mãe. Talvez a Gorducha ainda esteja viva, mas incapacitada de voltar para casa. A título de prevenção, começarei a deixar um montinho de sementes e frutas secas mais para dentro do bosque, mais perto de seu ninho na árvore.

Um artigo no jornal mencionou a grande quantidade de esquilos que estava aparecendo morta nas estradas e o redator perguntava, com toda seriedade, se não seria, talvez, uma forma de suicídio. O suicídio não é um fenômeno exclusivamente humano; outros animais também se suicidam. Existem cupins que explodem de propósito, na tentativa de proteger seus ninhos, atirando nos invasores o conteúdo pútrido de suas vísceras. Existem roedores doentes que preferem se isolar e morrer de fome a infectar seus parentes. Existem borboletas de padrão exclusivo que têm especial talento para a camuflagem, e cujos espécimes mais velhos podem, ocasionalmente, atrair a atenção dos predadores, alertando-os para o código de camuflagem secreto dos mais jovens; depois de procriarem, essas borboletas mais velhas deixam o esconderijo e batem as asas exaustivamente até esgotarem sua energia e caírem mortas. Existem toupeiras fatalmente cegas que se exilam até a área de dejetos da toca e morrem de fome para não contaminar a tribo. O mais tocante, no entanto, é o que acontece em várias espécies de primatas não-humanos, que ficam terrivelmente deprimidos pelas perdas e crises da vida e apresentam reações familiares e melancólicas: ficam apáticos, não se defendem quando atacados, assumem riscos perigosos à vida (como balançar-se sem cuidado de árvores altas, por exemplo) ou se recusam a comer até definharem. Num instigante estudo realizado com macacos reso em liberdade na natureza, os cientistas descobriram que cerca de 20% deles estavam vulneráveis a sofrer de uma depressão profunda em algum momento da vida. É a mesma média que se encontra entre humanos. O que precipitava a depressão com maior freqüência entre os macacos era a perda de progenitores, de crias e de companheiros, ou perda de status social — algumas das mesmas coisas que nos causam estresse. A depressão nos macacos é tão parecida com a dos humanos que os cientistas medicam os espécimes deprimidos com antidepressivos, como o Prozac, que é bastante eficaz em melhorar seu estado de ânimo. Numa história de cortar o coração, Jane Goodall conta sobre um jovem chimpanzé macho que ficou tão triste após a morte de sua mãe que se recusava a afastar-se do corpo. Paralisado pela dor, ele não tinha energia suficiente para comer e, com o tempo, morreu de fome devido à solidão e o desespero; ou, como Goodall expressou, morreu de coração partido.

Ao contrário da crença popular, os lêmingues não se atiram todos no oceano de comum acordo, num suicídio em massa. Frenéticos pelo chamado da natureza à migração, esses roedores rechonchudos e marrom-amarelados se põem em marcha com selvageria, às vezes sem notar que estão indo em direção a um penhasco até que seja tarde demais. Então, como uma infeliz equipe acrobática da força aérea, a multidão vai atrás, cegamente, sem perceber o perigo. Essa estratégia funciona se os lêmingues têm que saltar pequenos rochedos ou cruzar riachos, mas não à beira de penhascos ou do oceano. Os lêmingues não são suicidas, mas apenas seguidores leais e péssimos navegadores.

Nunca observei esquilos auto-imoladores, mas já vi esquilos estressados, confusos, preparados para o combate, exaustos, frenéticos, beligerantes, competitivos, afetuosos, leais, práticos, capazes de considerar o risco em comparação à vantagem, prevenidos, brincalhões, resilientes, habilidosos, capazes de manipular humanos, derrotados e melancólicos. *Selvagens* é como nos referimos a eles, palavra essa que vacila entre o temor e o elogio. Idéias selvagens são aquelas sedutoras, impulsivas, imprevisíveis, idéias que têm asas e cascos. A presença de animais selvagens — sejam esquilos no quintal ou um alce galhudo no Parque Yellowstone — nos faz lembrar de nossa própria selvageria, excita a porção animal que existe em nós, que adora sentir a luz do sol e a suculência da água doce, que está alerta para o perigo e que se sente tranqüilizado pelos sons familiares da família e da manada. Ainda assim, fingimos ser os únicos que sentem, os únicos que se preocupam, os únicos que formam laços afetivos, os únicos que sentem decepção, pesar e desespero. É triste que não respeitemos os esforços e os talentos dos outros animais, mas fico igualmente preocupada pelo preço que pagamos por essa arrogância. Os monarcas podem ser poderosos, mas governam sozinhos. Nós evoluímos para viver em tribo, num reino repleto de vizinhos, tanto animais quanto humanos. Amigos e parentes, todos percorremos os mesmos caminhos.

E quanto aos esquilos morrendo na estrada? No fim do outono os números alcançaram o pico e eu acho que é porque os esquilos estavam comendo maçãs e outras frutas fermentadas e, depois, cambaleando como bêbados, atravessavam estradas sem olhar se vinham carros. Estou falando sério. Os animais do quintal às vezes ficam meio embriagados no outono. Esquilos, esquilos-coreanos, veados — já vi todos eles meio vacilantes depois de terem comido maçãs fermentadas.

Que ano tem sido este, penso, sorvendo o chá de minha caneca. Venho estudando, todas as manhãs, o comportamento de esquilos, veados, pássaros e outros animais, cujas labutas às vezes ecoam problemas que encontro, mais tarde no decorrer do dia, entre os seres humanos no Centro de Apoio. Em ambas as arenas já tentei diminuir um pouco o sofrimento do mundo, mas também encontrei uma perspectiva de vida que me fascina. Nessas encruzilhadas, é possível ver o mundo humano e o mundo da natureza se encontrando e se tornando um só. Ao observar o tumulto, os mistérios, a grandiosidade das estações, o empenho das famílias animais e as emergências do Centro de Apoio, às vezes tenho a impressão de estar vivendo num romance, cuja ambientação é o castelo imenso e terrivelmente assombrado da natureza. Uma parte da minha mente se deixa ficar nas chamadas telefônicas, por vezes catastróficas, com que estou lidando. Outra parte se alegra com as travessuras e as lutas diárias dos esquilos, desde a forma como superam as pistas de obstáculos que construo para eles até a maneira como arrancam a casca de uma árvore para lamber a seiva doce, desde sua corte aérea e seus rituais de acasalamento até suas táticas de guerra, desde a educação de seus filhotes até suas preparações frenéticas e engenhosas para o inverno. Enquanto isso, os humanos também estão se reunindo e se preparando para o inverno, também estão educando os filhos, superando obstáculos, cortejando e acasalando a riscos consideráveis. Que maravilha que essas duas esferas de comportamento existam ao mesmo tempo, no mesmo universo e pelas mesmas razões essenciais. Que maravilha que sejam diferentes uma da outra em aspectos únicos e multicoloridos.

—

Quando entramos em um edifício público, perdemos um pouco de nossa selvageria e da excentricidade de uma vida inobservada. Não obstante, corro até o Centro de Apoio, derrapando por estradas escorregadias como seda. Carregando meu almoço arrumado às pressas, de lanche de pão *bagel* com queijo suíço, coentro e maionese, uma lata de damascos e uma Coca-Cola com um canudinho (para que não me escutem bebendo pelo telefone), digito o código secreto na fechadura da porta, entro e subo a escada. Fred, o orientador do turno da noite, já está acordado, escrevendo relatórios em silêncio na escrivaninha. Ele parece amassado, sonolento e infantil assim tão cedo. Geralmente, só se vê um homem assim em família, ou um amante; portanto, há um toque de ternura na cena, de nosso despertar juntos no início da manhã, capazes de voltar correndo para a cama. Fred é gay e mantém um relacionamento duradouro sobre o qual ocasionalmente conversamos. Existe alguma coisa no trabalho com o atendimento de pessoas expostas e vulneráveis que cria um laço de intimidade entre os orientadores, que são rápidos em deixar cair disfarces e fachadas. Esta manhã, Fred e eu papeamos de forma amistosa e, então, ele vai para casa terminar de dormir. O livro de registros mostra que ele teve uma noite tranqüila. Quatro pessoas que desligaram e uma mulher anônima. As chamadas em que desligaram aconteceram a intervalos regulares de duas horas, o suficiente para despertá-lo a cada duas ou três horas ao longo da noite. Seria Edward Mãos de Tesoura? Possivelmente, mas em algum ponto ele teria desabafado sua raiva, daquele jeito que já conhecemos. Como de costume, verifico o mural em busca de notícias e um novo cartão-postal atrai meu olhar. Em um lado há uma reprodução do quadro *Nighthawks,* de Edward Hopper, no qual três almas solitárias estão sentadas num restaurante tipo *diner,* muito iluminado, tomando café. Como um clichê da alienação americana, ver pessoalmente essa pintura, como fiz uma vez, no Whitney Museum, ainda é algo extremamente interessante. Embora não seja possível ver claramente nas reproduções, lembro de ter me espantado pela forma como ele pintou as órbitas oculares. A um tempo coloridas e esculpidas pelas pinceladas, elas expressam a dor devastadora e mecânica de uma solidão que cava um túnel até o centro do cérebro. Virando o cartão, deparo com uma escrita limpa e regular, em tinta azul, endereçada ao serviço. *Estou escrevendo para agradecer à pessoa com quem falei...* Mensagens para o SP geralmente começam assim. Mas quando as voltas amplas e os *d* arredondados mencionam o dia e a hora, meus pensamentos despertam. Foi no *meu* turno. Meus olhos escorregam até a assinatura. É de Louise, que assinou seu nome verdadeiro. Sentando-me no sofá, leio cuidadosamente o cartão e descubro que ela foi do pronto-socorro para um hospital psiquiátrico na Pensilvânia, onde passou três semanas num "palácio-sanatório". Ao voltar para a cidade, ela se encontrou com um conhecido que fazia trabalho voluntário para a agência de ajuda às donas-de-casa desempregadas; Louise descobriu ali um grupo genial de pessoas e até arrumou um emprego remunerado na própria agência. Um mês depois, ela está "finalmente num bom momento", o que abarca vários aspectos, incluindo o trabalho e o ânimo. Cruzo os dedos das duas mãos e aplaudo com os dedos entrelaçados. Tomara que esse anúncio seja verdadeiro, tomara que ela encontre a paz. Ela abençoa a alma caridosa que "tomou sua vida nas mãos" naquela noite, agradece a todos nós por nosso bom trabalho e diz que só está escrevendo "para contar como ficaram as coisas — aposto que vocês não ficam sabendo, em geral". Não, não ficamos.

Logo depois das 9h00, o telefone toca. Uma mulher mais velha que diz, como se tivesse sido interrompida no meio da frase: — Oh, acho que só estou ligando para ouvir uma voz humana. — Ela parece triste e cansada. É surpreendente a rapidez com que uma voz revela a idade. Uma *mezzo-soprano*, a voz dela engrossou com os anos, ficando um pouco áspera, mas não ofegante nem frágil. Ela deve estar com seus setenta e poucos anos.

— Como você está se sentindo esta manhã?

Com a voz falhando, ela diz: — Não muito bem. Acabei de pagar a conta do hospital... — Ela luta para manter a voz firme, apesar de estar chorando, mas é como tentar trancar um furacão num celeiro.

Num tom mais baixo, pergunto: — A conta do hospital?

Sua voz vacila algumas vezes. — Depois que meu marido morreu — ela diz, por fim —, começaram a chegar todas essas contas... da eletricidade, do seguro, do carro, do velório, do hospital, tudo. Ele sempre pagou as contas. Eu nem sei onde estão os cupons do seguro, e daí as contas começaram a chegar e... — Sua voz se desmancha em lágrimas. — Eu tenho tantas lembranças.

— Deve ser muito doloroso. As contas, em si, já são devastadoras, mas o pior de tudo é que a fazem lembrar da morte dele.

— Sim — ela diz, exalando a palavra. — Foi um choque tão grande. — A voz dela hesita, tentando não falhar. — Ele teve um ataque cardíaco enquanto fazíamos compras no shopping. Ele simplesmente caiu morto. Desabou. Caiu com tanta força. O *barulho* que fez ao cair. Nunca vou me esquecer daquele barulho.

No shopping? Eu os imagino caminhando, de mãos dadas, passando em frente à papelaria e o marido caindo no chão, morto, como um animal grande.

— Deve ter te assustado muito.

— Foi um choque tremendo.

— Quando ele morreu?

— Há três meses.

Uma perda recente. Todas as árvores plantadas durante toda uma vida no jardim de seu casamento, uma paisagem emocional em que ela confiava e dava como garantida, foram arrancadas num dos terremotos severos da vida.

— Então houve o choque da morte dele e, agora, vários choques secundários, conforme as contas e a papelada vão chegando?

— Sim. Nunca aprendi a administrá-las. — Uma história bastante conhecida.

— E você está se sentindo sobrepujada por elas?

— É tanta coisa. O carro precisa de conserto. Dave costumava cuidar disso. Eu recebo a aposentadoria dele, mas é só isso, e foi reduzida agora que ele morreu.

— Que horrível. Seu marido faleceu e eles reduzem sua renda?

— É horrível *mesmo*. Não acho que seja suficiente para pagar o telefone e a eletricidade este mês. Eu telefonei para eles e concordaram em me dar mais prazo, mas de onde vai sair o dinheiro? E eu estou tão atrapalhada com tudo. Tenho que escrever lembretes para não me esquecer de fazer as coisas.

— Você faz bem em escrever lembretes. — O menor dos lápis é a maior das memórias, dizia meu tio Lou. — E ajuda?

— Um pouco — ela suspira.

— Você se confunde facilmente?

— Sim.

O que ela precisa agora, mais do que qualquer coisa, é de amigos e da família. Não se supõe que estejamos sós em momentos de luto. — Você tem parentes ou amigos próximos, talvez, que possam te dar uma ajuda nessa fase difícil? Alguém que lhe dê um pouco de apoio emocional?

— Não. Ninguém. Meu marido sempre dizia, quando brigávamos: *Você vai sentir minha falta quando eu morrer!* E ele tinha razão. Eu sinto. — Ela começa a choramingar.

Sua tristeza primária e animal toca um nervo na minha garganta e emito um ruído instintivo de solidariedade; então, acrescento: — É muito duro tê-lo perdido, não?

— Duro *demais*.

Onde estão os amigos dela? — Você tem alguma amiga a quem possa telefonar e conversar um pouco?

— Na verdade, não. Meu marido detestava que eu recebesse pessoas em casa. Dave não se socializava; a não ser algumas vezes, quando trazia alguns amigos do trabalho. Mas eles nunca foram meus amigos. Eu fui burra. Agora não tenho ninguém. — Ela parece zangada, zangada com ele, mas também zangada consigo mesma.

— Você gostaria de ter alguns amigos agora...

— Gostaria sim. Fui tão burra.

Outro padrão conhecido: homens que mantêm as visitas afastadas, desencorajam a esposa de fazer amizades e deixam viúvas sem qualquer comunidade, sem confidentes, sem ter aonde ir quando se sentem isoladas e sozinhas.

— Talvez agora fosse um bom momento para fazer amizades — eu sugiro, pensando se aquilo a faria sentir-se parte da maré humana. Principalmente pelo fato de ela ter passado todo o casamento se sentindo forçada à insociabilidade. Fazer amigos pode ser uma novidade, pode lhe oferecer o tônico dos relacionamentos íntimos e, de modo geral, ajudar a fortalecer seu espírito alquebrado.

— Talvez.

— O que você acharia de tentar um grupo de apoio para mulheres que também perderam o marido? — No mesmo instante arrependo-me da escolha de palavras. *Perderam o marido?* Parece tão amaldiçoado, e sugere o quão perdidas as sobreviventes se sentem, quão confusas e desesperadas, quão expostas ao perigo. Quando um ente querido morre, o mundo parece cheio de subtrações. Nos sentimos empobrecidos, parece haver uma corrente de ar frio que sopra por todos os cômodos da casa, os objetos simples nos atacam com lembranças e o tempo perde a importância. Mas existem aqueles que vêem o sobrevivente como uma pessoa completa: dolorida, triste, lutando e sofrendo, mas, ainda assim, seguindo a jornada imprevisível da vida. *Perderam o marido* se parece demais a *perderam a identidade,* ou *perderam a sanidade,* ou *perderam o rumo,* para o meu gosto. Não sei que eufemismo poderia ser melhor, mas enfatizar a sensação de impotência, a falta de perspectiva e o aniquilamento não parece a melhor solução. Por outro lado, talvez ela não seja tão sensível a rótulos quanto eu; talvez não seja tão vulnerável às palavras sugestivas. Devo apenas seguir seu direcionamento e usar quaisquer termos que lhe pareçam mais agradáveis.

— Eu telefonei para a agência das donas-de-casa desempregadas — ela diz — e eles têm um grupo de viúvas que irá se reunir neste sábado. Eu estava pensando em ir, mas ainda não me decidi.

Ótimo, ela teve iniciativa. Será que ela falou com Louise? É vital que eu a convença a ir.

— Um grupo de viúvas, que bom. Você vai conhecer outras mulheres que entendem o que você está passando e elas poderão te dar alguns conselhos práticos — sugiro. — Mas também pode ser um bom lugar para conhecer pessoas legais, talvez fazer novas amizades.

— É, parece uma boa idéia. Então eu vou.

Graças a Deus. — Faltam alguns dias para a reunião. O que você está pensando em fazer hoje?

Apesar da forma obsessiva em que definimos, medimos e até vendemos o tempo, sua elasticidade me assombra. Costurando os dias com trabalho, tarefas, decisões, compromissos, telefonemas, refeições, hobbies e família, raramente nos preocupamos em transformar o dia em noite. Quando muito, os dias passam galopando quando gostaríamos de poder freá-los um pouco. Porém, para uma série de pessoas que atendemos no SP, cada dia é um deserto que terão que atravessar centímetro a centímetro e preencher as horas arenosas exige muito planejamento.

— Não sei — ela diz, chorando, um toque de medo na voz. — Tenho algumas obrigações.

— Tem alguma coisa que você possa fazer em seu próprio benefício, alguma coisa agradável? Talvez tomar uma xícara de chá ou de chocolate quente em algum lugar? — A cura pelo chá. Existe alguma coisa no ritual do chá e em seu calor fluido que traz conforto.

— Não sei se tenho como pagar. Eu sei que custa pouco, mas é que agora não tenho nada. Tive que sair da aula de pintura em aquarela, que eu gostava muito. Eram só vinte e cinco dólares por mês, mas... com todas essas contas. Não sei como vou fazer.

— Parece que, às vezes, é realmente avassalador.

— É. Às vezes... ah!, *sempre*, na verdade... é uma avalanche. E estou sempre pensando em Dave, em como ele caiu de repente. Tudo me faz lembrar dele. Parece que não consigo seguir com a minha vida. Ou não quero. Estou tão confusa, tão cansada.

— Posso perceber como esse momento está sendo difícil para você. Seria para qualquer pessoa. O que você está passando é normal. Leva tempo e, infelizmente, dói muito.

— É normal se sentir assim tão sobrecarregada?

Isso é o que a maioria das pessoas quer saber quando são atingidas pela dor. É normal sentir uma dor e um desespero tão extremos, ou será que estou perdido, aprisionado para sempre no inferno, sem ter como escapar e sem qualquer controle? Mostrar-lhes que a dor é algo normal faz com que se acalmem um pouco.

— É normal sim.

— É bom ouvir isso. Pensei que não estava conseguindo lidar direito com a situação. Às vezes, fico tão confusa.

— Cada pessoa tem um jeito diferente de lidar com a dor. Não existe uma forma certa, ou uma forma melhor, e não existe prazo certo. Com o tempo, você vai encontrar seu próprio ritmo, sua maneira de superar. Não há pressa.

— Falar com vocês tem me ajudado muito — ela diz, chorosa.

Olhando para cima, sigo uma pequena rachadura até o lustre, ao lado do qual há uma grande aranha em sua teia em formato de pipa. A mesma aranha está ali há mais de um mês e ninguém a matou. De repente, a aranha desce de rapel por um fio de seda até o meio da sala, faz um breve reconhecimento e volta a subir. A não ser que eu seja a única privilegiada com tais visitas, imagino que ela normalmente desça para uma espiadela. Embora goste de aranhas, é assustador não saber quando uma poderá aterrissar no meu ombro. E quanto aos orientadores que têm medo de aranha? Certamente se preocupam em ter uma pendurada sobre a sua cabeça, à distância de uma queda silenciosa. Erguendo a mão à testa, saúdo a aranha, cuja vida foi poupada por cada orientador de cada turno durante o último mês. Então, girando para posicionar-me de frente para a escrivaninha, o telefone e a janela, volto meus pensamentos para a pessoa do outro lado da linha.

— É difícil passar por uma crise dessa sozinha — eu digo.

— É mesmo. A gente nunca está preparada. Eu não sei mais como *ser*.

— ... *ser?*

— Agora que estou sozinha, sem meu marido.

Pergunto-me se conseguiria colocar isso que ela está sentindo sob uma luz mais positiva. — Agora que sua vida está mudando e você tem novas responsabilidades...

— Sim.

— Parece que você já está conseguindo lidar com algumas delas.

Tento imaginar como deve ser assustador ser inundada por *obrigações* inesperadas e misteriosas. Existem tantos assuntos que ela tem que dominar, já que antes seu marido a protegia dos detalhes sórdidos das contas, prazos, papeladas e letras miúdas. Embora ela, obedientemente, cuidasse dele e da casa, deve ter se sentido sempre protegida e cuidada. Agora, tem que se cuidar sozinha. Não invejo essa transição.

— Ah, sim. Isso tem me mantido ocupada, pelo menos.

— E te ensinou algumas coisas novas.

Rindo, ela diz: — E como! Nunca pensei que seria capaz de administrar a casa, levar o carro para o conserto... tudo.

— E como você se sente em saber que *é* capaz de fazer tudo isso?

— Fico surpresa de estar conseguindo. Diabos, fico impressionada por estar conseguindo. Mas é que é muita coisa de uma só vez. E ainda não consigo acreditar que ele se foi. Exceto por toda a papelada. Puxa, como isso deixa claro!

— Ainda é difícil de acreditar, não é? Um choque tão grande, uma mudança tão grande na sua vida?

— É isso mesmo. — Ela parece temerosa.

— Por que você não respira fundo algumas vezes? — sugiro.

Ela ri. — Está bem. — Escuto-a respirar fundo duas vezes, lentamente.

E agora? Voltemos a ajudá-la a atravessar o deserto do seu dia.

— Você tem algum chá que possa preparar em casa? Talvez você pudesse ouvir o rádio por um ou dois minutos. Ou assistir a um filme. Talvez planejar sua ida ao grupo de apoio no sábado.

— Sim, posso fazer um pouco de chá de camomila. Eu vou, no sábado. A reunião será na Rua Green. Vou pôr o carro no estacionamento da igreja.

— Você gostaria que nós telefonássemos para você mais tarde, só para ver como está?

— Não — ela responde, agradecida —, mas obrigada por oferecer. Acho que agora vou ficar bem, por um tempo.

Depois de desligar, imediatamente telefono para minha mãe e pergunto se ela sabe como administrar uma casa, pagar as contas e assim por diante. Meu pai tem oitenta e seis anos, e minha mãe foi, gradualmente, deixando que ele cuidasse dos assuntos da família. Ele é ótimo nisso e gosta da responsabilidade, mas ela ficaria perdida se o marido morresse.

— Você não acha que deveria dirigir o carro, às vezes, só para manter a prática? — sugiro a ela.

— Oh, seu pai sempre dirige, para todo lugar. Eu não preciso dirigir nunca e o tráfego daqui me assusta!

O reino fechado do condomínio onde eles moram fica numa rua tranqüila, no fim da qual se estendem oitocentos metros de lojas. — E se você fosse só até o shopping, no final da rua, ou à mercearia e à farmácia? Quer dizer, e se papai ficasse de cama por algum tempo? Você iria se sentir isolada, não?

Embora entenda minha preocupação e concorde que seria bom para ela aprender a administrar a casa agora, enquanto meu pai está vivo para ensinar, a possibilidade a assusta, e ela muda de assunto. Mas, pelo menos, plantei a idéia na cabeça dela.

10h06. Um homem tenta, desajeitadamente, falar sobre sua depressão grave. Embora precise urgentemente fazer contato com alguém, é bastante assustador cruzar o limiar da intimidade e da confiança, principalmente com uma pessoa estranha. Lentamente, tento fazer com que ele se solte. Ele perdeu o emprego de quinze anos e, com ele, a renda, a comida, a auto-estima e a razão para despertar todos os dias. Não sobrou muito do seu futuro destruído. O trabalho o definia e agora ele sente que não tem qualquer conexão com a sociedade ou com a vida. Por quase uma hora, concentro-me no homem, em sua história, em sua dor.

Quando desligamos, depois de registrar a chamada, encontro meus pensamentos indo novamente em direção ao Pidão, tão letárgico e deprimido recentemente, apesar de ter se reanimado um pouco. Não faço idéia de onde seja sua árvore-casa de inverno, ou mesmo se ele continua pela vizinhança. Ou se está vivo. Mas, antes que eu tenha tempo para pensar no assunto, recebo o telefonema da orientadora do próximo turno, que está enfrentando sua própria crise pessoal — uma dor no peito que ela está convencida de que não é nada além de uma hérnia de hiato ou um espasmo muscular. Mas a filha irá levá-la ao médico para fazer um eletrocardiograma, só por garantia.

Cancelamentos de última hora são quase impossíveis de substituir, então concordo em ficar até um pouco mais tarde.

12h05. Atendo a chamada de um homem que liga sempre e que tem uma obsessão erótica. Ele tenta fazer com que os orientadores digam a palavra "caralho" tantas vezes como seja possível. Uma conversa poderia começar com ele dizendo: "Hoje estou me sentindo mal pra caralho."

"E por que você está se sentindo assim?", eu perguntaria.

"Assim como?", ele perguntaria, esperando que eu dissesse *mal pra caralho.* Eu nunca digo e isso o deixa louco da vida, então ele continua tentando me enganar e, quando não consegue, fica nervoso e me acusa de ser inibida e afetada, a fonte de todos os problemas da sociedade. Daí ele tenta outro plano.

— As mulheres conversam sobre suas cintas-liga? — ele pergunta. — O que elas dizem sobre as cintas-liga?

Às vezes, quando o Cinta-Liga telefona, tento não pensar na palavra *caralho,* tento não visualizar cintas-liga (principalmente as minhas), mas os esforços sempre contra-atacam como um bumerangue, fazendo com que pense nisso sem parar. É inútil tentar conter a mente. Não pense num elefante cor-de-rosa de pernas bambas. Uma vez, atendendo o Cinta-Liga, ele confessou que telefonava para depois poder se masturbar. Há algumas pessoas que nos telefonam desesperadas para nos ouvir falar termos sexuais ou nos referirmos a objetos de fetiche ou a peças de roupa íntima. É uma obsessão estranha e fascinante.

— Olha, não há nada errado em se masturbar e existem vários telefones que você pode ligar para esse tipo de serviço — eu digo. — Mas não é o serviço que prestamos aqui. Então, vou desligar agora. — E desligo.

13h00. Uma mulher de Owego telefona, diz que tem bebido muito e que provavelmente está bêbada; pela voz, não parece. Ela parece, sim, convincentemente suicida, e descubro que já tentou suicidar-se duas vezes, que sabe estar no limite, perto do ponto sem volta. O marido morreu há três anos num acidente numa mina. Os dois filhos (de quatro e seis anos) foram tirados dela depois de sua tentativa de suicídio e colocados sob a guarda dos avós, em Horseheads, com o acordo de que ela poderia visitá-los regularmente. Mas o novo marido não permite que ela os veja. Ela diz que ele quer sua total atenção e que tem ciúme de seus filhos. Será que ele acredita realmente que possa vencer essa competição? Talvez sim. Afinal, até agora ela os tem abandonado por ordens dele. Ele também insiste em sempre saber por onde ela anda e a policia de várias outras maneiras. Antes que eu pergunte, ela diz, enfaticamente, que ele não bate nela, e a maneira como diz isso, defendendo-o, parece suspeita. No momento, porém, ela é sua própria assassina em potencial. Quando pergunto se ela tem um plano, revela que está segurando um frasco de Valium e que pretende engolir tudo. Foi com isso que ela teve uma overdose da última vez. Embora pareça estar sóbria, o álcool é a jogada imprevisível. Pode ser que ela não se lembre desta conversa amanhã — se viver até amanhã. Preciso do endereço dela, e seria melhor que ela mesma me desse, mas está morrendo de medo da reação do marido. Entre as várias leis de conduta que ela deve respeitar não está a permissão de pedir ajuda. Ele já ameaçou "dar uma de O.J. Simpson"com ela, e com isso ele quer dizer cortar a garganta dela e não ser condenado. Ela tem pavor da fúria dele, se descobrir que ela telefonou. Tamanho pavor que a morte parece preferível.

Por algum tempo, lutamos com palavras num suave cabo-de-guerra, em que ela insiste que está num pântano sem saída e eu continuo sugerindo maneiras de sair dele. Seus filhos pequenos precisam dela, ela choraminga, eles precisam da mãe. Mas como ela pode abandonar o amante? Um gole de alguma coisa. O álcool fala em extremos de melancolia, enquanto ela vacila entre tomar as pílulas ou aceitar ajuda. Por fim, ela concorda em ir a um hospital. Quando ofereço enviar a polícia para acompanhá-la, ela hesita por tanto tempo que tenho medo de que esteja tomando as pílulas; mas, então, diz que tudo bem, e me diz seu nome — Marjorie —, seu endereço e o telefone. Instantaneamente, ela se arrepende. O marido ficará furioso. Usando o outro telefone, entro em contato com a polícia próximo de sua casa, explicando telegraficamente: — Sou orientadora do Serviço de Prevenção ao Suicídio. Tenho uma mulher ao telefone que bebeu muito e que é suicida em potencial. Ela precisa ir a um hospital imediatamente. Será que vocês poderiam levá-la? — Eles estão ansiosos por ajudar. Então, continuo falando com Marjorie enquanto esperamos que a polícia chegue. Talvez esse drama dê uma chacoalhada no marido, o suficiente para que ele respeite mais as necessidades dela. Talvez ela encontre coragem para abandoná-lo e consertar a própria vida. Quando chega a viatura da polícia, desejo-lhe sorte, digo adeus e telefono para o hospital, para avisar o pronto-socorro e a psiquiatria de sua chegada iminente.

Minha adrenalina continua jorrando. O álcool atrapalha a equação inteira. Ela poderia ter tomado as pílulas a qualquer momento. Quando toca a linha telefônica comercial, um tal policial Randal, de Owego, pergunta por mim, usando o número de orientador que dei ao atendente da polícia. Foi ele que acompanhou Marjorie ao hospital. Como vivem numa cidade pequena, eles têm um amigo em comum que disse que o marido dela a estava espancando — a despeito de suas negativas —; no entanto, ele, Randal, não via nenhum sinal físico de abuso. O que eu achava? Acho que é bastante provável, mas ela não confessou nenhum tipo de abuso para mim. O policial ainda está no hospital, onde o marido chegou louco da vida. Está claro que Randal gostaria de prendê-lo. Você sabia, ele me pergunta, que o pai de Marjorie se matou? Não, eu não sabia. Você sabia que ela é uma mulher de trinta e cinco anos, mãe de quatro filhos, e não de dois, que foram tirados dela? Não, eu não sabia. Deve ser uma agonia. Não é de admirar que ela beba. Não é de espantar que ela se aferre à vida doméstica, mesmo sofrendo agressões. Achando minha voz familiar, ele pergunta se já nos encontramos num grupo de apoio pós-traumático. Não, eu respondo, e pergunto-lhe o que o levou a esse grupo. A sogra dele participou, durante algum tempo, ele explica, e ele a levou lá uma vez, mas não diz por que e decido não me intrometer. Owego... Owego... Busco em minha memória algum suicídio ocorrido em Owego. Depois que desligamos, eu me lembro, e foi uma morte horrível. Uma jovem, vertiginosamente deprimida quando o namorado a rejeitou, deu um tiro na cabeça em frente à casa dele, estourando metade do crânio. Eu li sobre o caso alguns meses atrás, no jornal. O policial Randal era cunhado dela.

Caminhando até a janela, afasto as persianas e olho a noite, os campos, a cidade, o silêncio. Após uma morte, o silêncio é o pior horror, o fato de que o mundo não pára, o céu não se abre. Em vez disso, o mundo segue seu caminho verde e evitável, o açafrão e os bebês continuam nascendo. As prioridades, no entanto, continuam se reorganizando automaticamente. O calendário começa a tirar as próprias páginas. O que importa brilha como uma moeda de ouro que alguém deixou cair à luz do sol. Não me surpreende que o policial Randal tenha nos telefonado, incapaz de deixar o incidente de lado ou de registrá-lo como uma simples ocorrência policial numa tarde de inverno. Na primeira vez, quando o cometa do desespero passou por sua própria família, ele não o viu. Mas agora ele está bastante familiarizado com a trajetória que a vida de Marjorie parece estar tomando e gostaria de poder fazer alguma coisa, em algum lugar, de alguma maneira que a ajudasse a mudar de curso. Não vai trazer de volta a irmã de sua esposa, mas, mesmo muito tempo depois de um suicídio, os sobreviventes continuam enfrentando uma guerra contra a culpa e, às vezes, contra o destino.

16h00. O telefone toca e, antes que eu termine de dizer "Serviço de Prevenção ao Suicídio e de Apoio Emocional", uma mulher jovem e histérica desanda a falar sobre o amigo suicida que foi visitá-la no fim de semana.

— Eu não sei o que fazer! — ela chora. — Ele acabou de sair correndo daqui e acho que vai se matar, acho que ele vai se jogar de uma ponte... O QUE EU DEVO FAZER? — ela diz, quase gritando.

— O que aconteceu? — pergunto com firmeza.

Ela me dá um resumo rápido: há dias ele está terrivelmente deprimido, chorando e agitado, num transe de morte, insistindo que só ela pode salvá-lo — não através de diálogo ou de preocupação, mas permitindo que ele, de algum modo, una sua vida à dela. Encolhido num canto do quarto do dormitório da universidade em que ela vive, ele chora durante horas a fio, não come nada e quase não dorme. Ela tampouco dormiu e teme que ele esteja obcecado, que tenha uma fixação por ela. Ele continua dizendo que sua vida está nas mãos dela e que se ele morrer será sua culpa. Mas ele não responde aos seus pedidos, não deixa que ela o leve ao hospital ou à clínica psiquiátrica. Ele é um estudante do ensino médio de sua cidade natal, em Vermont, que veio de carro desde lá para fazer-lhe uma visita durante o fim de semana, supostamente para conhecer a universidade e, supostamente, retornaria para casa às 18h00 de hoje. Embora pareça que o garoto está sofrendo terrivelmente, não o conheço e não tenho como entrar em contato com ele. A jovem que me telefonou é que é minha cliente. Portanto, começo a trabalhar com ela, como faria em qualquer chamada de segunda mão.

— Posso perceber que isso é um pesadelo para você. Já é bastante difícil ter que enfrentar a faculdade sem que aconteça uma coisa dessas.

Atravessando um abismo temporal, lembro-me do meu primeiro ano na universidade em Boston, no fim da década de 60, quando mastigar sementes de ipoméia em demasia levou um de meus amigos a um mergulho suicida. Drogas, música de enlouquecer, depressão por um rompimento recente e alucinações de sangue derramando-se das nuvens, tudo se misturou num coquetel fatal. Passamos metade da noite implorando, conversando e tentando afastá-lo do peitoril da janela. Nunca esquecerei a força sobre-humana que ele parecia ter e como fiquei devastada, sentindo-me assustada e despreparada para enfrentar um drama desses. Num determinado ponto, sentia tanta raiva dele e estava tão exausta, tão frustrada, tão cheia da sua farsa que, realmente, esperava que ele pulasse *mesmo*. Exalei fortemente. Mesmo depois de todos esses anos, ainda me sinto envergonhada por aquele pensamento fugaz. Que época caótica. No lugar da jovem que me telefonou e na sua idade, eu estaria destruída.

A voz dela me rechaça. Não suas palavras, que insistem em que ele a está "chantageando emocionalmente" numa situação que se transformou em um "completo pesadelo". Mas sua voz soa tensa como um músculo. Mesmo confusa com relação ao que fazer, ela resiste a mim. Ele deixou um bilhete e ela tem medo de que ele esteja indo para uma ponte, mas não tem certeza, porque também acha que ele pode estar apenas jogando com a cabeça dela. Eu também não tenho certeza de nada e, afinal, foi ela quem me telefonou. Agitada demais para me ouvir, ela dispensa minha preocupação. Sua voz vacila com medo quando ela começa a repetir a história, algo que não é incomum, mas, desta vez, inclui um pequeno detalhe.

— Ele deixou um bilhete, tirou o relógio e o colocou ao lado dele e, então, saiu correndo do prédio. Eu li o bilhete e corri atrás dele, mas não consegui encontrá-lo. O QUE EU DEVO FAZER?

— Ele tirou o relógio? Ele deixou o relógio aí? — eu pergunto.

— Sim — ela diz.

O relógio me atinge com o impacto de uma marreta. Ele pretende parar o tempo. Acredito que o garoto vai se matar agora mesmo. Tudo muda de figura.

— O.k. Quero que você telefone para a polícia imediatamente, dê a descrição dele e diga-lhe para verificar todas as pontes. Telefone agora mesmo! Depois ligue para mim e falaremos sobre o que fazer em seguida.

Quando ela desliga, o silêncio cai como um manto amplo, pesado e sufocante. Será que ela vai telefonar de volta? Será que o garoto vai sobreviver? O que acontecerá com *ela*, se ele não sobreviver? Sinto-me profundamente impotente. Será que eu deveria ter chamado a polícia por ela? Não. Eu não sei como é o garoto, nem aonde ele pode ter ido; e, se isso terminar bem, o fato de saber que ela tomou controle da situação a ajudará a se recuperar. Mas e se não terminar bem? Que eufemismo, penso, despencando sobre o sofá-cama. Tudo que posso fazer é esperar. Não há suficiente ar na sala. Vou até a janela novamente, abro-a completamente e olho para a rua, onde a neve cintila como seda à luz da lua; então, olho em direção ao campus, cujos prédios empalam a noite. Uma imagem de cartão-postal, com montes de neve, edifícios de pedra e telhados de ardósia. Quem pode imaginar o sofrimento invisível que existe no mundo visível? Em algum lugar daquela paisagem, um adolescente está dissolvendo a própria vida e uma adolescente está lutando para salvá-lo. Ele é tão jovem, tão jovem! Lembro-me do caos emocional devastador de se ter quinze anos. De como é possível sentir-se aprisionado. No ano passado, mais de um milhão de adolescentes fizeram tentativas de suicídio. Isto é, tentativas que foram reportadas. Os especialistas afirmam que o número real pode ser três vezes maior. Um milhão de crianças agonizantes. Nem todas com sorte suficiente para serem encontradas a tempo ou para, acidentalmente, sobreviverem. Alguns orientadores, como eu, são pessoas que sobreviveram, pessoas que viveram para ver a vida dando uma volta completa e que a valorizam ainda mais por terem chegado tão perto de perdê-la. *O que passou pela minha cabeça!*, eles agora podem dizer, horrorizados. Mas eles entendem a barriga da besta, a lógica sufocante, o terror de não morrer, as proclamações sagradas de destruição que sente um suicida. Eles conhecem o caminho do sonâmbulo até o calabouço gelado. Alguns orientadores, assim como a jovem que me telefonou, tiveram amigos ou parentes suicidas, que os torturaram com a preocupação quando estavam vivos e lhes deixaram o massacre emocional de uma morte violenta. Porém, purificados pelo que aconteceu e determinados a ajudar outros em crise, esses orientadores não são obcecados pelo suicídio. Uma das razões para *não* se tornar um orientador é ter fascinação mórbida pelo suicídio. Nosso trabalho agravaria a obsessão e, além disso, não queremos que as pessoas em outros estágios de crise sejam mal direcionadas ou mal compreendidas. Aconteça o que acontecer com o garoto hoje à noite, a jovem que me telefonou pode perfeitamente se oferecer para trabalhar no atendimento do serviço de apoio em crises um dia. Sua experiência angustiante é uma inspiração clássica para novos voluntários.

Passam vinte minutos de um silêncio explosivo e, então, o telefone toca com um som tão estridente que chego a pular. É a garota telefonando como havia prometido. Ela contactou a polícia que, imediatamente, enviou uma viatura com dois policiais que encontraram o garoto! Embora ela não tenha detalhes, diz que eles o levaram a um hospital para avaliação. O hospital municipal, do outro lado do lago? Ela não sabe. A polícia só disse que o haviam encontrado e que precisavam que ela fosse até a delegacia para dar mais detalhes.

Graças a Deus. Sinto a palma da mão gelada ao passá-la pela testa e apertar o cérebro no fórceps dos dedos. Pressiono a lateral das sobrancelhas, mas não alivia a tensão. Continuamos conversando, agora sobre como sua semana foi traumática, quão assustador foi ver o amigo literalmente subindo pelas paredes e, depois, encolhendo-se em posição fetal, o tempo todo fazendo-lhe exigências, mas sem conseguir conversar com ela. Ele recusou sua oferta de levá-lo à clínica psiquiátrica e disse que os pais dele o odeiam, não escutam nada do que diz, ignoram-no semanas a fio e que não se importam se vai viver ou morrer. Ela é sua única corda de segurança. Entrementes, ela tem exames preliminares amanhã. Ela só tem dezoito anos, está no primeiro ano da faculdade. E é a primeira vez que ela fica longe de casa. O curso já exige o bastante. Ela se sente extremamente culpada, sente que falhou com o amigo, sente que se ele morrer será culpa dela. Gostaria de poder imprimir na sua mente que ela não tem esse poder, não é responsável pela morte dele ou por sua vida. Ironicamente, é um poder que parece que não tenho sobre ela.

O mais gentilmente possível, encorajo-a a telefonar para os pais do garoto mais tarde (agora eles estão trabalhando) e explicar-lhes por que ele não vai voltar para casa hoje à noite, como havia planejado. Ela está relutante. Eles ficarão furiosos com ela, ela acha. Afinal, não se importam com o filho, não é? Pergunto se ela pensa que isso é verdade ou se pode apenas parecer ao garoto que seja assim, no estado depressivo em que ele se encontra. Ela não ficaria preocupada com um filho suicida? Talvez o suficiente para providenciar a orientação de que ele precisa? Ela concorda em telefonar. Sugiro que ela converse com o professor dela sobre a possibilidade de fazer os exames de amanhã mais para o fim da semana. Agora, a parte mais difícil. Preciso que ela vá à clínica psiquiátrica para falar com um terapeuta a respeito de seu próprio sofrimento. Ela se recusa, diz que ficará bem, que não precisa de ajuda psiquiátrica. Eu sei o que não posso dizer a ela para que entenda: que ela não vai ficar bem se não procurar ajuda. Preciso de uma tática manhosa, então proponho que ela converse com alguém na clínica a respeito de uma estratégia para lidar com o amigo no futuro. Eu não sou terapeuta, explico, não posso aconselhá-la sobre a melhor maneira de lidar com ele se ele fizer isso novamente, e seria muito útil ter um plano. Ela concorda. Antes de ela ir, digo-lhe que conduziu esta emergência maravilhosamente bem, que teve a preocupação de cuidar do amigo todo o fim de semana, de tentar ajudá-lo e que, quando percebeu que era impossível, sabiamente nos chamou; e, quando percebeu que a situação requeria, havia chamado a polícia. Lidou maravilhosamente com tudo, com grande presença de espírito e que deveria se sentir orgulhosa.

Falando baixinho, ela admite que lidou bem mesmo com a situação. O que a surpreende. Ela tem uma amiga confidente no dormitório da universidade? Tem. Não imagino que ela telefone novamente para nós, mas, se puder confiar na amiga e for até a clínica para receber orientação, provavelmente ficará bem.

Apesar de a emergência ter se resolvido, meu coração continua disparado, a adrenalina segue jorrando e parece que meu corpo não aceita que se declarou paz e que tudo está calmo novamente. Passam horas tensas sem nenhuma chamada. Quando levanto os olhos, me espanto ao ver um homem com corte de cabelo militar num uniforme de polícia, com uma arma e um distintivo de identificação policial. Não ouvi ninguém entrar e não sabia que tínhamos um policial estadual como orientador. O que ele revela, porém, me deixa perplexa:

— Eu fui um dos que encontraram o adolescente — ele diz. — Ele está bem. No hospital. A mãe está vindo para cá de avião. Mas quando o encontramos, puxa, que tensão! Eu e outro colega estávamos na viatura e pudemos ver um garoto que se encaixava na descrição subindo pela ponte, mas ficamos detidos num sinal fechado a um quarteirão dali. Ficamos com medo de que ele pulasse se ligássemos a sirene, então ficamos ali pelo que pareceu uma eternidade e, em seguida, fomos até ele e saltamos do carro. Naquele momento, ele já estava com uma perna no outro lado da grade e tivemos que arrastá-lo à força. Cara, como ele lutou! Ele continuava tentando pular. Mais trinta segundos e ele teria ido. Ótimo trabalho! — Ele aperta a minha mão. — Ótimo trabalho! — Ele aponta para o meu peito, na altura do coração, e sussurra: — Você conseguiu. *Você* conseguiu. Ótimo trabalho!

Um pé além da grade. Trinta segundos mais tarde e ele teria ido. Quinze anos de idade. E apenas uma hora antes uma mulher de trinta e cinco anos em Owego. Meus olhos se enchem de lágrimas de medo e de satisfação. Ao conversar com as duas pessoas pelo telefone, eu havia tateado, como sempre, não com confiança, não com ordem, mas experimentando, avançando aos pouquinhos, percorrendo o caminho de um extremo a outro, pensando no que deveria fazer. Em retrospectiva, fiz tudo certo. Não de forma perfeita, nem de longe, mas suficientemente bem. E se eu tivesse sabido que só havia uma janela de menos de trinta segundos? Um suor frio toma conta do meu corpo. Eu teria ficado petrificada. Ainda assim, há duas pessoas perturbadas, complicadas e doloridas que terão uma segunda chance. Com um pouco de sorte, ambas darão uma virada em suas vidas. Raramente ficamos sabendo o resultado de nossos atendimentos, mas hoje tive a graça de receber excelentes notícias de dois policiais.

Ben, o policial estadual, diz que quando receberam a estudante universitária na delegacia, que foi avisá-los sobre os pais do amigo, seu histórico e assim por diante, ele aproveitou a oportunidade para conversar com ela por mais de uma hora. Ela não sabia que ele era um orientador do SP. Então, ele chamou um terapeuta, que também é um dos líderes de nossos grupos de apoio. Ela será bem cuidada, já organizaram um esquema de apoio para ela. Quando este policial levou o garoto ao hospital, conversou com ele no caminho e, enquanto esperavam no pronto-socorro, estabeleceram uma relação suficiente para que o garoto se acalmasse um pouco, dissesse que queria viver e agradecesse ao policial por ter salvado sua vida.

— São apenas crianças, crianças que se vêem na necessidade de salvar a vida de outras crianças — ele diz, o rosto tenso e irritado.

Ambos nos maravilhamos que o sistema tenha funcionado mais uma vez e que o treinamento tenha sido eficaz. Aprendemos passo a passo e ainda nos maravilhamos quando todas as peças se encaixam e vidas são salvas. Quando Ben vai embora, fico surpresa ao constatar que estou empapada de suor. Durante horas estive sentada, imóvel, mas minha mente correu o tempo todo, meu coração batendo e se apertando. Este longo dia foi preenchido por animais e humanos enfrentando os rigores de seu ambiente, cada qual à sua maneira peculiar e, por vezes, de formas idênticas. Um dia poderosamente perturbador. No entanto, é o aperto de mãos dado por Ben o que significa mais. Um trabalho bem-feito do homem que apanhou o garoto no meio do pulo.

— Você conseguiu — ele diz novamente, ao levantar-se para sair, e, apertando sua mão com firmeza e alegria, eu respondo:

— Nós dois conseguimos.

Com um aceno, ele parte para fazer suas rondas noturnas. Pensei que conhecia quase todos os orientadores da equipe, mas não conhecia Ben, com sua arma e seu distintivo, um orientador secreto, um patrulheiro da tristeza.

CAPÍTULO 15

Por um Triz

— Quer comer alguma coisa? — pergunta uma voz atrás de mim. Eu não havia percebido que Barbara estava sentada no sofá, comendo um *bagel* e bebericando uma xícara de café fumegante. Uma malinha Samsonite azul está em seu colo. Que beleza minha capacidade de ouvir. Nem ouvi quando ela entrou. Dou uma olhada no relógio. Faz vinte minutos que Ben foi embora. Não tenho idéia do que fiquei pensando ou fazendo desde então. O tempo simplesmente evaporou.

— Que tal a lua numa concha com uma porção de estrelas como acompanhamento? — digo, cansada, levantando-me e me arrastando para dentro de um casaco que vai até os tornozelos.

— Entendi — ela diz, rindo. — Mais uma noite cheia no planeta Terra, hein?

— Sem dúvida. — Quando ela ler os relatórios, vai ver.

Do lado de fora, inspiro fortemente o ar frio, como se fosse a coisa mais rara do mundo. Dirigindo para casa pelos túneis da noite, evito o caminho que me faria passar pela ponte. Não há mais uma gota de emoção em mim. Meus olhos continuam lacrimejando, ainda me sinto tensa e pronta para disparar. No momento em que entro em casa, o telefone toca: é Marty, que ficou sabendo o que aconteceu e me pergunta se preciso conversar. Esse é um dos pontos fortes do serviço, a forma como as pessoas são sintonizadas com relação às exigências do trabalho e às necessidades dos orientadores. Meu grupo de apoio se reunirá na semana que vem; derramarei todas as minhas emoções lá. Ou hoje à noite, durante o jantar com Paul, embora não possa contar a ele todos os detalhes. Ou depois do jantar, quando Cathy e eu sairmos em nossa tão esperada expedição sublunar.

—

Às 20h00, Cathy e eu nos encontramos no campo de golfe com nossos esquis de *cross-country*. A lua está cheia e brilhante, um brinde encontrado na caixinha de surpresas da noite. Marte também está lá em cima, perto da lua, e também Vênus. Mas a centelha mais brilhante é Sirius, uma estrela branco-azulada estrondosa como um grito. Sirius, a estrela da Cão Maior. É fácil encontrá-la se você se lembrar de que o cão está mordendo o calcanhar de Órion. E Órion caminha claramente pelo céu esta noite, as estrelas de seu cinto (que os árabes chamavam de "as nozes douradas de Órion") estão visíveis e sua longa espada encurvada para baixo.

No campo de golfe a paisagem entregue pela lua parece um merengue endurecido, formando crateras. Trouxe um rádio portátil e uma fita cassete da "Sonata ao Luar", de Beethoven, e, quando estamos prontas para esquiar, coloco o rádio no teto do meu carro, aumento o volume no máximo e saímos deslizando pelos campos de gelo, conforme a melodia se derrama luxuriosamente pelo ar frio. A lua confere uma fluorescência fantasmagórica sobre todas as coisas e lança sombras alongadas. Por alguma razão, nunca antes eu havia notado as sombras projetadas pela lua, mas elas são ainda mais precisas que as do sol. A cada curva que viro, uma sombra gira e desliza atrás de mim. Não posso escapar dela, mas posso influenciar seu caminho.

Os troncos de amoreira são lindos no inverno do bosque, mesmo à noite. No inverno, os galhos são mais delgados, arqueando-se, avermelhados, cobertos por um tom lilás pulverulento como o que se vê nos pêssegos. Esses galhos vão brotar na primavera e produzir o que a gente do lugar chama de "gorros negros". Nessa parte do campo de golfe, repleta de árvores, os bosques estão cheios de pés de amora e tomo nota mentalmente de sua localização caso queira vir caminhar aqui no próximo verão e comê-las assim que começarem a amadurecer.

Depois de mais ou menos uma hora, ficamos com frio demais para esquiar e voltamos para o carro, encontrando o rádio engrolando a música, as pilhas já no fim. Não tem importância. Entrando no carro de Cathy, ligamos o aquecimento, colocamos a fita no toca-fitas e continuamos nosso concerto à lua cheia, enquanto bebemos chocolate quente diretamente das garrafas térmicas e comemos cookies de chocolate. Um dos clientes de Cathy se internou num hospital psiquiátrico a noite passada e ela está contente por ele ter tomado o controle da própria vida. Compartilho com ela meu alívio temporário por Louise e conto sobre os dois resgates de hoje à tarde e quão perturbada eu ainda estava por causa deles. Você não pensaria que existe uma musculatura da emoção, mas, conforme acabei aprendendo, é possível distender as emoções, deixando-as enfraquecidas demais para funcionar em potência total. Embora nossos orientadores tenham salvado muitas vidas ao longo dos anos, dois resgates em um turno é algo raro. Alguma coisa naqueles trinta segundos, uma corda bamba tão frágil, um filamento de vida tão fino e, ainda assim, capaz de suportar o peso da vida e da morte. Barbara tinha razão: foi mais um dia cheio no planeta Terra. Um ano cheio. Quase tudo de perigoso ou de doloroso que pode acontecer a um ser humano foi motivo de telefonema para o SP neste último ano. Suicídio, assassinato, vício e overdose, abuso sexual ou agressão física, depressão, problemas domésticos, confusão sobre identidade sexual, lembranças de guerra, o ordálio de estar numa prisão, pressões estudantis, pobreza, isolamento, insanidade, batalhas judiciais pela guarda dos filhos, solidão terrível, vários estágios de sofrimento e todas as provações, incertezas e conflitos do amor. Deparei com um desfile de esperanças, terrores e problemas humanos. Tem sido como sentar-se numa cadeira em meio a um campo de batalhas. Mais de duzentas centrais do SP recebem telefonemas de milhões de pessoas todos os anos. Pessoas que confidenciam os detalhes mais íntimos de sua vida, seus momentos mais desesperados, seus atos mais vergonhosos. E os orientadores ouvem suas histórias, validam sua dor, tentam ajudá-las a sobreviver com dignidade — ou apenas a sobreviver. A maior parte desses eventos acontece sem que os moradores da cidade fiquem sabendo, ao passo que bebês estão nascendo, jardins estão sendo plantados, pessoas estão amaldiçoando ou abençoando seus chefes e, em cada família, há um João ou uma Maria falando sua primeira palavra ou preparando-se para se mudar para a universidade. Quando pensamos na personalidade de uma cidade, centramos nossa atenção em seu comportamento resplandecente, na face que ela oferece para o mundo, e não incluímos suas lutas, esforços, frustrações, facetas obscuras e redes ocultas de comunicação. Porém, como hoje consigo entender, muitas das pessoas pelas quais passei andando na rua trabalham secretamente no Centro de Apoio, ou já foram orientadores ali no passado, ou utilizam nossa linha de emergência e outros serviços.

Meus braços doem, como se um ano de telefonemas tivesse se acumulado em meus ossos. Sinto-me atravessada por cada calibre de fadiga. Mas também satisfeita. O planeta está cheio de pessoas machucadas, pessoas irritadas, pessoas perdidas, pessoas confusas, pessoas que já exploraram a imensa cartografia da inquietação e pessoas paralisadas por uma dor repentina. Alguém tem que ajudá-las; portanto, nos tornamos os aliados de nossos irmãos, se não seus guardiões. Nós cuidamos deles e eles, inadvertidamente, cuidam de nós. No minuto em que alguém se imagina na situação pela qual está passando a vítima e age para salvá-la, aquele passa a ser um ato de amor-próprio. Lá fora, a noite é um coliseu de estrelas. Por alguns minutos, fico sentada e apenas contemplo aqueles mundos distantes — cada um deles tremulando, lindo e cheio de drama. Esta noite eles parecem mais próximos que nunca e a escuridão parece queimar com suas pequenas luzes prementes.

OBSERVAÇÕES E AGRADECIMENTOS

Meus mais profundos agradecimentos aos voluntários e funcionários do Serviço de Prevenção ao Suicídio e de Apoio Emocional — um grupo extraordinário de pessoas inteligentes, preocupadas e de enorme coração. Sempre serei grata por sua orientação e percepção e valorizo imensamente sua amizade.

Também gostaria de agradecer à Central de Prevenção ao Suicídio de San Francisco por sua hospitalidade. Eles realizam um trabalho soberbo na região da baía e visitá-los foi algo fascinante.

Meus dois anos de pesquisa dos esquilos foram financiados em parte pela revista *National Geographic.* Publiquei minhas conclusões na edição de novembro de 1995.

A reflexão sobre beija-flores no Capítulo 8 levou a um pequeno ensaio chamado "Mute Dancers", que foi publicado na *The New York Times Magazine,* edição de 29 de maio de 1994, páginas 34 e 35.

Visitei o local de nascimento de Walt Whitman em Huntington, Long Island, no outono de 1985 e escrevi sobre a experiência num ensaio intitulado "Where America's Poet Was Born", publicado na revista *Parade*, edição de 22 de dezembro de 1985.

Alguns pensamentos sobre a história do banho, sobre as mulheres e a força são vagamente baseados em ensaios intitulados "My Place" e "Getting Physical", publicados na revista *New Woman,* edições de março e outubro de 1995.

O trecho sobre minha caravana de "eus" no Capítulo 7 foi incluído na antologia *Who's Writing This? Notations on the Authorial I,* editada por Daniel Halpern, pela Ecco Press, em 1995.

Se não existir uma linha de emergência em sua lista telefônica, telefone para o Serviço de Informações e peça ao atendente que o ponha em contato com a central mais próxima (algumas chamadas narradas neste livro foram feitas por pessoas em cidades distantes). Além disso, você também pode entrar em contato com o Departamento de Assistência Social ou com a Associação de Psiquiatria de sua cidade.

Embora eu não trabalhe mais como orientadora na minha central local do SP, agora faço parte de sua diretoria e continuo oferecendo orientações telefônicas em outra cidade. As pessoas que telefonarem para o SP não me encontrarão do outro lado da linha; porém, encontrarão pessoas exatamente como eu ou, talvez, exatamente como elas mesmas.

SOBRE A AUTORA

DIANE ACKERMAN, poeta, ensaísta e naturalista, nasceu em Waukegan, Illinois, Estados Unidos. Recebeu os diplomas de MA (Master of Arts), MFA (Master of Fine Arts) e doutorado pela Universidade de Cornell. Seus trabalhos já foram publicados em importantes jornais de poesia e nos livros *The Planets: A Cosmic Pastoral, Wife of Light, Lady Faustus, Reverse Thunder: A Dramatic Poem* e *Jaguar of Sweet Laughter: New and Selected Poems.*

Entre seus trabalhos de não-ficção se incluem *As Mais Raras Espécies*, no qual ela explora as condições e o fascínio de animais em perigo; sua obra panorâmica *Uma História Natural do Amor; The Moon by Whale Light, and Other Adventures among Bats, Crocodilians, Penguins, and Whales*, aclamado pela crítica; além de *On Extended Wings,* sua biografia de vôo. Seu best-seller, *Uma História Natural dos Sentidos*, serviu como base para uma série exibida pela PBS chamada *Mystery of the Senses,* na qual ela atuou como apresentadora e narradora. *Monk Seal Hideaway,* seu primeiro livro para crianças, surgiu recentemente e ela está escrevendo outros sobre a natureza.

Além de ter recebido o prêmio Literary Lion pela Biblioteca Pública da Cidade de Nova York, foi agraciada com muitos outros e várias condecorações. Lecionou em muitas universidades, incluindo as de Colúmbia e de Cornell. Seus ensaios sobre a natureza e a natureza humana foram publicados na *National Geographic*, na *The New Yorker*, no *The New York Times*, na *Parade*, entre outras, onde sempre foram objetos de muitos elogios.

Impresso no Brasil pelo
Sistema Cameron da Divisão Gráfica da
DISTRIBUIDORA RECORD DE SERVIÇOS DE IMPRENSA S.A.
Rua Argentina 171 – Rio de Janeiro, RJ – 20921-380 – Tel.: 2585-2000